成人(网络)教育系列规划教材

CHENGREN (WANGLUO) JIAOYU XILIE GUIHUA JIAOCAI

管理学

GUANLI XUE

主　编　何杰

西南财经大学出版社
Southwestern University of Finance & Economics Press

总序

随着全民终身学习型社会的不断建立和完善，业余成人（网络）学历教育学生对教材的质量要求越来越高。为了进一步提高成人（网络）教育的人才培养质量，帮助学生更好地学习，依据西南财经大学成人（网络）教育人才培养目标、成人学习的特点及规律，西南财经大学成人（网络）教育学院和西南财经大学出版社共同规划，依托学校各专业学院的骨干教师资源，致力于开发适合成人（网络）学历教育学生的高质量优秀系列规划教材。

西南财经大学成人（网络）教育学院和西南财经大学出版社按照成人（网络）教育人才培养方案，编写了专科及专升本公共基础课、专业基础课、专业主干课和部分选修课教材，以完善成人（网络）教育教材体系。

由于本系列教材的读者是在职人员，他们具有一定的社会实践经验和理论知识，个性化学习诉求突出，学习针对性强，学习目的明确。因此，本系列教材的编写突出了基础性、职业性、实践性及综合性。教材体系和内容结构具有新颖、实用、简明、易懂等特点；对重点、难点问题的阐述深入浅出、形象直观，对定理和概念的论述简明扼要。

为了编好本套系列规划教材，在学校领导、出版社和其他学院的大力支持下，首先，成立了由学校副校长、博士生导师丁任重教授任主任，成人（网络）教育学院院长唐旭辉研究员和出版社社长、博士生导师冯建教授任副主任，其他部分学院领导参加的编审委员会。在编审委员会的协调、组织下，经过广泛深入的调查研究，制定了我校成人（网络）教育教材建设规划，明确了建设目标，计划用两年时间分期分批建设。其次，为了保证教材的编写质量，在编审委员会的协调下，组织各学院具有丰富成人（网络）教学经验并有教授或副教授职称的教师担任主编，由各书主编组织成立教材编写团队，确定教材编写大纲、实施计划及人员分工等，经编审委员会审核每门教材的编写大纲后再编写。

经过多方的努力，本系列规划教材终于与读者见面了。在此之际，我们对各学院领导的大力支持、各位作者的辛勤劳动以及西南财经大学出版社的鼎力相助表示衷心的感谢！在今后教材的使用过程中，我们将听取各方面的意见，不断修订、完善教材，使之发挥更大的作用。

西南财经大学成人（网络）教育学院

2009 年 6 月

前 言

管理学是一门建立在经济学、心理学、行为科学、社会学等相关基础学科之上的综合性、实践性很强的跨学科的边缘性学科，同时也是一门集科学性和艺术性为一体的应用性学科，是现代商学教育的重要基础课程。

本书以商学院本、专科学生为读者对象，以全面、完整、系统地呈现学科特征及相关知识为基本目标，注重基础理论和基本概念的引入与讲解，方便课堂教学及学生自学，同时突出学生基本技能的培养和训练。

本书共分十一章：第一章管理与管理学，第二章经典管理理论简述，第三章组织环境，第四章组织文化，第五章管理伦理与企业的社会责任，第六章管理决策，第七章计划，第八章组织，第九章领导，第十章控制，第十一章创新。本书由西南财经大学工商管理学院何杰任主编，具体分工如下：第一、二章由杨红梅执笔；第三章由刘慧执笔；第四章由李林执笔；第五、六章由岳新杰执笔；第七章由张园芳执笔；第八章由陈世雄执笔；第九章由王果执笔；第十、十一章由唐文娟执笔，并负责统稿工作。

在本书的编写过程中，编者参阅了大量相关著作、教材及案例，已在文中一一注明，在此，我们再次对相关作者的辛勤劳动一并表示衷心的感谢。同时，书中存在的不妥与欠缺，敬请读者不吝指正。

编者

2009 年 12 月

目 录

第一章　管理与管理学

·本章学习目标·

· 了解组织资源的有效性与管理之间的关系
· 理解组织管理的含义及其特征
· 掌握组织的目标与基本职能
· 理解管理者及其管理者在组织中的角色
· 理解管理者应该具备的基本技能
· 理解管理是科学还是艺术

管理是人类活动中最重要的一项活动。当人们知道有些活动必须靠团队而不是个人才能完成的时候，实际上管理就已经产生了。只有通过管理，才能将不同人的努力完美地结合起来，充分有效地利用组织资源，实现团队既定的目标。管理毫无疑问是为组织、团队而存在的，但是由于各时期生产力发展水平的不同，对管理的重要性的认识也不同。在近百年来，随着社会、经济的发展越来越依赖于团队的努力，组织规模的不断扩大、生产技术水平的不断提高、外部环境的不断变化等，管理的重要性日益凸显。本章将会介绍组织中管理的概念、特征、目标、职能、管理者等，以帮助读者初步认识组织的管理问题。

第一节　组织与管理

组织是管理的载体，管理者都是在组织中工作的。因此，在我们明确什么是管理和管理者这个问题之前，理解组织的含义是非常重要的。

组织（Organization）是对完成特定使命的人的系统性安排。例如学院或大学就是一个组织，还有像公司、政府机构、加油站等都是组织。它们之所以被称为组织，是因为它们都具有三个共同的特征。

第一，每一个组织都有一个明确的目的，这个目的一般是以一个或一组目标来表示的。

第二，每一个组织都是由人组成的。

第三，每一个组织都发展出一种系统性的结构，用以规范和限制成员的行为。

组织中人们之间协调活动，为共同目标而努力是通过管理活动实现的。组织的管理是指一组人协调工作，为组织创造“盈余”。在经济组织中，“盈余”就是利润；在非营利组织中，“盈余”可能就是需要的满足。例如，一所大学就是通过创造和传播知识来为社区、社会提供服务，满足人对知识的求知欲，实现学校的“盈余”。

一、组织中的资源与资源配置

1. 组织资源的有限性①

每个组织拥有的资源虽然在数量、质量、种类上都不相同，但一定都是有限的。组织资源的有限性首先在于人类社会所拥有的自然资源的有限性；其次，组织赖以生存的人文社会资源也是有限的；最后，人们利用自然资源创造的价值和财富相对于人们的需求和欲望是有限的。实际上以上三个有限性最终都是取决于自然资源的有限性和人们认知和创造能力的有限性。

组织拥有资源的有限性对组织的行为产生了巨大的影响：

（1）组织资源的有限性对组织目标的确定有重大的影响。组织目标的实现必须以资源来支撑，所以在考虑组织目标时必须以组织的有限资源为出发点，以资源的可调用量为限。

（2）所谓组织的有限资源是指组织拥有的所有资源都是有限的。组织拥有的资源与资源的可调用性是不相等的。可调用的资源可能大于组织拥有的资源，或者也可能小于组织拥有的资源。现代资本市场的发达以及组织间的合作关系，可能借用或利用其他资源来实现组织的目标，这时组织可调用的资源就大于组织拥有的资源，从而获得更好的发展。相反的，当组织拥有的资源存在滞存、无法调用的时候，组织可调用的资源就小于组织拥有的资源，因此要谨慎地制订组织计划。一个组织能否有效地调动更多的其他资源来支撑企业目标的实现，充分表明了组织调配资源的能力。一个有效的组织不仅能够有效地利用自己的资源，而且还应该广泛地利用外部其他组织资源来实现自己的利益。

（3）组织资源的有限性要求组织应该充分有效利用这些有限的资源，使之发挥最大的效用来达成组织目标。在不考虑使用其他组织的资源，充分使用组织有限资源来实现组织目标有两种方式：一是在既定的资源条件下，生产出更多的产品和服务；二是在既定的产量水平下，使用更少的资源。

（4）组织资源的有限性导致了实现组织目标的具体管理活动的安排方面存在机会成本。

资源的有限性决定了组织进行管理的必要性。管理的目的是使组织的目标能有效地实现。每一个组织都要通过有效的管理，解决“生产什么”、“如何生产”和“为谁生产”这三个基本的问题，从而使组织的有限资源得到充分有效的运用。

2. 组织的资源配置

任何组织的生存与发展，首先必须要拥有一定的资源，其次是要能够把有限的资源进行合理配置以达到最佳的使用效果，支持组织目标的实现。管理实质上是一种资源的配置活动。

① 芮明杰．管理学．2版．北京：高等教育出版社，2005：22－24.

（1）任何一个组织尽管其存续的目的不同、形态不同，但都必须拥有资源；否则就无法维持组织的存续。

（2）所谓资源配置是指对有限的资源，根据组织目标和产出物内存结构的要求，在量、质等方面进行不同的配比，并使之在产出过程中始终保持相应的比例并成功生产出产品。

（3）组织内资源的配置主要依赖行政机制。

二、管理的定义与特征

管理活动自古就有之，但到现在人们对管理还没有统一的定义。管理从不同角度出发会有不同的理解，所以众多学者从不同的角度提出了自己的看法。

法约尔把管理定义为，管理就是实行计划、组成、指挥、协调和控制，这一概念突出了管理的职能。

罗宾斯把管理视做过程，即“管理这一术语指的是和其他人一起并且通过其他人来切实有效完成活动的过程”。

西蒙认为，管理即制定决策。

以伯法为代表的数学学派认为，管理就是用数学模式与程序来表示计划、组织、控制、决策等符合逻辑的程序，求出最优解，以达到企业的目标。

国内学者对管理概念看法多为综合论。例如，周三多对管理下的定义为：“管理是指组织中的如下活动或过程：通过信息获取、决策、计划、组织、领导、控制和创新等职能的发挥来分配、协调包括人力资源在内的一切可以调用的资源，已实现单独的个人无法实现的目标。”

综上所述，管理是在特定的环境下，对组织所拥有的资源进行有效的计划、组织、领导和控制，以便达成既定的组织目标的活动或过程。

管理的这一定义体现了管理的一般特征：

（1）管理的主体是组织中的人，包括管理者和被管理者；管理的客体是组织中一切可以利用的资源，包括人、财、物、无形资产、时间、信息、知识、环境等。

（2）管理是为实现组织目标服务的。管理是任何组织都不可或缺的，但绝不是独立存在的。管理不具有自己的目标，不能为管理而进行管理，而只能是管理服务于组织目标的实现。

（3）管理工作要通过充分有效地利用组织中的各种资源来实现组织的目标。“有效”包括效率和效果两层含义。效率，就是要使资源成本最小化，即“正确地做事”。具体可以描述为：同样的投入得到更多的产出，或者是叫少投入而得到一样的甚至是更多的产出。效果，是指“做正确的事”，是以结果目标为导向的。效率是活动的方式，而效果是活动的结果。

（4）管理工作的过程是由一系列相互关联、连续进行的活动所构成的。这些活动包括计划、组织、领导、控制等，它们成为管理的基本职能。

（5）管理工作是在一定环境条件下进行，有效的管理必须充分考虑组织内外的特定条件。

三、管理目标与职能

1. 管理目标

管理是为实现组织目标服务的。管理存在于任何组织中，不能独立存在。管理不具有自己的目标，不能为管理而进行管理，而只能是管理服务于组织目标的实现。所以管理目标应该与组织目标相一致，并服从于组织目标。组织目标具有双重性，所以管理的目标同样也具备物质性和社会性的双重目标。

（1）物质性：少投入、多产出。

（2）社会性：在经济产出的同时，现在不论是营利性或非营利性的组织，都会更多地注重承担社会责任，不断地推动社会精神文明建设。

2. 管理的职能

管理作为一个活动过程，管理者在其中发挥的作用，就是管理者的职能，也就是通常所说的管理职能。对于管理职能，通常有多种不同的划分方法。早期管理理论一般认为管理有计划、执行和控制三大职能。法约尔提出，所有的管理者都履行着五种管理职能：计划、组织、指挥、协调和控制。而美国的古利克认为管理有七大职能，即计划、组织、指挥、协调、控制、人事和沟通。不过一般已将管理职能精简为四个基本职能：计划、组织、领导和控制。下面将简要地阐述一下这四个基本职能的内涵(如图1.1所示)。

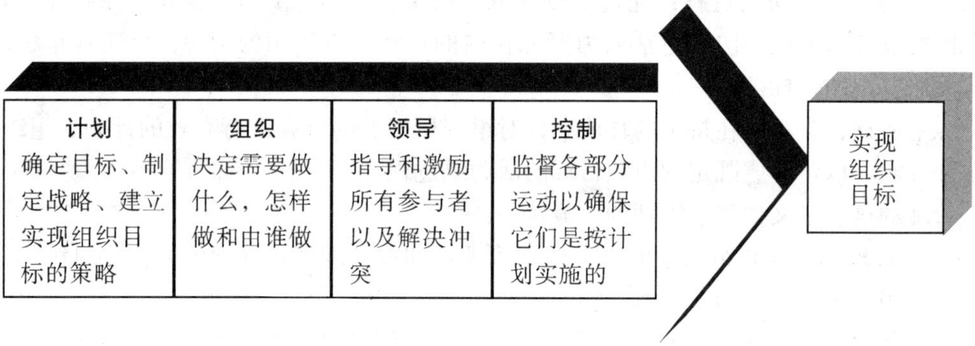

图1.1 管理四个职能间的关系

（1）计划职能。计划工作是各级管理人员的工作任务，它为其他的工作奠定了基础。简单地说它是由预测和决策两部分组成的。预测是计划的准备部分，根据企业现有的资源、顾客的需求以及外部环境等多方面的因素来决定企业的战略，并将战略分解为若干具体的目标及策略。决策是指从两个或两个以上的目标或方案中选优的活动，是计划的核心问题，只有对个计划目标和实施方案作出科学合理的决策，才能制订出科学的计划。

组织中各个层次、各个部门都会制订相应的计划，但是这些计划都是与组织的战略相一致的，各个计划的实施必须为组织战略的实现服务。组织中各管理层级制订的计划是相互影响的。高层管理主要制订的是战略性的、全局性和长远性的计划，并为中、下管理层级计划提供了方向。在水平方向，各部门的计划也是相互制约与影响的。

（2）组织职能。管理者在制订可实施的计划后，就要组织必要的人力和其他资源去有效地实现组织目标。管理的组织职能决定组织要开展的活动是什么，这些活动如何分类组合，由哪些职位和部门来承担这些工作活动，谁向谁汇报工作以及各种决策应放在哪一层次上制定等。组织职能或组织工作的结果就形成各种正式组织文件，如职务说明书、组织图等。简单地说，组织就是管理者建立一个工作关系架构从而促使组织成员得以共同工作以实现组织目标的过程。组织是管理的手段而不是目标。

（3）领导职能。组织都是由人力资源同其他资源有机结合而成的，人是组织活动中唯一具有能动性的因素。领导工作就是指对工作人员施加影响：激励下属，指导和指挥他们的活动，选择最有效的沟通渠道以及营造良好的组织气氛等，使他们为组织和集体的目标作出贡献。有作为的领导者应该具备战略眼光，注意培育追随者，保持良好心态。

（4）控制职能。为了保证事情按照既定的计划进行，管理必须监控组织的绩效，必须将实际的表现与预先设定的目标进行比较。如果出现了任何显著的偏差，管理的任务就是使组织回到正确的轨道上来。这种监控、比较和纠正的活动就是狭义的控制职能。如果是外部环境的变化引起这种偏差，就应该对预先设定的目标进行修改或重新定制，以适应环境的变化，这就是广义的控制。

在管理实践中，管理的四个职能并没有一定的先后次序，也并不是在特定的时间内执行特定的职能。管理者在处理实际问题可能同时执行几项甚至全部的职能。

3. 管理的核心问题

管理的核心是处理各种人际关系。管理不是个人的活动，它是在一定的组织中实施的。对主管人员来讲，管理是要在其职责范围内协调下属人员的行为，是要让别人同自己一道去完成组织目标的活动。

组织中的任何事都是由人来传达和处理的，所以主管人员既管人又管事，而管事实际上也是管人。管理活动自始至终，在每一个环节上都是与人打交道的，因此说管理的核心是处理组织中的各种人际关系，包括主管人员与下属之间的关系，这是各种人际关系的主导与核心。再就是组织内的一般成员之间的关系，即不存在管理与被管理关系的人与人之间的关系，这种关系在组织中大量存在，它直接表现为组织的社会气氛。群体是组织内部的团体，有正式与非正式之分，正式团体是指组织内按专业分工所划分的各个部门，而非正式团体则是指正式团体的一些成员为某种共同的感情或需要而形成的一种无形的团体。要重视非正式团体的作用，处理好组织中群体之间的关系。

第二节 管理者的角色和技能

一、组织中的管理者

管理工作是由管理者承担的，管理者是组织的心脏，其工作绩效的好坏直接关系着组织的兴衰成败。彼得·德鲁克在其《管理的实践》一书中指出"管理人员是每个企业中富有活力的赋予企业生机的因素。缺乏管理人员的领导，生产资源仍是资源，但绝不会成为产品。尤其是在一种竞争的经济中，管理人员的素质和工作状况决定了企业的成败，甚至决定着企业的生存，因为管理人员的素质和工作能力是一个企业在一个竞争的经济中唯一拥有的有效的优势。"

并非所有组织中的工作者都是管理者，那谁才是组织中的管理者？为了简要地说明这一问题，我们可以将组织的成员分为两种类型：操作者和管理者。操作者（Operatives）是这样的组织成员，他们直接从事某项工作或任务，不具有监督其他人工作的职责。例如，汽车修理厂的修理工、饭店的厨师、电脑装配线上的装配工人等，这些人都是操作者。相反，管理者（Managers）是指挥别人活动的人。他们处于操作者之上的组织层次中。管理者在从事管理工作的同时，可能还会担任某些作业职责，例如研发部门经理除了负责监督研发部门员工的工作外，还会和同事一起从事研发工作。

简而言之，作为一个管理者，一定要有下级。判断组织中的员工是否是管理者的最简单的原则就是，他是否有一个或一个以上的直接下属，负有直接指挥下属工作的职责。

二、管理者的层次类型

以管理组织层次和上下组织关系为依据，组织的管理者一般可以分为三个基本层次，即高层管理者、中层管理者和基层管理者。当然在组织的不同层次中，这几类人员的工作职责肯定是有所差异的，他们的权力和所面临的问题也会有所不同。如果个体管理者处于不同的岗位之上，他们的职责侧重点是不同的，可能是引导销售、工程或财务，以实现组织目标。但是实际上，对于所有的管理者，他们都起到一个最基本的功效，就是无论他们处于什么层次，从事何种管理工作，其职责都是为群体的有效工作创造一个良好的环境。

1. 高层管理者

高层管理者主要负责组织的战略管理，有权对公司的所有资源进行分配的管理人员。高层管理者是一个组织的高级执行者并负责全面管理。一般高层管理者指的是战略管理者，关注的长期问题侧重于组织的生存、成长和总体有效性。他们是组织的"官方代言人"，代表组织协调与其他组织（或者个人）的关系，对组织的社会影响负责。组织中的高层管理者一般如总裁、CEO、CFO 以及大学中的校长等。

2. 中层管理者

中层管理者介于高层管理者与基层管理者之间，负责将战略管理者制定的总目标和计划化解为更为具体的目标和活动。中层管理者负责制定目标的具体实施策略和程序，以贯彻执行高层管理者做出的决策和计划。同时，中层管理者直接指挥、协调基层管理者的工作，同时还要将基层管理者的意见和要求反馈给高层管理者。中层管理是高层管理者与基础管理者的桥梁和枢纽。他们在组织中通常享有部门或办事处主任、科室主管、项目经理、地区经理、产品事业部经理或分公司经理等头衔。在组织中起到承上启下的作用。

3. 基层管理者

基层管理者也称为运作管理者，是监督组织运作的最底层管理者。他们处于作业人员之上的组织层次中，负责传达上级计划和指标、直接给每个下属分配工作任务或生产任务以及协调下属活动和控制工作进度。在制造工厂中，基层管理者可能被称为领班、工头或者工段长；在运动队中，这项职务是由教练担任的；而学校中则由教研室主任等来担任。

4. 管理层次与管理职能

所有管理者都在执行管理职能，但是不同的管理者花在不同的管理职能上的时间和精力是不同的。研究表明：随着管理者在组织中职位的晋升，其将从事更多的计划工作和更少的直接监督的工作。图 1.2 说明了不同层级的管理者在不同职能上所耗费的时间。从图我们可以看到，高层管理者将花更多的时间在计划和组织上，而一线的管理者则是将大部分的时间用在了领导上，就控制职能在不同管理层次的管理者中也有不同的时间耗费。

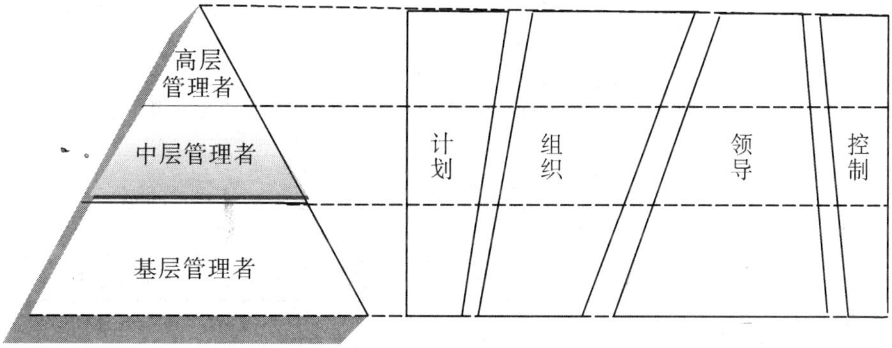

图 1.2　不同层次管理者在不同管理职能上所耗费时间示意图

三、管理者角色

20 世纪 50 年代至 60 年代，一些研究者从领导者行为和管理者的实践活动角度来探讨“管理者在干什么”的问题，加拿大麦吉尔大学的学者亨利·明茨伯格（Henry Mintzberg）的研究具有较大的影响，为后来的学者所以推崇。明茨伯格通过对组织中五位高层领导者活动的系统研究，来确定组织中管理者的角色。明茨伯格得出了一个结论：管理者从事的并非完全是传统意义上的那几项职能，即计划、组织、领导和控制，而是将精力分散在各类管理活动上。他根据自己和其他学者研究的结果，认为管理者的角色是多元化的，归纳起来共有 10 种不同的但高度相关的角色，主要涉及三个方面的内容（见表 1.1）：人际关系角色、信息角色和决策角色。管理者在工作中充当不同的角色。

表 1.1　　　　明茨伯格的管理者角色划分

角色类型	具体角色	角色活动例子
人际关系角色	挂名首脑	在公司会议上向员工展示未来的组织目标，主持公司新的总部大楼落成仪式，阐述组织的道德原则和员工与顾客、供应商交往时应遵循的行为准则
	领导者	为员工树立学习的榜样，向下属发布直接的命令和指示，就人力和技术资源的使用作出决策，动员员工支持特定的组织目标
	联络者	协调不同部门管理的工作；与不同的组织建立联盟关系，以共享资源，生产新的产品和服务
信息角色	监控者	监控者评估承担不同职能的管理者的工作成果，采取正确的措施提高其绩效；监控可能在未来对组织产生影响的内外部环境的变化
	传播者	告知员工发生在内外部环境中可能对他们组织产生影响的变动，就组织的前景和目标与员工进行沟通
	发言人	发起全国性的广告活动，提高新产品和新服务的知名度；在当地社区宣传组织未来的发展意向
决策角色	企业家	利用组织资源开发创新新产品和服务；决定国际化扩张，为组织产品获取新顾客
	混乱应对者	迅速行动，采取正确措施应对组织面临的来自外部环境的突发事件（例如石油危机）和来自内部环境的突发事件（如生产劣质商品）
	资源分配者	在组织不同职能和部门之间分配资源，为中层和基层管理者设定预算和薪酬计划
	谈判者	与供应商、分销商、工会就投入产品的质量和价格、技术、人力资源等达成一致，与其他组织合作项目的资源筹集达成协议

资料来源：加雷恩·琼斯，珍妮弗·乔治．当代管理学．3 版．郑风田，等，译．北京：人民邮电出版社，2005.

1. 人际关系角色

人际关系角色指所有的管理者都要履行礼仪性和象征性的义务。管理者扮演人际关系角色的目的是与组织其他成员协作互动，并为员工和组织整体提供导向和监督管理。人际关系类型包括挂名首脑、领导者和联络者三种具体角色。当大学校长在学生毕业典礼上颁发毕业文凭时，当厂长带领其他组织的人员参观生产线时，他们所扮演的组织的代表就是挂名首脑的角色。这个角色影响着企业的形象，所以对于组织来说非常重要。所有的管理者都具有领导者的角色，因为管理者是管理活动的发起者，他们必须按组织的目标和外部环境的变化去雇佣、培训、激励、惩戒雇员。管理者扮演的第三种角色是在人群中间充当联络者。这种扮演角色的管理者是与信息源相接触的，信息源可能是组织内部或外部的个人或团体。联络者一方面可以获取对组织有用的信息，一方面可以发展企业的关系网。

管理者在人际关系方面的三种角色在实践中并不是相互分离的，他们有可能是一体的。例如校长受邀参加全国性的学术会议时，校长既是学校的挂名首脑，又可以充当联络者，为学校开拓关系资源。

2. 信息角色

信息角色指所有的管理者在某种程度上，既要从外部的组织或机构接受和收集信息，又要从组织内部的某些方面接受和传递信息。由于与获取和传递信息的任务密切相关，所以现代信息技术对信息角色有着巨大的影响。作为监听者，可以通过信息系统来监控管理者的活动，并对其进行组织和控制；通过各种渠道来获取组织内外部信息，了解和掌握信息。作为传播者时，管理者信息技术迅速有效地将信息传递给员工，从而影响他们的工作态度和行为。同样的，信息技术也增强了管理者作为发言人来促进组织发展的能力。这样有利于组织内外部的各种人员作出积极的反应。

3. 决策角色

西蒙教授认为管理就是决策，由此可见制定决策是管理者最重要的角色。明茨伯格将决策制定分解为四个方面的工作：一是作为企业家。理论上，企业家一般是指组织的高级管理者，例如总裁、总经理等。但是这里的企业家是指发起和监督那些将改进组织绩效的新项目的管理者。如果一个管理者在其领域或具体工作中这么做了，他就扮演了企业家的角色；反之，则不是。二是作为混乱应对者，管理者采取纠正行动以应付那些突发问题。三是作为资源分配者，管理者根据组织的目标对组织资源进行有效地分配。四是当管理者为了自己组织的利益与其他团体合作、议价和商定成交条件时，他们是在扮演谈判者的角色。

四、管理者技能

管理人员的类型很多，他们的工作也各不相同，但是发挥作用的大小在很大程度上取决于管理者是否具备相应的管理技能。美国管理学者罗伯特・卡兹在《哈佛商业评论》上发表了名为《能干的管理者应具有的技能》的文章指出：任何管理人员不管其所处的管理地位怎样，必须具备三种基本技能，即技术技能、人际技能和概念技能。

1. 技术技能

技术技能是指履行组织职能所需要的专业工作知识和技能。有效的管理者需要掌握一系列的技能。管理者的技能取决于他们在组织中的地位。对于高层管理人员，虽然没必要让他们成为精通某一领域的专家，但是对行业、组织的生产流程、产品性能等方面要有一定的了解；否则，就难以与组织内的专业人士沟通，更谈不上有效地开展工作。如大学校长即使自身的教学效果不是一流的，但是最起码要懂得教育工作的特点。中层管理者和低层管理者就必须要精通工作领域的专业技术知识——生产、会计、营销、IT技能等，或者有较多的了解。如果是生产车间主任，就要熟悉各种机械的性能、使用方法、操作程序，各种材料的用途、加工工序，各种成品或半成品的指标要求等。

2. 人际技能

人际技能是指理解、改变、领导、控制其他个人和群体行为的能力。是否具备沟通、协调、激励员工的能力和把个人组成核心团队的能力，是区分有效管理者和无效管理者的一个标尺。为了有效管理人际间互动活动，组织中的每个人都应该学习如何与他人形成默契，都应该要去理解别人的观点和别人所面临的困难。管理者明了自己长处和不足的方法之一，就是针对上司以及下属对自己管理角色的表现所提供的反馈信息，这些全面直接的反馈可以帮助管理者提高人际技能。

3. 概念技能

概念技能是指对事物的洞察、分析、判断、抽象和概括的能力。概念技能要求管理者不但拥有善于发现新机会的能力，而且还能充分调动组织其他管理者和其他资源来充分利用这些机会。管理者应看到组织的全貌和整体，了解组织与外部环境的互动，了解组织内部各部分的相互作用，能预见组织在社区中所起的作用，知道自己所管部门或科室在组织中的地位和作用。

分析和概括问题的能力是概念技能的重要表现之一。管理者能够快速、敏捷地从混乱而复杂的动态情况中辨别出各种因素的相互作用，抓住问题的起因和实质，预测问题继续发展将会产生的影响，需要采取什么样的措施解决问题以及这种措施实施会出现什么后果。

形势判定能力是概念技能的又一表现。管理者通过对外部和内部形势的分析判定，预见形势的方向发展，对组织有利还是不利，以便充分利用有利形势发展组织；同时采取措施来应对不利形势，使组织获利最多或损失最少。

各种研究表明，出色的概念技能，可使管理者作出更佳的决策。所以概念技能对于主要从事计划和组织职责的高层管理者来说尤其重要。

有效的管理者必须具备这三种技能——技术技能、人际技能和概念技能，任何管理技能的缺失都会导致管理的失败。不过三种技能在管理中的相对重要性主要取决于管理者所在层次。图 1.3 直观地概括了三个层次管理者掌握这三种技能的比例关系。

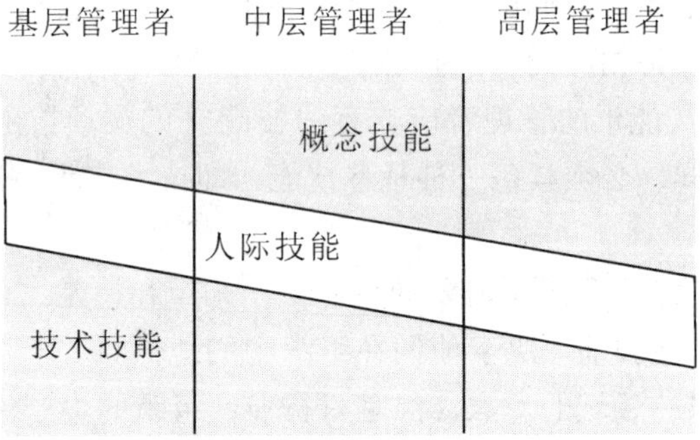

图 1.3　管理层次与管理技能

第三节　管理行为——科学与艺术的结合

1. 管理的科学性

科学是自然、社会和思维的知识体系，是人们实践经验的总结和概括。管理学是科学，是因为它是人们在长期的管理实践中，在探索到的客观规律基础上，建立起一定的理论、原则、形式、方法和制度，从而形成的有关管理的一套系统化的基础知识。管理必须遵循一定的原则和方法，它不仅反映了普遍性而且还反映了客观性。就管理工作有客观规律性、必须按照客观规律办事而言，管理是一门科学。

2. 管理的艺术性

所谓艺术性是指创造性的方式、方法。管理的艺术性，是指一切管理活动都具有创造性。管理的艺术性取决于两方面：一是管理总是在不断变化的环境中进行的。管理环境是不断变化的，因此，不可能有一成不变的商业模式来适应一切环境，解决一切管理问题。二是管理的对象主要是人，人是主观的、能动的、有感情的，人们的需求也是不同的，情感也是受各种不同因素影响的，所以要调动员工的积极性和创造性需要用不同的管理方式和方法。由此可见，实践中管理工作是很复杂的，管理学并不能给管理者提供解决一切管理问题的方法或标准答案。管理学只是探索管理的一般规律，提出了一般性的理论、原则、方法等，而这些理论、原则、方法的运用，需要管理者根据实际，具体问题具体分析，充分发挥创造性，方能进行有效地管理。

管理的科学性和艺术性并不是矛盾的。哈罗德·孔茨曾说过："最富有成效的艺术总是以对它所依赖的科学的理解为基础的。因此，科学和艺术不是相互排斥的，而是相互补充的。""没有任何一种事情都是已知的、所有的关系都已证明了的科学，所以科学不可能是行家们解决各种问题的万能工具，不论诊断病症、设计桥梁、还是公司管理，都是这样的。"① 管理的艺术必须建立在管理科学的基础上，不按科学办事的管理，就不可能有真正的艺术性。管理的艺术性是对管理科学的合理发挥，而管理艺术的结果在普遍适用之后必然成为科学的理论。显然，管理的科学性和艺术性是相互作用、相互影响的。只有既懂得管理理论和方法，又有高超管理艺术的人，才能成为有效的管理者。

本章小结

资源的有限性决定了组织进行管理的必要性。组织中资源是有限的，在有限的资源条件下实现组织既定的目标，组织必须对资源进行合理配置以达到最佳的使用效果，支持组织目标的实现。组织管理的目的是使组织的目标能有效地实现。每一个组织都会通过有效的管理，解决"生产什么"、"如何生产"和"为谁生产"这三个基本的问题，使组织的有限资源得到充分有效的运用。管理可看作是一个资源配置的过程。

管理的实质是在特定的环境下，对组织所拥有的资源进行有效的计划、组织、领导和控制，以便达成既定的组织目标的活动或过程。

管理的目标具有二重性，即物质性与社会性两大目标。管理具有计划、组织、领导和控制四大基本职能。

组织中的人可以分为管理者和操作者。管理工作是由管理者承担的，管理者是组织的心脏，其工作绩效的好坏直接关系着组织的兴衰成败。作为一名管理者，一定要有下级。判断组织中的员工是否是管理者的最简单的原则就是，他是否有一个或一个

① Harold Koontz, Cyril O. Donnell. Essentials of Management. New York: McGraw - Hill, Inc. , 1976: 11 - 12.

以上的直接下属，负有直接指挥下属工作的职责。

管理者根据不同分类依据可以分为不同的类型，其中以管理组织层次和上下组织关系为依据，组织的管理者一般可以分为高层管理者、中层管理者和基层管理者三个层次。管理者角色的重要性随着管理者在组织中所处的层次不同而不同，管理者在组织中所处层次的越高，用于计划和组织职能上的时间就越多，用于领导和控制上的时间就越少。

根据明茨伯格对管理者活动的研究，管理者在组织内工作时主要扮演人际关系、信息传递以及决策制定等方面的10个不同的角色。

任何管理人员不管其所处的管理地位怎样，必须具备三种基本技能，即技术技能、人际技能和概念技能。不过三种技能在管理中的相对重要性主要取决于管理者所在的层次。管理者在组织中所处层次越高，所需的概念技能就越高，而技术技能就越少。

管理必须遵循一定的原则和方法，它不仅反映了普遍性而且还反映了客观性。就管理工作有客观规律性、必须按照客观规律办事而言，管理是一门科学。但是管理总是在不断变化的环境中进行的，管理的对象主要是具有主观能动性的人，这就决定了不可能只有唯一的管理模式适用于所有组织和激励所有员工，所以一切管理活动都具有了创造性，管理就具备了艺术性。管理的科学性和艺术性并不是矛盾的，管理的科学性和艺术性是相互作用、相互影响的。只有既懂得管理理论和方法，又有高超管理艺术的人，才能成为有效的管理者。

复习思考题

1. 什么是管理？管理有哪些基本特征？管理有哪些基本职能？
2. 组织中管理者的类型？
3. 明茨伯格的管理者角色类型？
4. 管理者的技能有哪些？
5. 为什么说管理既是科学又是艺术？

案例分析

升任公司总裁后的思考①

郭宁最近被一家生产机电产品的公司聘为总裁。在准备去接任此职位的前一天晚上，他浮想联翩，回忆起他在该公司工作20多年的情况。

郭宁在大学时学的是工业管理，大学毕业获得学位后就到该公司工作，最初担任液压装配单位的助理监督。郭宁当时真不知道如何工作，因为他对液压装配所知甚少，在管理工作上也没有实际经验，郭宁感到几乎每天都手忙脚乱。可是郭宁非常认真好学，他一方面仔细参阅该单位所订的工作手册，并努力学习有关的技术书刊；另一方

① 资料来源：黄孟藩，赵萍，王凤彬．管理学概论．台北：五南图书出版有权公司，1995.

面监督长也对他主动进行指点使他渐渐摆脱了困境，胜任了工作。经过半年多时间的努力，郭宁已有能力独担液压装配的监督长工作。可是，当时公司没有提升他为监督长，而是直接提升他为装配部经理，负责包括液压装配在内的 4 个装配单位的领导工作。

在郭宁当助理监督时，他主要关心的是每日的作业管理，技术性很强。而当郭宁担任装配部经理时，他发现自己不能只关心当天的装配工作状况，还得做出此后数周乃至数月的规划，还要完成许多报告和参加许多会议，没有多少时间去从事自己过去喜欢的技术工作。当上装配部经理不久，郭宁就发现原有的装配工作手册已基本过时，因为公司已安装了许多新的设备，引进了一些新的技术。这令他花了整整一年时间去修订工作手册，使之切合实际。在修订手册的过程中，郭宁发现要让装配工作与整个公司的生产作业协调起来是有很多讲究的。他还主动到几个工厂去访问，学到了许多新的工作方法，他也把这些吸收到修订的工作手册中去。由于该公司生产工艺频繁发生变化，工作手册也不得不经常修订，郭宁对此都完成得很出色。他工作了几年后，不但自己学会了怎么做，而且还学会如何将这些工作交给助手去做，教他们如何做好。这样，他可以腾出更多的时间用于规划工作和帮助他的下属工作得更好，以及花更多的时间去参加会议、批阅报告和完成自己向上级的工作汇报。

郭宁担任装配部经理 6 年之后，正好该公司负责规划工作的副总裁辞职应聘于其他公司，郭宁便主动申请担任此职务。在同另外 5 名竞争者较量之后，郭宁被正式提升为规划工作副总裁。他自信拥有担任此新职位的能力，但由于此高级职务工作的复杂性，仍使他在刚接任时碰到了不少麻烦。例如，他感到很难预测一年之后的产品需求情况。可是一个新工厂的开工，乃至一个新产品的投入生产，一般都需要在数年前作出准备。而且，在新的岗位上他还要不断处理市场营销、财务、人事和生产等部门之间的协调，这些他过去都不熟悉。他在新岗位上感到越是职位上升，越难以仅仅按标准的工作程序去进行工作。但是，他还是渐渐适应了，做出了成绩，以后又被提升为负责生产工作的副总裁，而这一职位通常是由该公司资历最深的、辈分最高的副总裁担任的。到了现在，郭宁又被提升为总裁。他知道，一个人当上公司最高主管职位时，他就应该自信自己有处理可能出现的任何情况的才能，但他也明白自己尚未达到这样的水平。因此，他不禁想到自己明天就要上任了，今后数月的情况会是怎么样？他不免为此担忧！

【问题】

1. 你认为郭宁在当上公司总裁后，他的管理责任与过去相比有了哪些变化？应当如何适应这些变化？

2. 你认为郭宁要成功地胜任公司总裁的工作，哪些技能是最重要的？你觉得他具有这些技能吗？试加以分析。

3. 如果你是郭宁，你认为当上公司总裁后自己应该补上哪些方面的欠缺才能使公司取得更好的绩效？

第二章　经典管理理论简述

·本章学习目标·

- 阐述泰勒科学管理理论的主要内容
- 理解法约尔的一般管理理论
- 理解韦伯理想的行政组织的思想
- 知道古典管理理论的特征以及对其的评价
- 了解科学行为理论的产生、发展以及梅奥的人际关系学说的主要内容
- 了解现代管理理论的主要流派及其对管理理论产生的影响
- 了解管理理论的新发展

组织在我们中间已存在了几千年，管理实践也是如此。但是，只是在近几百年中，尤其是在上一个世纪，生产力迅猛发展，才使人们认识到管理在组织活动中的重要性，才对管理进行系统的研究，并逐渐形成一种共同的知识体系，成为一门正式的学科。人们运用管理理论指导管理实践，并在实践中不断地修正和完善管理理论。

管理思想很早就存在了，但是18 世纪60 年代在英国爆发的、之后席卷欧洲大陆的工业革命时期才出现了管理理论的萌芽。工业革命不仅在工业技术上，而且在社会关系上引起了巨大的变革。工业革命推动了生产力的发展，提高了劳动生产率，扩大了市场范围，促进了经济的发展。由此，促使越来越多的人研究社会实践中管理的问题，例如亚当·斯密的劳动分工论和经纪人假设、欧文的人事管理革命、巴贝尔的作业研究与薪酬制度等。从而18 世纪到19 世纪成为了管理理论的萌芽阶段。19 世纪末到20 世纪初泰勒的科学管理理论的出现，标志着管理理论的形成。管理理论形成以后，其发展可以分为古典管理理论、行为科学理论和现代管理理论三个阶段，本章将对管理理论发展过程进行简要的介绍，即从三个阶段的管理理论的产生背景、主要代表人物和理论的主要内容以及当代管理理论的新发展等几方面进行阐述。

第一节　古典管理理论

19 世纪末到20 世纪初，资本主义生产的发展，科学技术的进步，促进了生产的进一步社会化，分工和协作日益复杂。这时，仅凭个人经验管理企业，已经不适应组织的大规模社会化生产的要求，需要以科学的、适应社会化生产的管理来替代传统经验化管理。与此同时，前期管理经验的积累以及管理理论的萌芽，为古典管理理论的产

生提供了条件。所以，在这时期的美国、法国及德国等西方国家中形成了古典管理理论。

古典管理理论包含了科学管理理论和行政管理理论。前者以工作管理为重点，着重研究车间的生产经验，关注如何匹配工人和工作以实现效率的最大化；后者以主旨管理为重点，着重研究企业的整体活动，致力于提出有助于建立最高效的组织体系和管理体系的管理原则。

一、泰勒的科学管理理论

1. 泰勒的科学管理理论

弗雷德里克·温斯洛·泰勒（Frederick Winslow Taylor）是美国的古典管理学家，他是科学管理的创始人。他 18 岁就开始进工厂当学徒，他先后当过学徒、普通工人、工长、总机械师，最后成为一家钢铁公司的总工程师。这些经历使泰勒对生产现场十分熟悉，他认为仅凭经验进行管理是不科学的，所以他不断地在工厂实地进行实验，系统地研究和分析工人的操作方法和工作所花费的时间，逐渐形成了一套具有一定科学依据的管理体系。1911 年，泰勒出版了他的著作《科学管理原理》，标志着科学管理理论的形成，也确立了泰勒的“科学管理之父”的地位。

所谓科学管理，是指以提高效率为目的重新设计工作过程，对员工与工作任务之间的关系进行研究的管理方法。泰勒的科学管理理论的主要内容可以概括为以下几个方面。

泰勒科学管理理论的基本假设：①他认为劳资矛盾存在的主要原因是社会资源没有被充分的利用，他认为通过科学管理充分利用资源，会给工人和管理当局双方带来繁荣，工人们会挣更多的钱，同时管理当局会获得更多的利润，这样就能解决劳资矛盾。②对工人，其基本假定为“经纪人”，认为人都是受经济利益所驱使的，只要使工人得到应有的经济利益，他们才愿意配合管理者挖掘自身最大的潜能。③科学管理是使单个人提高效率的方法，而不是整个集体效率的提高。

泰勒的科学管理的主要观点：①科学管理的中心问题是提高效率，就必须研究工人的工作方式，收集和掌握工人的所有非正式工作知识，然后对提高工作效率的各种方法进行试验，以科学的操作方法代替陈旧的操作方法。②将新的工作方法规范化、标准化，使工人掌握标准化的操作方法，使用标准化的工具、机器和材料，并使作业环境标准化，这就是所谓的标准化原则。③仔细挑选“一流工人”，即工人拥有的技术和能力要与工作需要相匹配，按照已建立的工作规则和程序训练他们来完成工作。④设立一个公平的或者可以接受工作绩效水平，建立起一个工作薪酬管理系统，对既定水平的工作绩效给予奖励。为了鼓励高绩效从事工作，泰勒提出了实行刺激性的计件工资报酬制度。⑤把计划职能和执行职能分开，实行“职能工长制”，即管理工作给予细分，所有管理者只承担一种管理职能，不过实践证明该主张容易引起多头领导的问题，所以“职能工长制”并没有推广使用；在管理上实行“例外原则”，即泰勒提出企业的高级管理人员把例行的一些日常事务授权给下级管理人员处理，自己保留对例外事项即重大事项的决定和监督权，该原则后来发展为管理学上的分权化原则和实行事业部管理体制。

2. 泰勒科学管理理论的发展

泰勒的思想激起了人们研究和发展科学管理方法的热情，他的杰出的追随者有甘特、吉尔布雷斯夫妇等，他们在动作和工时等效率问题上进行了研究。

亨利·劳伦斯·甘特（Henry L. Gantt）是泰勒在钢铁公司的亲密同事。甘特寻求通过科学的调查研究提高工人的效率，他扩展了某些泰勒的最初想法。甘特的贡献主要有两方面：①重视人的因素在管理中的作用。在这方面他有两方面的突破：一是他发展了泰勒的激励性的计件工资报酬制度，提出了“计件奖励性工资制”，即一种奖金制是对那些以少于标准规定的时间完成工作者给予额外奖励；他还引入了一种对领班的奖金制度，只要领班手下的所有工人都完成了定额，不仅工人而且领班本人也可以得到一份额外的奖金，从而使科学管理的应用对象不仅包括操作者还包括工作的管理者。二是注重员工的培训工作对提高生产效率的影响。他把工长的经济利益与教会工人们使用最正确的方法相结合，先是通过教育，随后在提高生产，把关心生产转化为关心人。②发明了著名的“甘特图”。它是通过对生产日期和产量图示来控制计划和生产进行。

弗兰克和莉莲·吉尔布雷斯（Frank & Lillian Gilbreth）夫妇对管理思想的发展是多方面的。弗兰克·吉尔布雷斯是科学管理运动的创始人之一，是著名的效率研究者，被称为“动作研究之父”。他最著名的实验是关于省略砌砖动作的研究。他在从事动作和工时研究时首次采用了动作摄影，创造了计时轨迹摄影技术。莉莲·吉尔布雷斯是兰克·吉尔布雷斯的夫人，是心理学家和管理学家。她潜心于管理心理学的研究，并写成著作《管理心理学》。她是管理心理学的先驱，扩大了当时管理学研究的范围，对由于工人心理变化导致管理效率受到影响进行了较为深入的研究，这对管理思想的发展起到了重要的作用。

3. 科学管理对管理发展的贡献

以泰勒为代表人物的科学管理理论适应了当时社会生产力的发展，他们用自己工厂的实践和理论的探索冲破了工业革命开始以来的经验管理，是管理走向了理论化、科学化，其意义不下于蒸汽机发明导致的工业革命。科学管理的贡献主要有以下三方面：

（1）时间和动作的研究。科学管理对管理最大的贡献是提出了时间和动作的科学研究方法，它找到了在不增加员工劳动强度条件下，能轻松有效地完成任务。

（2）任务管理。科学管理理论提出的任务管理是由科学规定作业标准，标准化、激励工资制等原理构成的。

（3）作业人员和管理人员的分工协作。科学管理理论认为管理人员通过承担其固有的计划职能，支持作业人员行使执行职能，使双方配合默契。

二、法约尔的一般管理理论

亨利·法约尔（Henri Fayol）是法国一位杰出的经营管理思想家。法约尔与泰勒是同一时期的，但是，泰勒关心的是车间层的管理，采用的是科学方法；而法约尔关注的是所有管理者的活动，并且是把他的个人经验上升为理论。泰勒是一位科学家，而法约尔作为法国一家大型煤炭企业的经理，是一位实践者。法约尔在75岁的时候发表了他划时代的著作《工业管理和一般管理》（1916），这一著作是他一生管理经验和管理思想的总结。法约尔从四个方面阐述了他的管理理论：

（1）法约尔认为经营和管理是两个不同的概念。经营是指导或引导一个组织趋向一个目标，它可以分为六项职能，即技术、商业、财务、安全、会计和管理。而管理只是经营的六项职能之一。

（2）管理的五要素：①计划，就是探索未来，制定行动计划；②组织，就是建立企业的物质和社会的双重结构；③指挥，就是人员发挥作用；④协调，就是连接调动所有的活动及力量；⑤控制，就是注意是否一切都按已制定的规章和下达的命名进行。

（3）管理的十四条原则：劳动分工、权利和职责、纪律、统一指挥、统一领导、个人利益服从整体利益、报酬、集中、等级链、秩序、公平、人员的稳定、首创精神、团结精神（见表2.1）。法约尔并不是将这些原则看成固定不变的，而是要求要灵活运用。

表2.1　法约尔的十四条管理原则

劳动分工	专业化通过使雇员们的工作更有效率，从而提高了工作的成果，尤其是当管理者采取措施减少工人的厌恶感时
权利和职责	管理者有权利下达命令，要求下属服从命令
纪律	管理者应该建立一个能积极努力以实现组织目标的工作队伍
统一指挥	每一个员工应该只接受来自一位上级的命令
统一领导	组织应该只有唯一的行动计划来指导管理者和员工
个人利益服从整体利益	员工应该认识到他们的绩效如何影响组织整体的绩效
报酬	管理者使用的员工薪酬系统对于员工和组织双方都应该是平等的
集中	集中是指下级参与决策的程度，决策制定是集中于管理当局还是分散给下属只是一个适当程度的问题，管理当局的任务是找到在每种情况下最适合的集中程度
等级链	从最高层管理到最底层管理的直线职权代表了一个等级链，等级链的长短影响着组织的信息传递的时效和组织反应的灵敏度，所以组织应该有适合的等级链
秩序	人员和物料应当在恰当的时候处在恰当的位置上
公平	所有的组织成员都应该受到尊重和公平的对待
人员的稳定	长期工作的员工能够改进技能，从而提高组织的效率
首创精神	允许员工发起和实施他们的计划将会调动他们的极大热情
团结精神	鼓励团队精神将会在组织中建立起和谐和团结

（4）教育管理的必要性和可能性。法约尔认为，人的管理能力是可以通过教育获得的，而当时缺少教育就是因为缺少管理理论。为此，他提出了一套比较完整的管理

理论，首次指出管理理论应该具有普遍性，可应用于各种组织中，并提出在学校进行普及和管理教育，传授管理知识。

亨利·法约尔是直到20世纪上半叶为止欧洲最杰出的管理学大师，被后人尊称为“现代管理经营之父”。他最主要的贡献是：将管理与经营区别开来；提出管理的五要素；提出管理的十四条原则，这三方面亦是一般管理理论的核心思想。

三、韦伯的行政组织理论

马克斯·韦伯（Max Wenber）是德国的社会学家，他研究了工业化对组织的影响。他不仅研究了组织的行政管理，而且广泛地分析了社会、经济和政治结构，因而在管理思想发展史上被人们称为“组织理论之父”。

韦伯在其著作《社会和经济理论》中，主张建立一种高度结构化的、正式的、非人格化的“理想的行政组织体系”。

1. 韦伯的“理想的行政组织体系”

韦伯认为，理想的行政组织是通过职务和职位来管理的，而不是通过传统的世袭地位领悟管理。要使行政组织发挥作用，管理应以知识为依据进行控制，管理者应具有胜任工作的能力，应该依据客观事实而不是凭主观意志来领导。韦伯理性行政组织体系的特点如下。

（1）正式的规则和制度。管理者必须遵守组织中的规章和纪律以及办事程序。为了确保一贯性和全体雇员的活动，管理者必须倚重正式的组织规则。

（2）明确的劳动分工。即劳动的分工与职责和职权的分配是明确规定的。

（3）按自上而下的等级制度形成一个指挥链。职务和职位应当按等级来划分，每个下级应当接受上级的控制和监督，下级服从下级。

（4）人员任用。组织中的人员都是根据职务上的要求，再通过正式的考试或教育、培训来任用的，而不是通过裙带关系聘用的。

（5）职业管理人员。组织中的管理人员都是职业管理人员，领取固定的薪金，并且有明文的升迁制度，有严格的考核制度。

（6）非人格性。组织中人员之间的关系不受个人情感的影响，只是一种职位的关系。

韦伯认为，这种理想的行政组织是最符合理性原则的，一是其效率最高，在精确性、稳定性、纪律性和可靠性等方面都优于其他形式的组织。二是这种组织适用于各种管理形式和大型组织，包括企业、教会、学校、国家机构、军队和各种团体。

2. 韦伯对权力分类

韦伯认为，权力是任何一种组织形式产生和存在的基础。没有权力的存在，组织的生存是十分危险的，更谈不上组织目标的实现。权力可以消除组织的混乱，使组织有序运行。韦伯把组织的权力划分为三类：

（1）合理的法定权力。它是指依法任命并赋予行政命令的权力，对这种权力的服从是依法建立的一套等级制度，这是对确认的职务和职位的权力的服从。

（2）传统的权力。这种权力来自于古代传袭下来的习惯、惯例或神圣传统。

（3）魅力型权力。这种权力建立在对个人的崇拜的基础上，被崇拜者通常拥有超凡的魅力——出众的品格、超群的才智、卓越的办事能力、英俊的外貌等。个人魅力型的权力一般产生于动乱或是危机处理中，产生于追随者、服从者对领袖人物的信仰和信任中。

韦伯认为，合理的和法定的权力是这三种权力的基础，因为这种权力保证了企业经营管理的连续性和合理性，它能保障组织有序、有效的运行。

四、古典管理论的回顾

1. 古典管理理论的特征

古典管理理论的三种不同的理论，它们创立之初并没有联系，各自有着不同的侧重点。但是很显然，它们都适用于当时社会经济和历史背景，都适应了资本主义发展的需要。不过它们在对待员工和组织方面的看法基本是一致的，这些相同的看法才被视为古典管理理论的特征。

（1）三种理论对待员工的看法：①它们都认为私有财产最重要，私有财产神圣不可侵犯。雇主拥有生产资料，就可以占有雇员的劳动并按照自己认为的方式去利用；②“经纪人”假设。③劳资双方的利益在根本上是一致的。提高生产率，会使雇员得到更多的工资，同时使雇主获得更多的效益，雇主和雇员的目标是一致的。④它们都是以后来的麦格里戈提出的“X 理论”来看待雇员的，认为人的天性是好逸恶劳，逃避工作，怕负责任，因此，管理者必须对他们实行严格的监督。

（2）三种理论对待组织的看法：①它们都把组织看成封闭式的系统，只研究组织内部的管理问题，而不考虑组织外部环境对组织及其管理的影响。②鼓吹科学，追求理性，认为可以找到一种最好的资质管理方法。③它们把组织视同为机器，组织内的人员看作是机器的零部件，因而强调劳动分工、管理专业化、建立等级制度、明确权责、严格纪律、规章，来保证机器的正常运行。

2. 古典管理理论的评价

管理理论后来被许多管理学者研究、传播和扩展，并且系统化。在诸多的研究者中，厄威克和古利克的影响最大。它们对古典管理理论作了较为全面的总结，并在总结中加入了自己的想法。古利克提出了七项职能，即计划、组织、人事、指挥、协调、报告和预算；他还提出了管理的十项原则，即劳动分工和专业化、按目标、程序、顾客或地区把工作加以部门化、通过等级制度协作、通过思想协作、通过委员会协作、分权化或控股公司概念、统一指挥、直线参谋、授权和控制制度。厄威克提出了管理的八项基本原则，即目标原则、相符原则、职责原则、组织阶层原则、控制幅度原则、专业化原则、协调原则和明确原则。

古利克提出了七项职能原则代表了古典管理职能理论研究的范畴，可以作为古典管理理论的职能理论。把厄威克和古利克提出的管理职能进行综合，可以得出古典管理理论的管理原则，即组织机构配备合适的人员、一个最高的主管或一个人管理原则、统一指挥原则、专业参谋和一般参谋并用原则、工作部门化原则、授权原则、职权相符原则和控制幅度原则，这八个方面基本代表了古典管理理论管理原则问题上的观点。

第二节　行为科学理论

一、行为科学理论产生的背景

古典管理理论的广泛流传和实际运用，大大提高了当时的生产率。但是古典管理理论更多地侧重于研究生产过程、组织控制方面的内容，高度地强调科学性、精密性、纪律性等，很少关注到人的因素，组织内的人员看作是机器的零部件，激起了工人们的强烈不满。20 世纪 20 年代以后，一方面工人日益觉醒，工人阶级反对资本家剥削压迫的情绪日益高涨；另一方面由于经济的发展和周期性危机的加剧，资产阶级为了摆脱危机，充分利用泰勒的科学管理，压迫和剥削工人，引来了更加激烈的工人阶级的斗争。资产阶级无法再利用传统的管理理论和方法有效地控制工人活动来提高生产效率和利润。在这种情况下，人们对泰勒的科学管理理论在管理人工效能方面进行了思考，一些社会学家和心理学家从人们工作的动机、情绪、行为与工作之间的关系等问题入手，来研究如何按照人们的心理发展规律来激发其工作的积极性和创造性。于是行为科学就产生了。

美国哈佛大学心理学家梅奥通过霍桑试验提出了人际关系理论拉开了行为科学研究的序幕。行为科学的发展可以分为两个阶段：早期的人际关系理论和 20 世纪 50 年代以后的行为科学。

二、梅奥的人际关系学说

乔治·埃尔顿·梅奥（George Elton Mayo）是原籍澳大利亚的美国管理学家，是早期的行为科学——人际关系学说的创始人。1924—1932 年间，美国国家研究所和西电公司合作，1929 年后在梅奥教授的负责下进行的了著名的霍桑试验。霍桑试验以科学管理的逻辑为基础进行的实验，即在西电公司所属的霍桑工厂，为测定各种有关因素对生产效率的影响程度而进行的一系列的实验，并由此产生了人际关系学说。

霍桑实验经过了近 8 年的时间，整个过程可以分为四个阶段：

第一阶段：车间照明实验——“照明实验”（1927—1932 年）。该实验目的是调查和研究照明强度与作业效率之间的关系。实验结果表明照明强度对工作效率并没有直接的联系，生产效率仍与某种未知的因素有关。

第二阶段：继电器配置实验——“福利实验”（1927—1932 年）。该实验目的在于调查和研究缩短工作日、延长休息时间、免费供应茶点等职工福利与作业效率之间的关系。实验结果表明，福利设施的变化并不能提高作业效率，工人生产效率的提高来源于一种融洽的人际关系。调动职工的积极性，人际关系要比福利设施更重要。

第三阶段：大规模的访谈计划——“访谈实验”（1928—1930 年）。实验的目的是为了了解工人内心真正的感受，倾听他们对管理当局的一些规划、管理政策和工作条件的看法，并帮助他们解决问题，由此来提高生产效率。结果发现：第一，离开感情就不能了解职工的意见和不满；第二，情绪容易伪装，即工人表达自己的不满与隐藏在心理底层的不满情绪是不一致的；第三，只有对工人的个人情况和车间情况都了解时才能正确地了解到工人的情感；第四，只有真正的解决了工人的不满才能影响到生产效率。

第四阶段：继电器绕线组的工作室实验——“群体实验”（1930—1932 年）。实验的目的是为了证实研究人员发现的车间中除了有正式组织之外，还存在非正式组织，而且这种非正式组织对工人的态度有着极其重要的影响。研究结果发现：组织内存在非正式组织，这种非正式组织的职能在于，对内控制其成员的行为，对外保护其成员，使之不受来自管理层的干预，这种非正式的组织一般存在领袖人物。

通过调查和实验，梅奥等发现人群中存在的一些内部规律，认识到物质环境和福利好坏对生产效率的影响是不显著的，但是相反员工的心理因素和社会因素对生产有积极的影响。他们认为科学管理对人性的假设是有问题的，把人看作是一种工具是不正确的。1933 年，梅奥教授发表了《工业文明中的人》一书，奠定了人际关系理论的基础。在这本书中梅奥教授提出了与当时流行的泰勒的科学管理思想不同的一些观点。

（1）工人是“社会人”，而不是单纯追求金钱收入的“经济人”。霍桑试验证明人是“社会人”，作为复杂社会关系的成员，金钱并不能成为刺激人的积极性的唯一的动力，他们还有社会、心理等方面的需求。因此，社会、心理因素等方面形成的动力，对效率有更大的影响。所以要调动员工的积极性，必须从社会、心理方面去努力。

（2）企业中除存在正式组织之外，还存在非正式组织。非正式组织是相对与正式组织而言的。所谓正式组织是指为了有效实现组织目标，依据组织的人员职位、责任、权力及其相互关系进行明确划分而形成的组织体系。科学管理只注意到了正式组织的作用。霍桑试验表明，在组织内部共同活动的过程中，必然挥发了一些工作以外的联系，这种联系会加深人们之间的了解，从而形成某种共识，建立起一定程度的情感，并逐渐发展成为非正式组织。这种非正式组织起到两个作用：第一，保护工人免受内部人员的疏忽而造成的损失，例如生产过多以至于提高生产定额，或者是生产过少引起管理当局的不满；第二，保护免受非正式组织外的管理人员的干预而形成的损失，例如降低工资或提高生产定额。梅奥等人认为，不管承认与否，组织中都是存在非正式组织的，这种非正式组织存在着特殊的情感和倾向，左右内部成员的行为，对生产率的提高有着举足轻重的影响。因此，管理人员应该重视这种非正式组织的存在，利用非正式组织为正式组织的活动和目标服务。

（3）新型的领导能力在于提高职工的满足程度。科学管理认为，生产效率主要取决于作业方法、工作条件和工资制度。因此，只要采用恰当的工资制度、改善工作条件、制定科学的作业方法，就可能提高工人的劳动生产率。梅奥等人根据霍桑试验则得出了不同的结论。他们认为，满足工人的各类需求来提高工人的士气，是提高工人的生产效率的关键。在这些需要中，金钱与物质方面的需要占的比重很小，更多的是获取友谊、得到尊重或保证安全等方面的社会需要。所以，新型的管理人员应该认真分析职工需要的特点，不仅要解决工人生产技术或物质生活方面的问题，还要掌握他们的心理状况，了解他们的思想情绪，以采取相应的措施。这样才能适时、合理、充分地激励工人，达到提高劳动生产率的目的。

三、行为科学理论

梅奥等人的人际关系论的问世，开辟了管理和管理理论的一个新领域，并且弥补了古典管理理论的不足，更为以后行为科学的发展奠定了基础。在他们之后，更多的心理学家、社会学家、管理学家从行为的特点、行为的环境、行为的过程以及行为的原因等多种角度展开了对人的行为的研究，形成了一系列的理论，使行为科学成为现代西方管理理论的一个重要流派。理论研究的发展又反过来促进了企业管理人员重视人的因素，强调人力资源开发，注意改善人际关系，注意组织的需要与其成员的需要协调一致，等等。

所谓行为科学，是利用许多学科的知识来研究人类行为的产生、发展和变化规律，以预测、控制和引导人的行为，达到充分发挥人的作用、调动人的积极性的目的。由于任何人的行为都是在一定的组织和群体内、在一定主管人员的领导和控制下表现的，因此它不仅与个体的行为基础有关，还要受到群体环境的管理人员领导方式的影响，所以人的行为科学的研究也主要集中在以下几个方面：

1. 关于个体行为的理论

这是行为科学的主体内容。行为科学认为，人的行为是由动机导向的，而动机则是由需要引起的。当人们的某种需要尚未得到满足以前，就会产生干某件事的驱动力，就会寻找能够满足需要的目标，就会去从事某种活动，表现出一定的行为。个体行为理论就是关于行为原因、行为过程以及行为结果的研究。这方面的理论主要有：

（1）有关需要、动机和激励的理论。如马斯洛的需要层次理论、赫茨伯格的双因素理论、弗鲁姆的期望理论、公平理论、波特和劳勒的综合激励模型、归因理论和强化理论等。

（2）有关人的特性的理论。如麦格雷戈的“X－Y”理论、“不成熟——成熟”理论和有关人性的四种假设等。

2. 关于群体行为的理论

这方面的研究主要是人际关系理论的继续。群体行为的理论主要包括：

（1）有关群体动力的理论，如群体动力学。

（2）有关信息交流的理论，如信息交流分类、正式信息交流网络、非正式信息交流渠道及信息交流效率的提高等。

（3）有关群体及其成员相互关系的理论，如社会关系计量学、群体成员相互影响分析法、有关群体间竞争和冲突的理论等。

3. 关于领导行为的理论

职工是在一定主管人员控制下进行工作的，主管的领导方式必然会对职工的士气和工作表现产生一定的影响。有关领导行为的理论有坦南鲍姆和施密特的连续统一体理论、俄亥俄大学提出的二维领导的模式、威廉·大内的Z理论、布莱克和莫顿的管理方格法、斯托格第的四分图理论以及另一角度的亨利的关于领导者品质的理论和支持关系理论等。

在上述行为科学理论中，有些重要的理论在本书后面的有关章节中要进行介绍，因此，这里只进行简单的分类说明。

第三节　现代管理理论

一、现代管理理论的丛林

西方古典管理理论和行为科学理论出现后，特别是第二次世界大战以后，美国的国力和经济水平得到了较大的发展，企业所处的环境、生产经营方式以至于社会资源的配置方式都发生了重大的变化，致使企业面临着许多新情况和新问题。先前的管理理论不能有效地解决这类新环境下产生的问题时，势必要求产生新的管理理论。这个时期除了行为科学得到了长足发展以外，还有许多管理学者（包括社会学家、数学家、人类学家、计量学家等）都从不同的角度发表了自己对管理学的见解，出现了许多新的理论和学说，从而形成了许多学派。它们之间是相互影响、相互渗透、相互作用的，形成了竞相争荣的局面，被美国著名的管理学教授哈罗德·孔茨形象地喻为“管理理论的丛林”。哈罗德·孔茨在其发表发表的《管理学的丛林》（1961）一文中把第二次世界大战之后的管理理论分为6个派系，之后又在《管理理论的丛林再探》（1980）中将其发展成为11个不同的理论派系。在这些管理流派中具有重要影响作用的主要有管理过程学派、经验或案例学派、社会系统学派、决策理论学派、系统管理学派、社会技术系统学派、管理科学学派、权变理论学派等。

1. 管理过程学派

管理过程学派又称管理职能学派、经营管理学派。这个学派在西方是继古典管理理论学派和行为科学学派之后影响最大、历史最悠久的学派。该学派早期的代表人物是亨利·法约尔，后来的主要代表人物是美国管理学家哈罗德·孔茨和奥唐奈。管理过程学派的研究对象是管理的过程和职能，他们认为，管理就是在组织中通过别人或同别人一起完成工作的过程，管理过程同管理职能是分不开的。所以他们试图对管理过程和管理职能进行分析，从理论上加以概括，把用于管理实践的概念、原则、理论和方法结合起来形成一门管理学科。

管理过程学派的研究方法有：第一，把管理人员的工作划分为一些职能。如法约尔划分为计划、组织、指挥、协调和控制五项职能。第二，是对这些职能进行研究，并在丰富多彩的管理实践中探求管理的一般规律，以便详细地分析这些管理职能。管理过程学派认为，应用这种研究方法就可以把管理工作的一切主要方法加以理论地概括而建立起管理理论，用以指导管理实践。管理过程学派的主要贡献是提供了一种由管理职能构成的理论框架，这个框架包括的范围广泛并且容易理解，管理学方面的任何一种新概念、新知识、新思想、新理论几乎都可以纳入到这个框架之中。

2. 经验或案例学派

经验主义学派又称经理主义学派，这一学派是以向西方大企业的经理提供管理企业的成功经验和科学方法为目标。该学派的主要代表人是彼得·德鲁克（Peter F. Drucker）和欧内斯特·戴尔（Emest Dale）。他们认为，管理科学应该从企业管理的实际出发，以大企业的管理经验为主要研究对象，将其概括和理论化，以便于向企业管理的实际工作者和研究人员传授。他们强调管理学就是研究管理经验。通过对管理中的成功和失败，来了解管理中存在的问题，从而学会进行有效管理。对实践的高度总结是经验主义学派的主要特点。

该学派的主要观点有：第一，关于管理的性质。他们认为管理是管理人员的技巧，是一个特殊的、独立的活动和知识领域。第二，关于管理的任务。他们认为管理人员主要有三项管理任务，一是取得经济成果；二是使企业具有生产性，并使工作人员有成就感；三是妥善处理企业对社会的影响和企业承担社会责任的问题。第三，关于管理的职责。该学派认为，作为主要管理人员的经理，必须能够造成一个“生产的统一体”，经理好比一个乐队的指挥，他要使企业的各种资源，特别是人力资源得到充分发挥。另外，经理在作出每一个决策和采取每一步行动时，要把当前利益和长远利益协调起来。第四，强调战略决定组织结构。第五，提倡实行目标管理。

3. 社会系统学派

社会系统学派从社会学的观点来研究管理，认为社会的各个组织都是一个协作的系统，进而把企业组织中的人们的相互关系看成是一种协作系统。这种思想可以追溯到意大利的社会学家维多尔弗雷多·伯雷托和20世纪20年代的美国女学者福莱特。社会系统学派的创始人是美国管理学家切斯特·巴纳德。巴纳德的《经理的职能》一书提出了一个框架，即组织理论是以系统为依据的。他把组织看成是一种开放的系统，认为组织中的所有人员都是寻求取得平衡（即达到稳定状态）的系统，他们调整内部和外部的各种力量，不断得使整个系统得以保持平衡。

社会系统学派的理论特点：一是社会系统学派认为，组织的本质、特性和过程决定管理人员的职能以及如何行使他们的职能；二是他们对组织的本质（组织中人的行为）进行了描述性分析；三是社会系统理论不是把作业而是把决策作为主要的研究对象。

巴纳德的组织协作系统：

（1）组织是一个社会协作系统，这个系统能否继续生存，取决于以下几个方面。

①协作的效果，即能否顺利完成协作目标；②协作的效率，即在达到目标的过程中，是否使协作的成员损失最小而心理满足较高；③协作目标能适应协作环境。

（2）巴纳德指出，作为正式组织的协作系统，不论其规模的大小或级别的高低，都应该包含三个要素。①协作的意愿；②有一个统一的共同目标；③信息的沟通。

（3）经理人员的职能。巴纳德认为，经理人在组织中的作用，就是在信息沟通系统中作为相互联系的中心，并通过信息沟通来协调组织成员的协作活动，以保证组织正常运行，实现组织共同目标，经理人的职责主要有三项：①建立和维持一个沟通系统；②善于使组织成员为实现组织目标做贡献，招聘与组织目标相符的工作人员，维持组织的诱因，以保证协作系统的生命力；③规定组织的共同目标，并用各部门的具体目标来加以阐明。

巴纳德管理理论的研究方法主要有两种：一是运用社会心理学的分析方法，把人性的理论作为其管理理论的出发点；二是运用系统分析的方法，把企业组织作为一个由相互关联的各个部分构成的整体，并把企业组织这一整体置于同社会这一更大整体的相互关系之中。

4. 决策理论学派

决策理论学派是以社会系统理论为基础，吸收了行为科学、系统论的观点，运用电子计算机技术和统筹学的方法而发展来的一种理论，是现代管理理论的一个重要学派。该学派的主要代表人是美国卡内基—梅隆大学教授赫伯特·西蒙（Herbert Simon）。西蒙于 1978 年获得诺贝尔经济学奖，他的代表作是《管理决策新科学》。决策理论学派认为管理活动的核心是决策，管理的根本目的就是减少各种决策失误，减少决策的风险性，提高决策的成功率，其主要的理论为：

（1）管理就是决策，决策贯穿于整个管理过程。其观点认为，决策是高层管理人员的事，是用来解决经济管理中的发展目标和经营方针等重大问题的。西蒙等人认为，管理活动的全部过程都是决策的过程。确定目标，制订计划，选择方案是经营目标及其计划决策；机构设计，生产单位组织，权限分配是组织决策；计划执行情况核查，产品控制及控制手段的选择，是控制决策。决策贯穿整个管理过程，所以管理就是决策。

（2）决策过程包括四个阶段，即搜集情况、拟定计划、选定计划、评价计划。他们强调信息联系在决策过程中的作用。与巴纳德不同的是，他们更加重视非正式渠道的信息联系，认为非正式渠道的信息联系从中起重要作用。

（3）一个组织的决策根据其活动是否反复出现可分为程序化决策和非程序化决策。程序化决策是指对一些经常发生的决策问题，可以规定一个例行的程序或规章制度，需要决策时可以按程序操作或按章办事即可进行决策，这样有助于提高决策效率。非程序化决策是指对那些首次发生的、偶然性发生的需要决策的问题，进行特别的处理。

（4）在决策标准上，用“令人满意”的准则代替“最优化”准则。

5. 管理科学学派

管理科学学派又称为数量学派，是泰勒“科学管理”理论的继续和发展。该学派的代表人物是美国的伯法（E. S. Buffa）等人，伯法的代表作是《生产管理基础》。科学管理学派的管理思想注重模型的研究和应用，以求得管理的程序化和最优化。他们认为，管理就是制定和运用数学模型与程序的系统，就是用数学符号和公式来表示计划、组织、控制和决策等合乎逻辑的程序，求出最优的解答，以达到企业的目标。这个学派还提倡依靠电子计算机管理，提高管理的经济效率。该学派的主要特点是：

第一，从系统的观点出发研究各种功能关系。他们认为组织中任何部分或任何功能的活动必然会影响其他部分或功能，所以在评价一个组织中的任何决策和行动时都必须要考虑到他对整个组织的影响和所有重要的关系。

第二，应用多种学科交叉配合的方法。除了运用到运筹学、数学、计算机外，还用到经济学、管理学、心理学、社会学等各种自然科学和工程技术。

第三，运用模型和数量化来解决问题。

第四，随情况的变化而修改模型，求出最优解。通过模型来解决问题通常对其会有较深入的了解。

第五，该学派对组织的观点：认为组织中的人都是经济人；组织是一个追求经济利益的系统，它和系统科学学派有着紧密的联系；组织是由人和物质技术设备所组成的有机系统；组织是一个决策的网络模型。

6. 社会技术系统学派

这一学派的代表人物是英国的特里司特（E．L．Trist）及其在美国塔维司托研究所中的同事。他们根据对煤矿中“长壁采煤法”研究的结果认为，要解决管理的问题，仅仅分析社会问题是不够的，还需要分析技术系统对社会的影响。他们发现技术系统对社会系统和群体行为、个人态度都有很大的影响，认为管理绩效以至于组织的绩效好与差不仅取决于人们的行为态度及其关系，而且取决于人们所处的技术环境，在科学技术飞速发展并广泛投入应用研究的今天更是如此。

7. 系统管理学派

系统管理理论是运用系统科学的理论、范畴及一般原理全面分析组织管理活动的理论。系统管理理论的代表人物是查理德弗·约翰逊、弗里蒙特·卡斯特和詹姆士·罗森茨韦克，三人于1963年共同撰写了《系统理论和管理》一书，比较全面地阐述了管理的系统理论。系统学派从系统的观点出发，认为工商企业是一个为了实现一定的目标（既包括组织的共同目标，又包括组织成员的个人目标），由相互联系且共同工作的各子系统构成的各子系统组成的系统。它是一个开放的系统，与周围的环境（即各利益相关者，例如顾客、竞争者、供应商、政府等）之间进行物质、能量、信息的交换，并拥有内部和外部的信息反馈网络，不断地自动调节以适应环境和自身的需要。该学派理论的主要特点：

（1）企业是由人、物资、机器和其他资源在一定的目标下组成的一体化系统，它的成长和发展同时受到这些组成要素的影响。在这些要素的相互关系中，人是主体，其他要素则是被动的。

（2）企业系统是由许多子系统构成的开放的社会技术系统。子系统的划分可从多个角度来进行。系统管理学派将企业的子系统分为目标和价值子系统、技术子系统、工作子系统、社会心理子系统、结构子系统、管理子系统。

（3）运用系统观点来考察管理的基本职能，可以提高组织的整体效率，使管理人员不至于只重视某些与自己有关的特殊职能而忽视了大目标，也不至于忽视自己在组织中的地位与作用。系统管理理论的优点在于认识到组织与外部环境关系的重要性，其缺陷表现为对管理者的职能和责任没有具体的指导。

8. 权变理论学派

权变管理理论是20世纪60年代末至70年代初在美国经验主义学派的基础上发展而来的一种管理理论。该理论认为，世界上不存在最好的、能适应一切情况的、一成不变的管理理论、方法和模式，强调管理者应该根据组织所处的环境和内部条件的发展变化随机应变，针对不同的情况寻找不同的解决方案。权变管理就是依托环境因素和管理思想及管理技术因素之间的变数关系来研究的一种有效的管理方式。

美国尼布拉加斯大学教授卢桑斯（Fred Luthans）是权变学派的主要代表人物，他在1976年出版的《管理导论：一种权变学》一书中系统地概括了权变管理理论。其主要观点如下：

（1）权变管理就是把环境对管理的作用具体化，并使管理理论与管理实践紧密地联系起来。卢桑斯把过去的管理理论分为四种，即过程学说、计量学说、行为学说和系统学说，他认为这些学说由于没有把管理和环境妥善地联系起来，其管理观念和技术在理论与实践上相脱节，所以都不能使管理有效地进行。只有把管理理论与管理实践紧密结合起来，并充分考虑环境对管理的具体作用，才能实现有效的管理。

（2）在特定的环境条件下，要采用与之相适宜的管理原理、方法和技术，这将有利于组织目标的实现。在通常情况下，环境是自变量，管理的观念和技术是因变量。也就是说，如果存在某种环境条件，为更快地达到目标，就要采用某种管理原理、方法和技术。不过在一些特殊情况下，也会产生相反的情况，即管理权数成为自变量，而环境因素成为因变量。例如，如果企业的高级领导者采取参与制和开放式领导方式，那么全体成员会以“自我控制”和对社会准则负责任的态度来响应。

（3）环境变量与管理变量之间的函数关系就是权变关系，这是权变管理理论的核心内容。环境可分为外部环境和内部环境。外部环境又可以分为两种：一种是由社会、技术、经济和政治、道德、法律等组成的；另一种是由供应者、顾客、竞争者、雇员、股东等组成的。内部环境基本上是正式组织系统，它的各个变量与外部环境各变量之间是相互关联的。决策、交流和控制、技术状况等管理变量包括上面所列四种学说所主张的管理观念和技术。

权变学派的主要贡献在于将管理理论有效地指导管理实践，它在管理理论与实践之间成功地架起了一座桥梁。它强调针对不同环境运用不同的管理方法和管理技术等。该理论把环境作为重要的组成部分，要求企业的各方面活动要服从环境的要求。不过该理论也存在着严重的不足，它仅仅只考虑了具体的条件和情况，而没有用科学研究的一般方法来概括；只强调特殊性，否定普遍性；只强调个性，否认共性。

二、现代管理论的回顾

1. 现代管理理论丛林图示

现代管理学理论丛林如图2.1所示。

2. 现代管理学理论对管理思想的发展

第二次世界大战后，资本主义世界出现了一个黄金发展时期，经济发展迅速，生产力提高很快，人民生活水平也有所提高，市场不断扩大，全球化市场逐渐形成，生产呈现出了大生产的特点。为适应大生产方式的发展，现代企业制度即公司制日益成为备受青睐的企业制度，并有效地推动了企业大规模的发展。第二次世界大战后，生产手段日趋现代化、电脑化，生产和资本日益社会化、国际化，公司制恰恰为此创造了条件，成为跨国大公司的基本组织形式。此外，由于股份转让、购买的简易化，工业资本和银行金融资本相互持股、参股、控股，人事上相互兼职，导致了巨大的金融资本和金融财团的形成，并成为控制经济命脉的主导力量。由于现代组织管理上的新问题、新情况和新

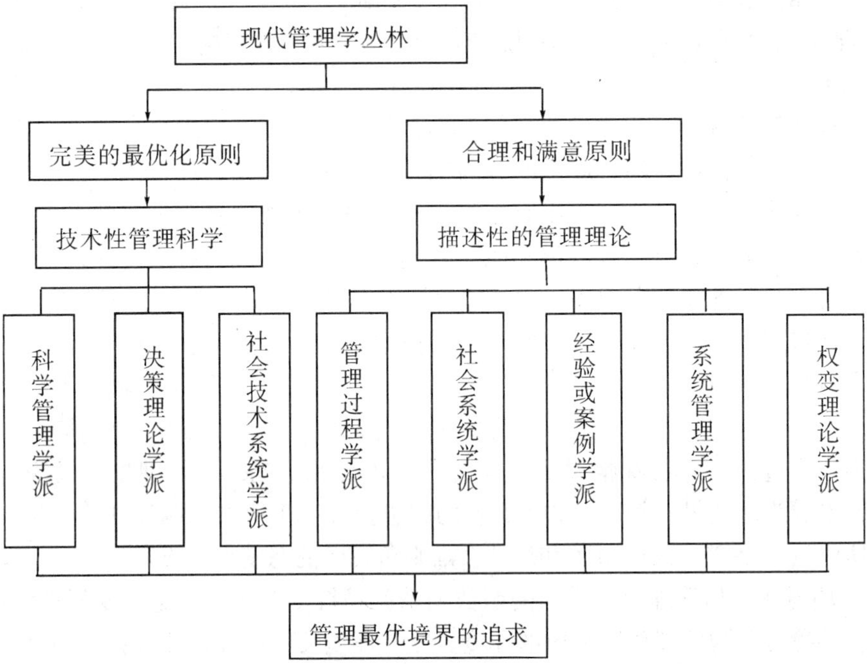

图 2.1　现代管理学丛林

要求，企业界和理论界纷纷尝试和创新提供相适应的管理思想、方法和手段，从而出现了“管理丛林”的现象。现代管理学理论的发展可以体现在以下几方面：

（1）管理内涵进一步拓展。现代管理理论的内容不只限于作业操作即成本的降低和产出的增加，而更重视人的管理、人才潜力的开发，更重视市场、顾客的问题。管理的核心更侧重于决策的正确与否、迅速与否。

（2）管理组织的多样化发展。组织形式多样化，除了不断推出新的有效组织形式如事业部制、矩阵制、立体三维制等以适应现代企业组织管理的要求外，还创设了与资产一体化控股、参股相适应的管理组织，提出了组织行为等一系列组织管理的理论。

（3）管理方法日渐科学。现代管理虽然不摒弃传统的有效管理方法，但为适应大规模产销活动而引入了现代科学技术，发展了现代管理方法，例如有投资决策、线性规划、排队论、博弈论、统筹方法、模拟方法、系统分析等，试图通过有效整合生产资源来提高管理的效率。

（4）管理手段的自动化。现代企业组织面临更复杂的环境，需要接受和处理大量信息，需要迅速寻找解决问题的方案，并更多地节约日益高涨的劳动力费用。为此，现代管理在管理手段方面的研究和使用有了突破性进展，如办公设备的自动化，信息处理机的发明，电子计算机在市场研究、产品设计、生产组织、质量控制、物资管理、人事财务管理等领域的应用等。

（5）管理实践的丰富化。没有一套固定的适应一切的管理体系，各个企业必须根据自己企业的特点、根据现代管理的基本法则来创造性地形成自己的管理特色。日本式管理与松下公司管理之间，美国式管理与国际商用机器（IBM）公司管理之间都是有差异的。管理实践的丰富化更进一步推动了管理理论、方式、方法和手段的发展。

现代管理理论实为一个综合性的管理理论体系，它还运用了社会学、心理学、社会心理学等多种学科成果，把组织看作一个“小社会”来予以系统性的考察和多方面的管理，从而有效整合组织资源，实现组织既定目标。现代管理科学性的强化，使管理的预见性、综合性和可靠性有了很大的提高，基本上适应了战后现代企业和经济发展的需要。

第四节　管理理论的新发展

进入20世纪80年代以后，全球的社会、经济、文化迅猛发展，特别是信息技术的发展与知识经济的形成，使世界形势发生了深刻的变化。面对信息化、全球化、经济一体化的新形势，企业之间的竞争越来越激烈，联系也不断增强。在这样的新形势下，管理理论研究也出现了新的观点、思想和新的体系。

1. 战略管理思想

20世纪70年代前后，世界进入科技、信息、经济全面飞速发展的时期，同时竞争加剧，风险日增。企业如果只靠抓成本与质量，已难以避免经营失败的厄运。于是，管理学界开始重视充满危机和动荡的外部环境的变化，谋求企业的长期生存发展，在经历了长期规划、战略规划等阶段之后，形成了较为系统的战略管理理论。

1965年，安索夫出版了《公司战略》一书，对企业发展的基本原理、理论和程序进行了研究，并认为战略构造是一个有控制、有意识的正式计划过程，因而企业高层的任务是制定和实施战略计划。1976年，安索夫的《从战略规则到战略管理》中首次提出了“企业战略管理”的思想。后来他又于1979年写了《战略管理论》一书，建立了企业经营战略管理的基本框架。

迈克尔·波特是美国哈佛大学商学院的教授，也是美国企业竞争战略研究的权威，他把系统论的研究方法运用于企业经济分析和企业战略管理，取得了成功。其代表作是1980年出版的《竞争战略》和1985年出版的《竞争优势》。在《竞争战略》中，波特提出了五种竞争力模型。按照波特的观点，一个行业中的竞争，存在五种基本的竞争力量，它们是潜在的行业新进入者、替代品的威胁、购买商讨价还价的能力、供应商讨价还价的能力以及现有竞争者之间的竞争。在产业分析的基础上，波特提出了三种基本的竞争战略：低成本领先战略、特色经营战略、目标集中战略。这三种战略为企业战略理论与实践提供了最基本的模式。波特的战略管理思想是：“产业结构分析——制定竞争战略——实施战略——取得竞争优势——获得业绩”，即在产业结构分析（五种竞争力分析）的基础上，提出企业竞争战略（低成本领先战略、特色经营战略、目标集中战略），通过战略的实施建立企业的竞争优势，从而获得高于竞争对手的业绩（价值）。

2. 企业再造

组织向横向结构转变是组织发展的一个重要趋势，而向横向结构（即横向联系模式）转变通常与组织的再造工程（Business Process Reengineering）密切相关。后者是20世纪90年代一个席卷整个美国企业组织的最新管理概念。所谓“企业再造”，简单地说就是以工作流程为中心，重新设计企业的经营、管理及运作方式。按照该理论的创始人原美国麻省理工学院教授迈克尔·哈默与詹姆斯·钱皮（M. Hammer & J. Champy）的定义，企业再造是指："为了飞跃性地改善成本、质量、服务、速度等重大的现代企业的运营基准，对工作流程进行根本性重新思考并彻底改革。"①

公司再造理论的产生有着深刻的时代背景。从古典管理理论开始，到哈罗德·孔茨在《再论管理理论的丛林》所界定的11个管理学派，都是以亚当·斯密的分工理论及分工理论基础上形成金字塔式组织结构为依据，从不同的角度对组织结构进行修补和完善，体现了统一领导、分级管理的组织原则，并在企业内部分设了生产、供应、销售等不同的部门，每个部门只负责其职能范围内的工作。这种组织结构过多的强调了专业分工，导致了任何一项任务都被诸多的职能部门分解得支离破碎，影响了完成任务的质量，降低了工作效率。20世纪六七十年代以来，信息技术革命使企业的经营环境和运作方式发生了很大的变化，而西方国家经济的长期低增长又使得市场竞争日益激烈，企业面临着严峻挑战。尤其是三种力量已向传统的分工理论发出了强大的挑战：

（1）顾客（Custom）——买卖双方关系中的主导权转到了顾客一方。竞争使顾客对商品有了更大的选择余地；随着生活水平的不断提高，顾客对各种产品和服务也有了更高的要求。

（2）竞争（Competition）——技术进步使竞争的方式和手段不断发展并发生了根本性的变化。越来越多的跨国公司在逐渐走向一体化的全球市场上展开各种形式的竞争，美国企业面临日本、欧洲企业的竞争威胁。

（3）变化（Change）——市场需求日趋多变，产品寿命周期的单位已由"年"趋于"月"，技术进步使企业的生产、服务系统经常变化，因此在大量生产、大量消费的环境下发展起来的企业经营管理模式已无法适应快速变化的市场。

面对各方面的压力，公司再造应运而生。"公司再造"（Reengineering the Corporation）这一概念由迈克尔·哈默于1990年在《哈佛商业周刊》发表的文章首次提出。1933年他与詹姆斯·钱皮共同出版的《企业再造——商业革命的蓝图》标志着企业再造理论的产生。

企业再造运动主要在两个方面和传统的管理模式不同：一是由传统的从上到下的管理模式变成为信息过程的增值管理模式，即衡量一个企业有效性的主要标志是，当一个信息输入企业以后，经过企业的加工然后再输出，信息所通过企业的任何一个环节其管理环节对此信息的加工的增值是多少，从工业的产品链到信息的价值链，形成一种企业价值的增值过程。如果不对该信息进行增值就要进行改造，这样就形成了一个企业管理机制的观念的改变。二是企业再造不是在传统的管理模式基础上的渐进式改造，而是强调从根本上着手。要改变企业的模式，就要彻底改造，把旧的全部抛弃。唯有破除过去，才能创造新机。这样的企业再造革命是建立在信息网络遍布企业内的各部门的基础上的，在企业的内部职工可以得到与自己有关的任何信息，这样大大减

① Michael Hammer, James Champy. Reengineering the Copration: A Manifesto for business Revolution. New York: Harper Business, 1993.

少了信息流动所带来的时间损失，不仅提高了效率，精简了人员，更使得每个员工都对企业的全局有一个全面的了解，从而使企业出现一个崭新的局面。

3. 学习型组织

20 世纪 90 年代以来，知识经济的到来，使信息与知识成为重要的战略资源，相应诞生了学习型组织理论。美国著名管理学家彼得·圣吉（Peter M. Senge）于 1990 年出版了《第五项修炼——学习型组织的艺术与实务》一书。彼得·圣吉以全新的视野来考察人类群体危机最根本的症结所在，认为我们片面和局部的思考方式及由此所产生的行动，造成了目前支离破碎的世界，为此需要突破线性思考的方式，排除个人及群体的学习障碍，重新就管理的价值观念、管理的方式方法进行革新。①

彼得·圣吉的学习型组织是建立在五项修炼的基础上的，认为这五项修炼是学习型组织的技能：

第一项修炼：自我超越。它是学习型组织的精神基础。个人有意愿犹如工作，专精工作技巧，个人与意愿之间有“创造的张力”，正是自我超越的来源。

第二项修炼：改善心智模式。“心智模式”是指根深蒂固于每个人或组织之中的思想方式和行为模式，它影响到人或组织如何了解这个世界，以及如何采取行动的许多假设、成见，甚至图像、印象等。

第三项修炼：建立共同愿景。如果有一项理念能够一直在组织中鼓舞人心，凝聚一群人，那么这个组织就有了一个共同的愿景，就能够长久不衰。如国际商用机器公司的“服务”，苹果电脑公司的“提供大众强大的计算能力”等，都是为组织确立的共同努力的愿景。第三项修炼就是要求组织能够在今天与未来的环境中寻找和建立这样一种愿景。

第四项修炼：团队学习。团队的智慧高于个人智慧。团队学习的有效性不仅在于团队整体会产生出色的成果，而且其个别成员学习的速度也比其他人的学习速度快。团队学习的修炼从“深度会谈”开始。“深度会谈”是一个团队的所有成员，谈出心中的假设，从而实现真正的一起思考。“深度会谈”的修炼也包括学习找出有碍学习的因素的互动模式。

第五项修炼：系统思考。组织与人类其他活动一样是一个系统，受到各种细微且息息相关的行动的牵连而彼此影响着，这种影响往往要经年累月才能完全展现出来。作为群体的一部分，我们置身其中，想要看清整体的变化，非常困难。因此第五项修炼就是要让人与组织形成系统观察、系统思考的能力，并以此来观察世界，从而决定我们正确的行动。

本章小结

随着社会发展、人类进步，实践对管理的需求日甚，因此管理理论的发展源于实

① 彼得·圣吉．第五项修炼——学习型组织的艺术与实务．北京：生活·读书·新知三联书店，1995.

践；同时，管理理论的发展也源于管理主体和管理理论工作者不断地对管理的真谛、管理的特征、管理的规律的认识与驾驭。

本章主要介绍了西方经典管理理论的发展历程（见图2.2），并详细介绍了古典管理理论、行为科学理论、现代管理理论以及管理理论在当代的新发展。

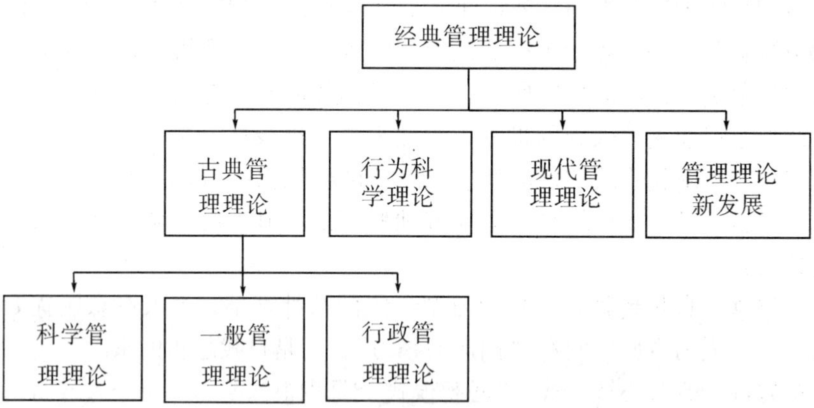

图2.2　西方经典管理理论的发展

古典管理理论侧重于对某些原理的需求与组织职能的运行。行为科学理论更注重的是管理工作过程中人的因素的重要性。现代管理理论不同学派注重点不同，但是归纳起来可以有以下的方面：管理科学强调的是定量技术和方法的应用，更多的学派则是运用系统和权变的观点，更加注重管理过程中的情境因素。

复习思考题

1. 什么是科学管理？阐述科学管理理论的主要内容。
2. 简述法约尔的14项基本原则和管理要素的内容。
3. 简述韦伯行政组织的特征。
4. 试述人际关系学说的理论要点。
5. 什么叫做学习型组织？
6. 现代管理理论的特征是什么？

案例分析

H公司行为科学应用①

H公司是一家电器生产企业，多年来在市场上有不俗的表现，消费者也颇为认可。

1990年，公司张总经理因年龄已大，身体也不够好，提出了辞职退休的要求。董事会再三挽留不住，只得另外聘任年轻有为的李志强先生为公司新的总经理。临别时，

① 资料来源：莫寰．新编管理学［M］．北京：清华大学出版社，2005.

张总告诉他的后任李志强先生："我公司过去之所以取得良好的业绩，在市场的竞争中保持了相当大的优势和市场份额，全依赖公司员工上下一条心，有很强的凝聚力。只要万众一心，就没有战胜不了的困难。希望李总千万不要忘了这一点。"对于张总的一番话李志强颇为赞同，深感自己责任的重大，因为自己过去虽然也做过一些高级管理工作，但大都与业务有关，如何激励员工保持凝聚力的确未曾很好实践，也缺乏经验。

李志强走马上任后对公司各方面做了调查研究，召开了一些各职能部门管理人员、公司一般员工的座谈会，了解情况。一个月后一个增强企业内部和谐氛围，增强员工协作与努力的方案在李志强的脑海中形成了，于是他召开了总经理办公会议，诸副总们、部门经理们一起讨论他的方案。

"各位同事，经过一个月的了解，我感到H公司的确是各方面都有骄人业绩的公司，管理方面尤其突出，这些成绩的取得的确应归功于全体员工上下一条心，把公司看作是自己的家，把公司的事业看作是自己的事业来努力。这方面的工作我们应该继续下去，即过去各种好的做法可以不变，大家可以大胆地照原来的惯例进行工作。我也注意到成绩的背后，经验的背后，还有一些问题尚未解决，例如员工间、部门间因工作产生的纠纷近来时有出现。纠纷出现是正常的，问题是解决的方法。我们原来采用的方法是由上级或上级部门裁决，裁决后尽管纠纷各方都服从了，但我知道其中一定有一方心中不痛快或不服帖，如果长此以往，必定会使我们公司凝聚力强、上下一条心的集体精神遭到破坏。把青蛙扔进开水锅里它死不了，因为它能马上跳出来；而把青蛙放进温水里慢慢加热却会使它在不知不觉中送了命。为此，我们提出了一个解决员工间、部门间工作纠纷的新方案。具体地说，就是纠纷双方自己坐下来协商解决，即自我管理。"

望着下属们不解的眼光，李志强清了一下喉咙，继续说："公司专门设一大房间，注意，这房间我特请心理学家和行为科学家来布置。凡发生工作纠纷的各方请自动一起到那个房间坐一坐，我相信，最终一定是各方心情愉快，纠纷圆满解决。"

李志强的话刚结束，下面就像开了锅，大家议论纷纷，好像天方夜谭一般，充满了迷惑。"这样吧，我先带大家参观一下这个房间，然后我们再接着开会。"李志强笑着说，并起身招呼大家跟他走。大家来到那间大房间，有一位工作人员打开了门，让大家进去。

原来这件大房间被分成四间小间，一间套一间。进入大房间先得进第一小间，第一小间迎面立着的大屏风，上面装有一大块玻璃镜，绕过镜子几步就进入了第二小间；第二小间的门口挂着一个大沙袋，非得推着它才能进去；第三小间的墙上挂满公司历年所获各种奖状，公司优秀员工的事迹和照片，公司各年业绩的图示等；第四小间就是几个沙发和小桌椅，旁边还放有可自取的咖啡、茶、饮料等，似乎就是一个小会议室，另外还有一扇门可供外出。

李志强带着他们回到会议室，这下可好，大家议论起来……

【问题】

1. 李志强总经理上任后应该先做什么？
2. 李志强总经理的新方案是基于什么理论？他为什么这样做？
3. 有没有更好的方法解决员工与部门间因工作而产生的矛盾冲突？
4. 行为科学家把房间布置成那个样子，其目的究竟是什么？

第三章 组织环境

·本章学习目标·

·掌握组织环境的定义、特征及构成
·了解组织与环境有哪些关系
·理解组织环境与组织绩效的关系
·认识组织环境对管理者及管理工作的意义
·掌握组织外部环境的含义、特点及构成，了解其对组织的影响
·掌握组织内部环境的构成要素，了解管理者应如何建设和维护组织内部环境
·了解组织内部环境与战略选择的关系
·了解组织与内外部环境的关系

组织是一个开放系统，内外部环境均影响着企业的成长与获利，管理者的活动会受到组织内外部各种因素的影响。这就要求管理者充分了解和分析自己所处的环境，并设法去适应和改变环境。

我们可以看到，组织的内外部情况是对组织及管理者的一种约束力，在进行管理时，管理者应当对组织面临的情况进行充分的调查和分析，然后从实际出发选择适当的管理战略和方法。总之，组织环境对组织的形成、发展和灭亡有着重大的影响。在当代和未来，组织的目标、结构及其管理只有变得更加灵活，才能适应环境多变的要求。从这个角度出发，本章将组织的内外部情况统称为环境，并分为外部环境和内部环境，分别讲述其所包含的因素以及对组织和管理的影响。旨在让大家通过学习，了解组织内外部环境的含义及要素构成，以及内外部环境分别会对组织产生什么影响，并且能够灵活运用到实际中去分析不同组织的环境和制定相应的战略。

第一节 组织与环境

一、组织环境的定义及特征

组织环境（Organization Environment）是指所有影响组织运行和组织绩效的潜在因素或力量。

组织环境对组织的生存和发展起着决定性作用。组织应该积极地调整战略以适应环境的变化，而究竟如何调整则应视具体环境而定。总之，组织环境调节着组织结构

设计与组织绩效的关系，从而影响组织的有效性。组织环境对组织的生存和发展起着决定性的作用，因此是组织管理活动的内在与外在的客观条件。

组织环境是组织所处的系统环境，它是与组织及组织活动相关的，是组织系统之外的一切物质和条件的统一体。由于组织环境是相对于组织和组织活动而言的，因而只有相对于组织和组织活动的外部物质和条件才具有组织环境的意义。在人类产生之前，自然界就是客观存在的，只有当人类通过分工协作形成了自己的社会活动，从而也产生了对这些活动的管理之后，自然界才与人类的这种活动相关联，才形成了组织环境。因而，组织环境的性质与内容都与组织和组织活动息息相关。因此，组织环境具有以下一些特性：

1. 客观性

组织环境是客观存在的，它不随着组织中人们的主观意志为转移，而且它的存在客观地制约着组织的活动。自然的和社会的各种条件，作为组织环境的基础，是组织赖以存在的物质条件，对组织来说也是一种客观存在的东西。

2. 系统性

组织环境是由与组织相关的各种外部事物和条件相互有机联系所组成的整体，它是一个系统。我们可以将它称为组织的外部系统。组成这个系统的各种要素，如自然、社会等条件相互关联，形成一定的结构，从而表现出组织环境的整体性。如果说组织所处的社会是一个大系统，那么组织的外部环境和内部环境便构成了不同层次的子系统。任何子系统都要遵循它所处的更大系统的运动规律，并不断进行协调和运转。人们的管理活动就是在这种整体性的环境背景中进行的。

3. 动态性

组织环境的各种因素是不断变化的，各种组织环境因素又在不断地重新组合，不断形成新的组织环境。组织系统既要从组织环境中输入物质、能量和信息，也要向组织环境输出各种产品和服务，这种输入和输出的结果必然要使组织环境发生或多或少的变化，使得组织环境本身总是处于不断地运动和变化之中。这种环境自身的运动就是组织环境的动态性。组织环境处于经常的发展变化之中，使组织内部要素与各种环境因素的平衡经常被打破，往往形成了组织结构的不断变化。因此，组织必须及时修订自己的经营方案以适应不断变化的环境，通过调整组织系统输入输出的结果，来促使组织环境更加有序地朝着有利于组织生存和发展的方向运动。

组织环境的客观性、系统性、动态性等特征说明了组织环境本身就是一个有着复杂结构的运动着的系统。正确分析组织所面临的环境中的各种组成要素及其状况，是任何一个管理者进行成功的管理活动所不可缺少的前提条件。在现代社会，组织环境的基本特征是变化速度加快，综合性的作用日益显著。

二、组织环境的构成及分类

组织环境是一个组织生存的外部条件，它在影响一个组织的管理业绩方面有着极其重要的作用。在当代，由于全球化的影响，组织赖以生存的外部环境越来越趋于多变、剧变，因此管理者必须非常重视对环境因素的了解和认识。现代管理一般认为组织的环境是由自然环境和社会环境构成的。

1. 自然环境

自然环境是组织存在和发展的各种自然条件的总和，包括矿产、空气、水等自然资源以及地理位置、地质地貌、气候等因素。这些自然条件主要是组织所存在的地理位置以及这一地理位置上的地形、气候、土壤、山林、水源、动植物、陆地和水中的矿藏等自然物，这些自然物相互联系和作用，组成了整体性的结构。

自然环境是自然界的一个特定部分，从这点上说，它是独立于人的客观存在。但是作为组织的自然环境，它又总是与人的某种社会活动相联系，是人类各种社会活动，特别是生产活动的物质基础和物质资料的来源。在劳动过程中，人和自然是同时起作用的，随着社会生产力和科学技术的进步，越来越多的自然物进入了人的实践活动范围，成为组织管理的环境因素。

自然环境主要决定组织的资源优势或劣势，组织可以根据自然环境的特点趋利避害。例如海湾国家可以充分利用其石油资源优势。自然环境不仅对矿业公司、农场、水运等产业至关重要，而且对某些制造业及服务业也非常重要。

随着环境科学的日益发达，组织有了更多的手段来预测和防范自然条件的突变。然而，自然环境的变化仍然应当引起管理者们的充分注意，以把握面临的危机或机遇。相对来说，自然环境的变化速度还是比较缓慢的，而社会环境的变化周期则要快得多，对组织的威胁也更大一些。

2. 社会环境

组织的社会环境是与组织有关的各种社会关系的总和，它主要是由经济环境、政治环境和文化环境组成的。

（1）经济环境。经济环境的主要因素是市场状况、经济状况以及竞争势态等，市场因素是商品经济条件下企业最为关注的环境因素。市场容量越大，越有利于扩大生产规模、采用自动化技术而降低成本；市场竞争越激烈，企业提高质量、增加品种、降低成本、改进服务的压力也越大。经济的繁荣状况对企业有重大影响，如在我国20世纪80年代经历的几次经济过热时期，几乎所有的企业都感到前景光明，而进入国家紧缩、调整阶段，大量企业又被市场疲软、三角债的阴影所笼罩。

（2）政治环境。政治环境对组织的影响是极其深刻的。政治局面是否安定、政治制度及经济管理体制状况、法律及政策状况等都是企业极其关注的环境因素。如海湾危机不仅使许多位于伊拉克境内的外国企业停止了经营活动，而且使土耳其、约旦、沙特阿拉伯等国的外国企业忧心忡忡，美国、日本及西欧的股票价格暴跌，石油价格上涨所影响的企业就更不计其数。而在政局情况基本一致的情况下，企业更愿意去为其发展提供的环境条件较宽松和优惠的地区。这也是包括中国在内的许多发展中国家为吸引外资纷纷出台各种优惠政策和优惠措施的主要原因。

（3）文化环境。文化是一个极其广泛的概念，这里主要是指教育、科技、道德、心理习惯以及人们的价值观与道德水准等影响着组织系统的各种文化条件的总体，我们称之为文化环境。

人们虽然把组织环境分为自然环境和社会环境，但作为组成组织环境的主要因素的自然环境和社会环境，两者并不是完全割裂的，它们实际上也是在人类社会实践基础上建立起来的相互联系的统一体。社会环境固然都离不开自然环境，然而自然环境也并不是单独存在的，它同样与人类社会实践紧密联系。

组织环境的类型可以按不同的标准来分。一般来说，以组织界线来划分，可以把组织环境分为内部环境和外部环境，或称为工作（具体）环境和社会（一般）环境；如果根据环境系统的特性来划分，则可划分为简单—静态环境、复杂—静态环境、简单—动态环境和复杂—动态环境四种类型。这里我们主要介绍第一种分类标准下的组织环境类型。

1. 组织外部环境

组织外部环境是指组织所处的社会环境，它是存在于组织界限以外的一切与本组织发生相互作用的因素。外部环境影响着组织的管理系统。组织的外部环境，实际上也是管理的外部环境。外部环境可以分为一般环境（General Environment）和特定环境（Specific Environment）。一般环境又称宏观环境（Macro-environment），包括的因素有：社会人口、文化、经济、政治、法律、技术、资源等。一般环境的这些因素，对组织的影响是间接的、长远的。当外部环境发生剧烈变化时，会导致组织发展的重大变革。特定环境又称产业环境（Industry Environment），主要是针对企业组织而言的，包括的因素有：供应商、顾客、竞争者、劳动力市场、金融机构、政府和社会团体等。特定环境的这些因素，对组织的影响是直接的、迅速的。外部环境从总体上来说是不易控制的，因此它的影响是相当大的，有时甚至能影响到整个组织结构的变动。对外部环境作分析，目的是要寻找出在这个环境中可以把握住哪些机会，必须要回避哪些风险，从而抓住机遇，健康发展。组织作为一个开放的系统，必然时刻与环境进行物质、能量和信息的交换。

2. 组织内部环境

组织内部环境又称内部条件或状况，是指存在于组织内部的、对其管理和绩效有着直接影响的因素，它是组织内部的物质、文化环境的总和，是组织的具体工作环境，包括组织使命、组织资源、组织文化等因素。内部环境是组织内部的一种共享价值体系，包括组织的指导思想、经营理念和工作作风。内部环境是组织内部与战略有重要关联的因素，是制定战略的出发点、依据和条件，是竞争取胜的根本。组织内部环境管理的目标就是为提高竞争力、实现利润目标营造一个有利的内部条件与内部氛围。组织内部环境的构成因素包括很多方面，如组织使命和任务、资源条件、组织文化、组织结构、核心竞争力、领导和员工的价值观、价值链、SWOT分析等。它们共同构成了对组织和管理者起着约束作用的组织内部环境，对企业产品质量的好坏和企业生产效率的高低起着重要的作用，影响着组织中的每个人及整个生产过程的运转。

三、组织与环境的关系

组织环境对组织的形成、发展和灭亡有着重大的影响。组织环境为某些组织的建立起到了积极的促进作用，将为组织的发展提供有利条件。相反，某些组织由于未能适应环境的变化，也将不复存在。在当代和未来，组织的目标、结构及其管理等只有变得更加灵活，才能适应环境多变的要求。

组织与环境的关系，不是组织对环境作出单方面的适应性反应，组织对环境也具有积极的反作用。主要表现为：组织应主动地了解环境状况，获得及时、准确的环境信息；通过调整自己的目标，避开对自己不利的环境，选择适合自己发展的环境；通过自己的力量控制环境的状况和变化，使之适应自己的活动和发展而无需改变自身的目标和结构；可以通过自己的积极活动创造和开拓新的环境，并主动地改造自身，建立组织与环境新的相互作用关系。另外，组织对环境的反作用也有消极的一面，即对环境的破坏。这种消极的反作用又会影响组织的正常活动和发展。组织环境是相对于组织和组织活动而言的，只有相对于组织和组织活动的外部物质和条件才具有组织环境的意义。在人类产生之前，自然界就是客观存在的，只有当人类通过分工协作形成了自己的社会活动，从而也产生了对这些活动的管理之后，自然界才与人类的这种活动相关联，才形成了组织环境。因而，组织环境的性质和内容都与组织和组织活动息息相关。例如，与一定经济组织的经济管理活动相联系的是经济组织环境；与一定军事组织的军事管理活动相联系的是军事组织环境；与一定教育组织的教育管理活动相联系的是教育组织环境。这些组织环境都是与一定的组织和组织活动相对应的。

四、研究组织环境的意义

环境是组织生存的土壤，它既为组织活动提供条件，同时也必然对组织的活动起制约作用。所以组织环境的类型将影响到应采用的组织结构的类型，组织中的不同部门或事业部都必须与不同的环境相适应，组织应该调整战略以适应环境，究竟如何调整应视环境的不利程度而定。总之，组织环境调节着组织结构设计与组织绩效的关系，影响组织的有效性。

任何组织都不是孤立存在的。组织和外部环境每时每刻都在交流信息。组织是在不断与外界交流信息的过程中，得到发展和壮大的。

组织环境是相对于组织而言的。在人类产生之前，客观自然界就存在着。当人类通过社会活动形成了组织，与组织及组织活动相关的、在组织系统之外的一切物质和条件的集合体才称为组织环境。组织环境是一个复杂的综合体，是由各种事物和条件组成的系统。单一的某个事物或某个条件只是环境的一个组成单元或子系统，只有与某个组织相关的一切外部条件的集合体才可以称为这个组织的环境。组织环境是组织所处的环境，是客观世界中与组织相关联的一部分，组织环境的性质与内容都与组织息息相关。任何一个组织离开组织环境便不能生存，组织环境是组织的一个组成部分，也是组织的构成要素。

第二节　组织的外部环境

一、组织外部环境的定义及特征

组织外部环境是指对组织各项活动具有直接或间接作用的各种条件和因素的总和，

即组织外部的、对企业活动及其绩效会产生影响的因素或力量。组织的外部环境可以理解为组织所处的社会环境，外部环境影响着组织的管理系统，因此组织的外部环境，实际上也是管理的外部环境。

外部环境从总体上来说是不易控制的，组织必须适应外部环境的要求来开展活动和进行管理才能保障自身的生存和发展，因此它的影响是相当大的，有时甚至能影响到整个组织结构的变动。对外部环境作分析，目的是要寻找出在这个环境中可以把握住哪些机会，必须要回避哪些风险，确定有限的使企业受益的机会及企业需要回避的威胁，抓住机遇，健康发展。

组织的外部环境具有以下一些特征。

1. 复杂性

这是指构成组织外部环境的因素是多方面的、复杂的。它包括人的因素、物的因素、政治经济、技术、文化、自然条件等多方面的因素。

2. 交叉性

构成组织外部环境的各种因素并非割裂开来，而是相互联系和交叉的，是相互依存和相互制约的。无论哪方面的因素发生变化，都会直接地或间接地引起其他因素的变化。

3. 变动性

这是指组织外部环境因素不是一成不变的，而是处在不断的发展变化中。这就要求组织根据环境的变化选择适合自己的不同战略、组织结构以及管理方式。

外部环境的这些特征给组织的管理带来了困难，管理者应当经常对外部环境进行调研和分析，在力所能及的范围内尽量降低环境不确定性带给组织的影响，并制定出应对复杂的环境以及环境变化时的权变策略。

二、组织外部环境的构成

组织外部环境所包含的因素或力量很多，通常可以划分为一般环境和特定环境。

1. 一般环境

一般环境又称宏观环境，是指在国家或地区范围内对一切产业部门和企业都将产生影响的各种因素或力量。它们是组织无法控制而只能去适应的，但在某些情况下，组织也可以施加一定的影响。考察和预测宏观环境因素将对产业和企业产生重大影响，其从中发现企业未来的机会和威胁，以便制定战略去捕捉机会而避开威胁，实现所预期的目标。

组织的一般环境包括的因素有：社会人口、文化、经济、政治、法律、技术、资源等。一般环境的这些因素，对组织的影响是间接的，长远的。当外部环境发生剧烈变化时，会导致组织发展的重大变革。

对宏观环境因素作分析，不同行业和企业根据自身组织的特点和经营需要，分析的具体内容会有差异，但一般都应对政治（Political）、经济（Economic）、社会（Social）和技术（Technological）这四大类影响组织的主要外部环境因素进行分析。这种分析方法称为 PEST 分析法，如图 3.1 所示。

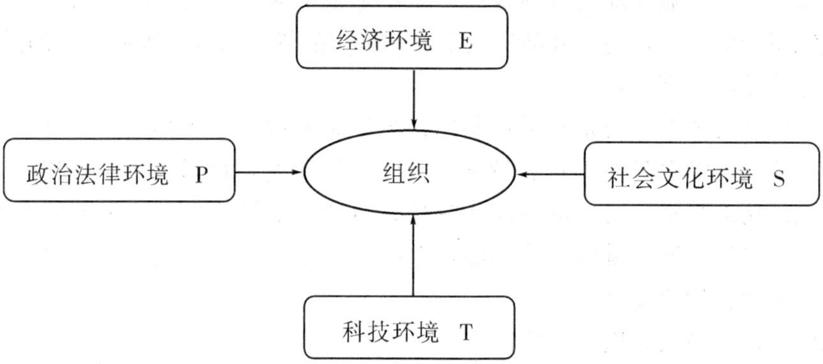

图 3.1 宏观环境分析（PEST）

（1）政治法律环境（Political Environment）。这是指政府采用一系列方针政策、法律法规、计划等手段从宏观上调节经济的行为，主要包括国家的政权性质和社会制度以及国家的路线、方针、政策、法律和规定等。不同的国家有着不同的社会性质，不同的社会制度对组织活动有着不同的限制和要求。即使社会制度不变的同一国家，在不同时期，由于执政党的不同，其政府的方针特点、政策倾向对组织活动的态度和影响也是不断变化的。

政治法律因素对各个产业和企业都有着很大的影响，例如我国政府为调整和优化产业结构制定的产业政策为各产业和企业指明了方向，有利于其更好地选择经营范围和业务；又如我国政府为适应社会主义市场经济建设的需要，已陆续颁布实施了多项法律法规，企业必须学法守法并利用法律法规来保护自己的合法权益。

（2）经济环境（Economic Environment）。经济环境主要包括宏观和微观两个方面的内容。宏观经济环境主要指一个国家的人口数量及其增长趋势，国民收入、国民生产总值及其变化情况以及通过这些指标能够反映的国民经济发展水平和发展速度。微观经济环境主要指企业所在地区或所服务地区的消费者的收入水平、消费偏好、储蓄情况、就业程度等因素。这些因素直接决定着企业目前及未来的市场大小。

随着对外开放，我国国民经济持续快速发展，这就更需要我们认真研究经济因素所产生的影响，特别要注意经济周期、经济危机、货币汇率以及外贸支付方式等，尽快开发高新技术，增强自身的核心竞争力，抓住机遇迎接全球的挑战。

（3）社会文化环境（Social Environment）。这主要是指人口统计方面的因素和文化方面的因素，包括一个国家的人口数量、年龄结构、职业结构、民族构成和特性、生活习惯、道德风尚以及国家的历史和历史上形成的文化传统等。社会文化环境包括一个国家或地区的居民教育程度和文化水平、宗教信仰、风俗习惯、审美观点、价值观念等。文化水平会影响居民的需求层次；宗教信仰和风俗习惯会禁止或抵制某些活动的进行；价值观念会影响居民对组织目标、组织活动以及组织存在本身的认可与否；审美观点则会影响人们对组织活动内容、活动方式以及活动成果的态度。

社会文化因素对社会经济的发展都有着巨大的影响，如不同年龄、不同性别、不同教育程度的人口在消费需求上各有特点，通过人口结构的研究才能预测各类人口需求的变化。又如人们的价值观念、工作态度以及消费倾向和风俗习惯也会直接影响市场的需求。

（4）科学技术环境（Technological Environment）。它主要包括国家的科学技术发展水平，新技术、新设备、新材料、新工艺的开发和利用。

当今社会的科学技术日新月异，新产品新技术层出不穷。它们一方面使得产品的更新换代速度空前提高，一方面使企业的产量增长、质量提高、材料节约、成本下降，从而赢得了竞争优势。技术因素可以为企业创造新的发展机遇。新技术可以为企业开辟新的市场、增加新的经营范围，提高产品的质量和性能，降低产品成本等。

技术进步对一个产业形成了机遇，可能就会对另一个构成威胁。因此，新技术的出现也将使企业面临巨大的挑战。因此一切组织都应关注科技创新，抓住机会抢先利用有价值的信息和技术。

（5）自然地理环境（Natural Environment）。这是指企业所在地区的自然环境，主要包括自然资源、地理条件、气候条件和交通运输条件等。

这个因素较前面的因素更稳定，但随着国家生产建设的发展以及环境保护政策和可持续发展战略的实施，企业有着保护和改善环境的责任，所以同样应对自然因素加以高度重视。

需要说明的是，以上分析的这几个外部环境的因素并非割裂开来，而是相互联系和交叉的。对不同类型的组织而言，这些因素的重要性也是不同的，如对营利性的企业来说经济因素最重要，而对学校和科研机构来说，则可能社会文化因素或技术因素更为重要；同样，同一因素对不同的产业而言，其重要性也有所不同。总之，这些因素都影响着各个产业和企业，对一个组织来讲，我们必须把一般环境的研究同下面将介绍的特定环境结合起来，进行综合分析，以便作出正确有效的管理决策。

2. 特定环境

特定环境又称产业环境，是指从产业角度看，同企业有密切关系、对企业有直接影响的各种因素或力量。它们也是无法控制而只能去适应的，组织只能在某些情况下对他们施加一定的影响。组织研究特定环境，目的在于从产业角度看，企业有哪些机会和威胁，自己所在产业的发展前景如何，同时考察企业的竞争地位，发现自己在竞争中有哪些优势和劣势，以便采取相应的对策。

特定环境主要是针对企业组织而言的，包括的因素有：供应商、顾客、竞争者、产品替代品厂商、政府、劳动力市场、金融机构和社会团体等。特定环境的这些因素，对组织的影响是直接的，迅速的。

（1）供应商。这是指企业生产所需物质资源的提供者。他们供应企业生产所需的原材料、机器设备及工具仪表等，对企业生产经营活动能否顺利进行及其经营绩效有着直接的影响。因此企业应与供应商保持良好的战略联盟关系，以保证整个供应链的顺利。

（2）顾客。这是指有意愿且有能力购买企业产品或服务的个人和组织。顾客以及他们的需要是企业存在的理由，形成了企业产品的市场。每个企业都应当研究顾客的需求，找到目标市场，尽量满足顾客的需求，为其提供差异化和个性化的产品和服务，让顾客满意。

（3）竞争者。这主要是指正在提供或极有可能提供与本企业相同或可相互替代的产品或服务的其他组织。竞争对手应当包括与企业直接竞争的每一个公司，他们同本企业争夺同一产品市场，对本企业形成直接的威胁，是特定环境中一个不可忽视的重要因素。有效的竞争对手分析有助于企业了解、诠释和预测竞争对手的行为和动机，从而及时采取相应的对策。

（4）替代品厂商。替代品通常是新技术与社会新需求的产物。如果一种新产品在许多方面明显优于现有产品，现有产品就会被替代。替代品的价格如果比较低，它投入市场就会使本行业产品的价格上限只能处在较低的水平，这就限制了本行业的收益。替代品之间的竞争规律是不变的，即价值高的产品获得竞争优势。

（5）政府机关。政府机关是各国政府为调控宏观经济、规范市场经济的发展，专设的一些对企业进行指导、服务和检查监督的机构。在我国主要有工商行政管理、质量技术监督、税务、公安、卫生和海关等部门。企业必须按照国家有关规定接受政府机关的指导、检查和监督，为自身的发展服务。

（6）劳动力市场。这是企业生产经营活动所需劳动力的主要来源。该市场提供给企业的劳动力数量、质量和约定的劳动报酬，对企业生产经营活动的顺利进行及人工成本的高低，具有直接的影响。企业应当配合政府采取多种措施加强劳动者的就业培训，充分开发人力资源，以适应现代科技革命和经济发展的需要。

（7）金融机构。金融机构包括商业银行、投资公司、保险公司、各类基金组织等，它们是企业生产经营活动所需资金的重要来源，因此对企业经营活动能否顺利进行及经营绩效具有直接影响。

（8）社会团体。社会团体就是一系列公众组织，这里包括报纸、电视台等新闻单位和工会、妇联、环境保护组织等群众组织。它们是社会舆论的传播者，可以为企业服务，也可能给企业带来压力。因此企业要重视同社会公众团体的关系，以便更好地支持自己的生产经营活动。

以上介绍的是组织的特定环境，对于从事经营的企业组织来说，认真研究顾客、供应商、竞争对手、政府以及社会公众等因素是十分必要的，只有深入了解企业外部的特定环境，企业才有持续成长的条件和希望。

按照迈克尔·波特的观点，一个行业中的竞争远不只在原有竞争对手中进行，而是存在着五种基本的竞争力量，即潜在的行业进入者的威胁、替代品的威胁、购买商讨价还价的能力、供应商讨价还价的能力以及现有竞争者之间的竞争。这就是波特提出的“五力模型”（见图3.2所示）。这五种基本竞争力的状况及其综合强度，将决定行业的竞争激烈程度，从而决定行业中各个组织最终的获利潜力，因此对于组织分析其内外部环境也十分有用。

前面已经提到，组织与其特定环境的相互作用更为直接，而组织与其一般环境之间是间接地相互影响，他们之间的关系见图3.3所示。

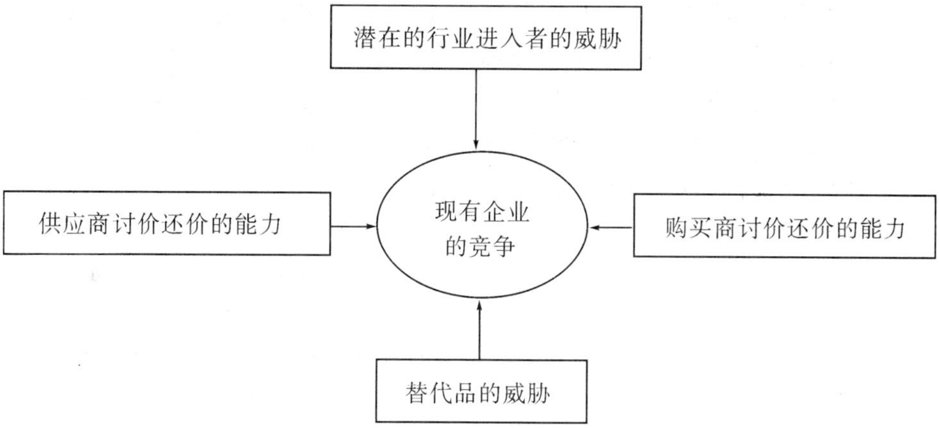

图 3. 2　产业环境的结构性分析：五力模型

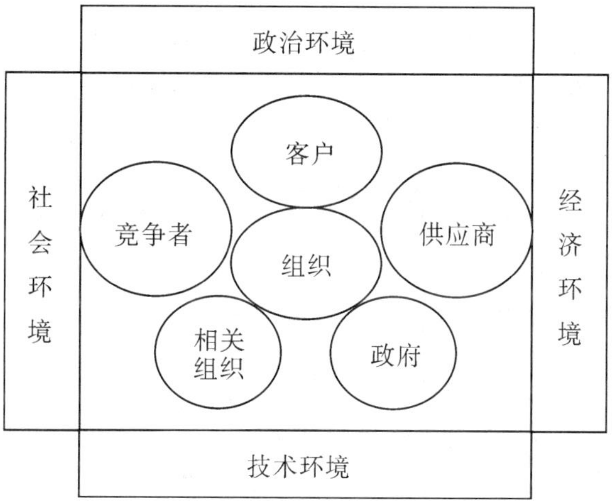

图 3. 3　组织及其环境的关系

三、外部环境对组织的影响

组织外部环境是组织从事各种活动所直接或间接涉及的各种社会关系的总和。任何组织要实现自身生存与发展的目的，都需要从外部环境取得必要的能量、资源、信息，例如人力、财力、物力和有关信息等，并对这些输入进行加工、处理，然后将生产出的产品与劳务输出给外部环境。没有这样的交换，组织将无法生存和发展。

例如工业企业，它要进行生产活动，就必须先从外部获得必要的各类资源，如劳动力、原材料、机器设备、资金、信息等；产品生产出来之后，必须经过市场销售出去，收回货款才能进行再生产；在生产和销售等经济活动中，它要同其他组织和个人，如顾客、供应商、劳动力市场、金融机构等建立各种经济联系以及相互的竞争；它还要服从所在国家政府的管理和社会公众的监督，执行国家的有关法律法规，同时受到国内外经济、科技和社会文化等方面的影响。

组织与外部环境间的关系表现为两个方面：其一，外部环境影响着组织及组织活动，对组织起着决定性作用和制约作用；其二，组织必须适应外部环境的变化和发展。组织存在于外部环境中，又依存于外部环境，这就自然地使外部环境成为对管理者的一个强大的约束力量。外部环境对组织和管理的影响主要表现在以下几个方面：

（1）外部环境可以为组织的发展带来机遇。例如企业可能正处于国家确定的主导产业中，或国家经济正快速发展，这时，组织应抓住这些机遇，加快自身的发展。

（2）外部环境可以为组织发展带来挑战或威胁。例如国家经济出现衰退或危机时，组织就应尽快设法迎接挑战或避开威胁。

（3）外部环境为组织带来规范和约束。例如国家的方针政策、法律法规、制度等，都是所有组织必须遵守、执行而不可违抗的，对组织和管理起着规范和约束的作用。

（4）组织的管理形式和组织结构必须适应外部环境的要求。例如外部环境较稳定时，可采用机械型组织；当外部环境极不稳定时则应采用有机型组织。

当然，组织一方面要适应环境，另一方面也可以在一定的情况下影响外部环境。组织和外部环境之间是一种双向的互动关系，要求组织既能适应环境的要求，又能对外部环境施加积极的影响。

第三节　组织的内部环境

一、组织内部环境的含义及构成因素

组织内部环境又称内部条件或状况，是指存在于组织内部的、对其管理和绩效有着直接影响的因素，它是组织内部的物质、文化环境的总和，包括组织使命、组织资源、组织文化等因素。内部环境是组织内部的一种共享价值体系，包括组织的指导思想、经营理念和工作作风。内部环境是组织内部与战略有重要关联的因素，是制定战略的出发点、依据和条件，是竞争取胜的根本。内部环境的形成是一个从低级到高级、从简单到复杂的演化过程。组织内部环境管理的目标就是为提高竞争力、实现利润目标营造一个有利的内部条件与内部氛围。

组织内部环境的构成因素包括很多方面，如组织使命和任务、资源条件、组织文化、组织结构、核心竞争力、价值链、领导、员工价值观、SWOT 分析等。它们共同构成了对组织和管理者起着约束作用的组织内部环境，对企业产品质量的好坏和企业生产效率的高低起着重要的作用，影响着组织中的每个人及整个生产过程的运转。

1. 组织的使命和任务

使命即是组织对社会承担的责任、任务以及自愿为社会做出的贡献。一个组织的使命决定了组织存在的价值，任务是组织生存的主要原因。因此，组织的使命和任务是其制定战略、拟订计划和分配工作的基础，是设计管理工作岗位和进一步设计管理组织结构的起点，是指导和规范组织全部活动的依据。组织的一切活动都必须服从和服务于组织的使命和任务。

2. 组织的资源

组织为了进行业务活动，实现其使命和任务，必须有各类资源作支持。其中主要有：

（1）人力资源。一个组织最基本也是最重要的资源便是组织当中的人，各类人员的数量和质量要同工作需要相适应，人员结构要合理。

（2）财力资源。这是指企业生产经营所需的各类资金，包括自有资本金、公积金、留存利润等。良好的财务状况能为生产经营活动提供资金支持。

（3）物力资源。这是指企业进行生产经营活动所需的土地、厂房、建筑物、构筑物、机器设备、仪表、工具、运输车辆和器具、能源、动力、原材料和辅料等。

（4）技术资源。这里指企业拥有的技术装备、员工的技术知识、工作技能、技术创新能力等。当今科学技术日新月异，掌握更多的高新技术资源，对于企业赢得竞争优势有着十分重要的作用。

（5）信息资源。世界已步入信息社会，信息资源的重要性日益突出。信息来自组织内部和外部，企业应当充分创造条件，建立信息化的管理信息系统，加强对信息的收集、整理、分析、检索和利用。

资源对组织的管理有很大的影响。组织为了完成目标、达到特定的效果，必须依赖于一系列的资源条件，这些资源是对组织系统的投入，它们的获得、传递以及应用影响着组织内部环境，包括信息、工具、基础设施、设备、原料供给和财政等。虽然组织的资源状况是不断变化的，但组织自身能够控制，因而管理者要经常进行调研，在此基础上改善资源的结构，提高资源的素质，增强资源的竞争优势，从而为管理决策提供依据，以便更好地实现组织的发展。

3. 组织文化

组织文化是指组织内部全体成员共有的价值观、信念和行为准则的体系。组织都是由相似的价值观、共同的信念、相似的经验以及同样的处世原则构成的动态系统。这些要素的结合便使一个组织具有特色，这就是组织文化。组织的高层管理者为组织文化搭建基本的框架，管理人员便确立与规定了这个组织的价值取向和行为准则。组织文化的具体部分会由其他员工去填充，他们将按照自己的标准确定接受管理者定义的文化的程度并将把自己的价值观和行为准则等一并带入组织。在众多元素汇入原有的组织文化后，其中为大家所普遍接受认可的便得以保留与继承。一个良好的组织文化是组织生存和发展的基础和动力。

4. 组织氛围

组织文化的衍生品之一便是组织氛围。成功的组织常拥有开放的组织氛围，能够有效激发个体的斗志和创新意识并吸引员工广泛地参与到组织经营中。在这种组织中员工被充分地授权，即使员工大胆尝试自己想法的结果是失败，组织也会宽容地接受并继续予以支持和鼓励。员工会很自然地产生主人翁意识，将自己作为组织系统中不可缺少的组成部分，为组织而奋斗。

5. 组织结构

一个组织的正式结构是内部环境的组成部分，它决定着组织决策是如何被执行的。

组织的三个不同层次的管理层——高层管理者、中层管理者、基层管理者，分别组成不同的团队来完成诸如设计、生产、市场营销、财务、人力资源管理等不同的工作。组织结构还决定了权利和沟通的流动方向。组织结构的不同因每个组织的不同而不同，因管理者的期望而不同，因各种外部因素而不同。现代的组织结构越来越倾向于扁平化形式，包括被充分授权的个体、被充分授权的团队以及风险小组等。这种组织结构使组织更快更灵活地对市场需求作出反应，大大降低了市场风险。

6. 核心竞争力

核心竞争力（Core Competence）是一个组织内部一系列的技能和知识的结合，它具有使组织的一项或多项业务达到世界一流水平的能力。它应当是竞争对手难以模仿的，所以能提供持久的竞争优势。对于一个组织来说，成功与否的关键因素之一便是该组织能否认识到并有效地利用其核心竞争力。核心竞争力与其他一些无形的因素构成了组织的智力资源。智力资源包括丰富的经验、智慧、知识储备和专业技能。智力资源深含在组织的人事技能以及组织成员的实践中，它包括了一个组织现实存在的价值与未来的发展前景，只有充分有效地意识到组织的核心竞争力并整合组织资源对其加以利用，才能在竞争中彰显出自身的特色。

7. 价值链

波特认为，企业每项生产经营活动都是其价值创造的经济活动，因此，企业所有的互不相同又相互联系的生产经营活动，便构成了价值创造的一个动态过程，即价值链。企业生产是创造价值的过程，企业的价值链是企业所从事的各种活动——设计、生产、销售以及支持性活动的集合体。价值链的分析方法有利于组织连接供应商和销售商，找到自己的优势或弱势，同时还能帮助企业确定战略竞争优势，选择恰当的战略方案。因此，组织应当确定其价值链构成，然后通过与外部独立活动对比的方法，确定每一项活动对企业整体价值的贡献。

8. 领导

领导是对他人目标的制定及达成所产生的影响。每个领导者都应鼓励并使下属拥有足够的权力去实现最完美的自我。然而，领导实践会被众多内外因素所影响。每个领导者都有其特有的信念、态度和价值观，也有自己的个性、处世哲学等，而同时，这些元素又会被组织的任务、价值观、组织文化和组织氛围等所影响。领导更是在言语和举止上应身体力行、以身作则，同时必须言行一致。

除了以上几个内部环境的因素，组织中的员工价值观、价值链、SWOT 分析等也对组织产生影响，例如组织的核心价值观是组织所要遵循的最基本原则。在新的时代背景下，组织必须不断调适自身的内部环境，一个组织只有明确了这一系列内部环境要素，才能明确自己的发展方向与发展方式，组织上下才能围绕它们有计划地展开工作。

二、组织内部环境的建设与维护

组织的内部环境对组织的正常运行起到了重要的作用，管理者应重视组织内部环境的建设与维护。

（1）管理者应把握全局，为组织设立合适的工作任务与目标，明确组织行为准则及价值观，开阔视野，确立组织长期发展的方向，使组织行为有导向；管理者应清楚了解组织核心竞争力何在，以此为起点加快组织发展的脚步；管理者应着力构建有本组织特色的组织文化，用文化感染每位成员，以文化促进步促发展；组织结构的优劣对于组织效率的提高有很大的影响，管理者应搭建合理的组织架构并根据实际情况随时予以调整；管理者应创造和谐、平等、鼓励创新的组织氛围，营造大家庭的气氛，激励每一位员工真正融入到组织中，实现个人与组织的双重价值；管理者应努力提高自身业务水平与领导修养，注重领导艺术，科学管理科学决策，使组织的运行循序渐进；管理者应有效利用与整合组织内所有资源，将其优化升级，为组织的全面发展提供强力后盾。

（2）管理者应注重组织内部环境信息的收集，以便及时掌握员工、团队及整个组织的发展过程及发展趋势，在正确信息的指引下，了解内部环境的状态及走向以便及时制定或调整管理决策。管理者对组织内部环境的变化在一些情况下要让自身去适应，去接受，但在另一些情况下，管理者可以着手改变组织内部环境的一些状况，动用强大的管理行政手段，辅以内部宣传教育等措施，对内部进行感化及规整，使所有变化均在管理者掌握范围内，不至于偏离组织最本质的原则。

（3）经济全球化与知识经济的到来要求管理者必须将眼界拓展，放眼同行甚至放眼世界，了解他人组织内部管理的精华及方法，学习先进企业的管理策略，在适当的条件下，可以引入外界的资源，外界的信息，将他们与组织内部原有的部分进行融洽，使之成为符合组织要求，符合市场要求的新型组织财富。组织内部环境的作用可能会给组织造成风险，也可能会形成挑战，也可能会提供机会，更会造成改变。管理者必须处于一种警醒的状态，感知组织内部环境各个因素的改变或改变的趋势，迅速作出反应对组织进行调节。对变化的敏感可以帮助管理者准确进行预测，有效的预见是控制力度加强，使控制的方向有了指引，使管理更为科学，使结果也更加贴合组织目标。

三、组织内部环境分析的意义

内部环境是企业内部与战略有重要关联的因素，是企业经营的基础，是制定战略的出发点、依据和条件，是竞争取胜的根本。企业战略目标的制定及战略选择既要知彼又要知己，其中“知己”便是要分析企业的内部环境或条件，认清企业内部的优势和劣势。

企业内部环境或条件分析的目的在于掌握企业历史和目前的状况，明确企业所具有的优势和劣势。它有助于企业制定有针对性的战略，有效地利用自身资源，发挥企业的优势，同时避免企业的劣势或采取积极的态度应对企业劣势。

本章小结

通过本章的学习，我们知道组织环境是所有影响组织运行和组织绩效的潜在因素或力量，它对组织的生存和发展起着决定性作用。

组织环境是指所有影响组织运行和组织绩效的潜在因素或力量。组织环境具有客观性、系统性、动态性等特点。正确分析组织所面临的环境中的各种组成要素及其状况，这是任何一个管理者进行成功的管理活动所不可缺少的前提条件。

组织的环境是由自然环境和社会环境构成的。自然环境是组织存在和发展的各种自然条件的总和。社会环境又主要是由经济环境、政治环境和文化环境组成的。一般来说，以组织界线来划分，可以把组织环境分为内部环境和外部环境，或称为工作（具体）环境和社会（一般）环境。

组织与环境的关系，不是组织对环境作出单方面的适应性反应，组织对环境也具有积极的反作用。组织环境是组织所处的环境，是客观世界中与组织相关联的一部分，组织环境的性质与内容都与组织息息相关。任何一个组织离开组织环境便不能生存，组织环境是组织的一个组成部分，也是组织的构成要素。

组织外部环境是指组织所处的社会环境，它是存在于组织界限以外的一切与本组织发生相互作用的因素。组织外部环境具有复杂性、交叉性、变动性等特征。外部环境又可以分为一般环境和特定环境。一般环境又称宏观环境，是指在国家或地区范围内对一切产业部门和企业都将产生影响的各种因素或力量。特定环境又称产业环境，是指从产业角度看，同企业有密切关系、对企业有直接影响的各种因素或力量。

组织内部环境又称内部条件或状况，是指存在于组织内部的、对其管理和绩效有着直接影响的因素，它是组织内部的物质、文化环境的总和，是组织的具体工作环境，包括组织使命、组织资源、组织文化等因素。组织的内部环境对组织的正常运行发展起到了重要的作用，管理者应重视组织内部环境的建设与维护。

复习思考题

1. 概括组织环境的定义和特征。
2. 简述组织环境的构成。
3. 组织与环境的关系表现在哪些方面？
4. 为什么说组织环境是对组织绩效起着潜在影响的外部系统和力量？
5. 研究组织环境对于管理者的意义何在？
6. 归纳说明组织外部环境的构成。
7. 什么是组织的外部环境？它有何特点？它对组织会产生哪些影响？
8. 组织内部环境的构成要素有哪些？
9. 管理者应当如何建设和维护组织内部环境？
10. 试述组织内部环境的分析与战略选择的关系。
11. 分析组织环境的一般步骤和方法是什么？
12. 试举例说明组织与内外部环境的关系。
13. 对一个组织而言，一般环境和特定环境哪一个更重要，为什么？
14. 请分析下列环境属性及其变化有哪些基本特征？这些变化是如何对组织及其管理产生影响的？①经济环境对组织的影响；②技术环境对组织的影响；③社会环境对

组织的影响。

15. 中国目前社会发展的基本特征对于组织的绩效以及组织的管理行为，有哪些影响？请进行相关分析。

第四章　组织文化

· 本章学习目标 ·

· 理解组织文化的概念
· 了解组织文化兴起的过程
· 掌握组织文化的分类
· 理解组织文化的作用以及对管理的影响
· 掌握组织文化的形式和形成方式
· 了解组织文化构建的过程

第一节　组织文化及其来源

一、组织文化的概念

1. 文化

古今中外的人类学家、历史学家、社会学家对于文化的定义有很多不同的说法。在西方，“文化”来源于拉丁文 cultura 或 cultus，随着时间的演变，它的含义从农耕及对植物的培育逐渐引申为对人的品德和能力的培养。18 世纪后，culture 演化为个人素养、整个社会的知识、信仰、艺术道德、法律、风俗的汇集，引申为指一定时代、一定地区的全部社会生活内容等。汉语“文化”一词最早出现于刘向《说苑·指武篇》：“圣人之治天下，先文德而后武力。凡武之兴，为不服也；文化不改，然后加诛。”后来，南齐王融在《三月三日曲水诗序》中写道：“设神理以景俗，敷文化以柔道。”在中国的古籍中，“文”既指文字、文章、文采，又指礼乐制度、法律条文等；“化”是“教化”、“教行”的意思。从社会治理角度看，“文化”指以礼乐制度教化百姓。归纳后可以发现广义的“文化”是指人类社会实践过程中所创造的物质财富和精神财富的总和，而狭义的“文化”是指社会的知识和意识形态，以及与之相适应的制度和组织机构。

从古今中外纷繁的定义中，我们可以发现文化具有以下五方面的特点：一是民族性，文化带有各自民族的特点，烙有民族心理、民族精神、民族语言、民族传统和民族生活行为方式的印记；二是阶级性，文化作为一种社会现象，体现了不同阶级的利益要求，显示出不同阶级的特色，代表这不同阶级的地位和生活方式；三是时代性，不同时代具有不同的文化特质和表现形式，体现着时代特征和风貌；四是历史继承性，文化是一种历史现象，它为社会成员所共享并传承下去，每一代社会成员都受到上代流传的文化的影响，又影响到下一代，这是一个不断继承与创新的过程；五是能动性，这是文化的主体性的延伸和发挥，在人类一般性实践活动向文化活动的转变中，文化起着扳道夫的作用。不同的民族事物，如服装，之所以能被文化所同化，是人类在一般的实践活动中将其提升到文化的轨道上，使之得到快速的进行和发展。

2. 组织文化

组织文化的定义，也有很多学者从不同角度作了解释，其中有影响的观点有以下这些：

1984 年，西方学者希恩对组织文化的定义是："组织文化是特定组织在处理适应外部环境和内部整合过程中出现的种种问题时，所发明、发现或发展起来的基本假说的规范。这些规范运行良好，相当有效，因此被用作教导新成员观察、思考和感受有关问题的正确方式。"

克拉克·霍恩则认为组织文化是"主要依靠符号来获得和传递的思想、感受和反应的方式，其基本核心是传统意识和价值观"。

《管理意志》的作者马文·鲍尔提出的定义则是"我们处理周围事物的方法"。

美国麻省理工斯隆学院教授艾德佳·沙因（Edgar H. Schein）认为组织文化是"一个特定组织在处理外部适应和内部融和问题中所学习到的，由组织自身所发明和创造并且发展起来的一些基本的假定类型，这些基本假定类型能够发挥很好的作用，并被认为是有效的，由此被新的成员所接受。"

日裔美籍教授威廉·大卫指出："公司文化是由其传统风气所构成的，同时公司文化意味着一个公司的价值观，诸如进取、守势或者灵活，这些价值观构成公司职工活动、意见和行为的规范，管理人员身体力行，把这些规范灌输给职工并代代相传。"

哈佛大学的特伦斯·迪尔和阿伦·肯尼迪在他们专门论述企业文化的著作《公司文化》中却没有用简短的文字来完整地下个定义，而是在论述过程中从不同角度揭示了企业文化的内涵。

归纳起来组织文化主要有以下几种代表性观点：

一是"两元说"。该种观点认为组织文化是物质文化和精神文化的总和，侧重研究了组织文化的范围。物质文化指生产、生活资料，是企业的物质基础，也是企业文化发达程度的外在标志。精神文化是指价值观念、道德观念、心理素质、精神面貌、行为准则、经营哲学、审美观念等，是企业文化的核心。

二是"同心圆说"。将组织文化解释为一个同心圆的三个层次，外层圆是物质文化，中层圆是制度文化，内层圆是精神文化。这种说法强调精神文化的核心作用，制度文化作为组织文化不可缺少的组成部分是由企业的法律形态、组织形态和管理形态构成的外显的文化，是企业文化的载体，把企业文化中的物质文化和精神文化有机地结合起来。这里的制度文化，指组织的规章制度、公约、纪律等制度形态的东西。如图 4.1 所示。

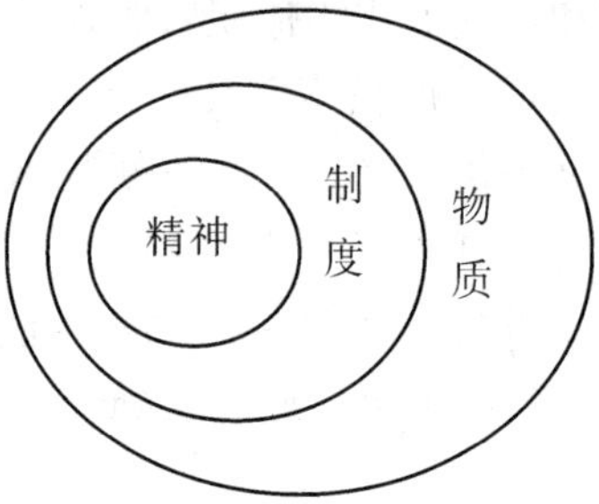

图 4.1　组织文化的同心圆（三层次）

三是“精神文化说”。该观点认为组织文化是以价值观为核心的，包括信念、作风、行为规范在内的各种精神现象。它体现在物质形态之中，并发挥其影响和制约作用，但不能把物质形态的东西包括在内。这种说法把组织文化提高到了一个新的层次，强调组织文化是一种精神现象。

四是“五因素说”。这种观点的代表人物是上面提到的迪尔和肯尼迪，他们在《公司文化》中提出，组织文化是由五个因素组成的系统，包括价值观、英雄人物、习俗仪式、文化网络外部环境，他们强调外部环境是组织文化的一个最大影响因素。

五是“7S 框架说”。这是美国麦肯锡咨询公司的组织结构研究小组提出的，阐述了组织文化与管理的相互关系，包括七个变量：结构、战略、体制、人员、作风、技能和共有价值观。其中共有价值观不仅是企业文化的核心内容也是组织文化与组织管理相契合的关键点，如图 4.2 所示。

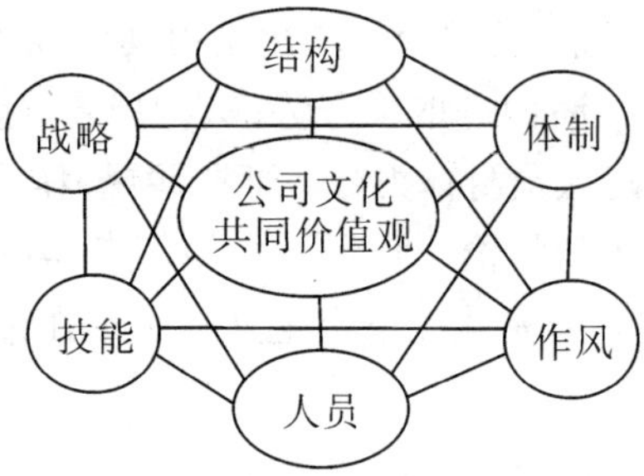

图 4.2　7S 框架说

在实践中，一般认为组织文化是指组织成员的共同价值观体系（Value System），它使组织独具特色以区别于其他组织。史蒂芬·罗宾斯（Stephen Robbins）在《组织行为学》中指出了组织文化的七个重要特征：创新和冒险、关注细节、产出取向、人际导向、团队取向、进取性、稳定性。这七个特征是同一组织中的人员必须共同努力来实现的。

创新与冒险（Innovation and risk）：组织在多大程度上鼓励员工创新和冒险。

关注细节（Attention）：组织期望员工做事缜密、善于分析、注意小节的程度。

产出取向（Outcome orientation）：组织管理人员在多大程度上集中注意力于结果而不是强调实现这些结果的手段与过程。

人际导向（People orientation）：管理决策应考虑到决策结果对组织成员影响的程度。

团队取向（Team orientation）：组织在多大程度上以团队而不是个人工作来组织活动。

进取性（Aggressiveness）：员工的进取心和竞争意识胜于随遇而安的程度。

稳定性（Stability）：组织活动重视维持现状而不是重视成长的程度。

以海尔为例，海尔集团的成功因素有很多，而企业文化作为海尔成功的妙诀之一，无疑起了关键作用。

海尔文化有七个层次：①

（1）表层海尔文化。它包括海尔标志、海尔中心大楼、海尔广告、海尔样品展室、海尔园区绿化、可爱的海尔兄弟商标等。

（2）浅层海尔文化。它包括海尔职工礼貌、素养，标准蓝色着装，迅速反应、马上行动的作风等。

（3）中层海尔文化。产品：注重环保、用户至上的海尔产品，“大地瓜”与“小小神童”洗衣机、瘦长的“小王子”电冰箱等所体现的“乡情”及其文化、科技内涵；服务：海尔的用户需求调查、海尔生产线现场参观、工业旅游专线的设计、无搬运服务及24小时安装到位的服务项目等。

（4）深层海尔文化。它包括OEC管理模式、“日事日毕、日清日高”和“三E卡”管理，定额淘汰、竞争上岗的组织平台，创自主管理班组做法等。

（5）里层海尔文化。它包括“有缺陷的产品就是废品”的质量理念；适应中国国情的“吃休克鱼，用文化激活休克鱼”的企业兼并理念；“东方亮了，再亮西方”的市场扩张理念；“首先卖信誉，其次卖产品”的营销理念；“人人是人才，赛马不相马”人才观；“用户永远是对的”和“解除用户烦恼到零”的售后服务理念；“先难后易，先创名牌，后创汇”的国际市场战略；“用户的难题就是我们开发的课题”和“要干就干得最好”的科技开发理念；海尔的企业斜坡球体定律等。可谓丰富多彩，全面系统，配套协调。

（6）内层海尔文化。它包括海尔远景，也就是十年之内进入世界500强的奋斗目标。

（7）海尔文化内核，也就是海尔的哲学和价值观，那就是“敬业报国，追求卓越”，“海尔真诚到永远”。就像张瑞敏所说的：“我想无论哪个企业的目标应该都是一样的，都要追求长期利益的最大化。但这只是一个目标，并不是目的。企业存在的目的是和社会融为一体，推动社会的进步。”

这表明了在实践中，公司文化所包涵的内容可能并不是严格按照某一种组织文化理论观点进行创造、构建的。它可能涵盖所有层次，也有可能只是其中的某一部分，更有可能交叉了几种理论。总的来说，组织文化是一个组织内各种由员工所认同和接受的信念、期望、理想、价值观、态度、行为方式和准则等。它能使员工凝聚在一起，

① 李明芹．管理学基础．东营：石油大学出版社，2005：83－84.

影响他们的态度和行为。

二、组织文化的兴起

现代管理产生于西方，而西方管理从泰罗以来一直以理性主义为主导，特别是第二次世界大战以后运筹学等现代管理科学学派的兴起使理性主义被推向了极端，定量分析成为一种主要的管理技术并被不适当地滥用于管理活动的一切方面。自20世纪80年代以来，随着日本经济的崛起，美国管理学界逐渐认识到理性主义的局限，并开始转向组织文化的研究。

日本经济的崛起，使西方国家乃至全世界都为之震惊。是什么力量促成了日本经济的成功？日本靠什么样的管理使其产品具有如此强大的竞争力？面对这些问题和挑战，20世纪70年代末到80年代初，一大批美国的管理学家、社会学家和心理学家赴日本考察，掀起了美日比较管理学研究的热潮。

1982年美国迪尔和肯尼迪出版的《公司文化》首先提出了企业文化的观念。美国人在研究中发现，美国组织管理较为注重诸如系统、战略、技术、设备、制度、方法、组织结构和财务等“硬”因素（“硬性的管理”，Hard Management）的分析，而日本企业则更多地强调人、目标、信念、风格、宗旨和价值观等“软”因素（“软性的管理”，Soft Management），其中最大的差别是日本企业员工有“爱厂如家”的观念，而美国企业的员工缺乏这种观念。美国企业界和管理学界认识到，美国企业尽管注重科学，但却过多地依赖制度、理性分析方法和物质刺激，忽视了人的社会性和精神力量，忽视了员工共同价值观念的培养。这表明，美日两国不同管理模式的背后是文化的差异。

因而组织文化理论的兴起具有十分重要的意义。如美国著名管理学家彼得·德鲁克所说，“利润和盈利性固然是极为重要的，但盈利性并不是工商企业和企业活动的目的”；“企业的目的必须存在于企业本身之外，事实上它存在于社会之中，因为企业是社会的一个机构”。[①] 组织文化理论突破了传统的企业观，要求企业谋求本身以及人的全面的发展。

大部分早期的组织文化研究者都认为组织只有一种文化，然而乔安娜·马丁指出，一个组织可能有数种文化。例如，一些只是由少数人拥有的文化却可能对组织的主流文化有很大的影响。[②] 承认组织文化具有一些共同性质并不意味着其中不存在亚文化，很多大型组织中都存在一个主文化以及众多的亚文化。主流文化（Dominant Culture）体现的是一种核心价值观（Core Value），它被组织中绝大多数成员认可和共享。当我们说到一个组织的文化时，通常指的就是组织的主流文化。正是这种宏观角度的文化使组织具有独特的个性。亚文化或次文化（Subcultures）通常在大型组织内部发展起来，反映了其中一些成员所面临的共同问题、情景和经历。这些亚文化通常可能在组

① 关培兰．组织行为学．北京：中国人民大学出版社，2006：378.

② Joanne Martin. Culture in Organizations：Three Perspective. New York：Oxford，1992.

织内部的部门设计和地理分隔的基础上形成。① 例如组织的地区总部远离组织总部，它就可能表现出不同的个性特点。在这种情况下组织的核心价值观仍然占主流，但为适应本单位的特殊情况会有所调整。如果组织中没有主流文化，而是由多种亚文化组合而成的组织文化，此时员工对于哪些行为恰当、不恰当缺乏一致的解释，那么这一组织文化作为独立变量的价值就会大大减弱。

还存在另一种对组织文化的划分方式，即强文化与弱文化。这种观点指出强文化对员工行为的影响更大，并与降低流动率有更直接的关系。在强文化中，组织的核心价值观得到强烈而广泛的认同，接受核心价值观的组织成员越多，对核心价值观的信念越坚定，组织文化就越强。强文化会对员工的行为产生巨大影响，因为这种高强度的认同感会在组织内部创造一种有力的行为控制氛围。当然，组织有了强文化并不能保证组织就一定会取得成功。美国对约两百家公司文化的实证研究表明，除非组织文化能促使公司对外部环境健康适应，否则一种强文化并不能保证公司获得成功，在这种情况下极可能较之弱文化更容易对组织的成功造成伤害。

第二节 组织文化与管理

组织文化是使一个组织结成一个整体必不可少的条件，它确立了对员工应该做什么、不应该做什么的约束。因为在组织员工中的不可能自然而然地形成组织的精神和文化，所以组织管理的一个根本任务是对员工进行组织信仰、观念的灌输。松下幸之助认为，一个人在组织中的经历对其个性的形成有着不可磨灭的影响，企业有着不可推卸的义务去帮助员工陶冶他们的内心世界。一个成功的组织背后都拥有一个非常丰富的、持续多年的价值、信念和教义的传统，这些被称为组织文化的东西对组织制定战略和实施战略都会产生重大影响。

一、组织文化分类

1. 威廉·大卫的分类

1980 年，威廉·大卫在出版的《Z 理论——美国企业界怎样迎接日本的挑战》一书中，把美国、日本企业绩效的差异归结为文化的差异。他对日、美企业的经营管理进行对比后发现，在组织模式的每个重要方面，日本与美国都是对立的。他认为美国企业的文化是 A 型文化，日本企业的文化是 J 型文化。但是，在美国的一些成功企业中，如 IBM、普罗克特、甘布尔、休利特—帕卡斯、伊斯门、柯达等，在经营管理上与日本有着惊人的相似。于是，他创立了著名的“Z 理论”，进而得出研究结论，美国企业提高绩效的途径是将其 A 型文化转变成 Z 型文化。

（1）A 型文化。此类文化的组织特征表现为实行短期雇佣制，组织实行短期绩效，

① 斯蒂芬·P. 罗宾斯，蒂莫西·A. 贾奇. 组织行为学. 李原，孙健敏，译. 北京：中国人民大学出版社，2008：491.

能够迅速评价和快速晋升，员工得到回报快，但员工稳定性差；公司提倡专业化的发展道路，组织员工只关注自己的专业范围和领域，因而对企业的全面工作并不了解；公司控制明确、赏罚分明，但员工多表现为照章办事；企业决策以个人为主，决策速度快，但不利于诱发员工的聪明才智和创造精神；实行个人负责制，任何事情都有明确的负责人，管理者只需要对顶头上司负责，协调关系有限。

（2）J 型文化。此类文化的组织特征表现为实行长期或终身雇佣制度，使员工与企业的命运相联系，同甘共苦；组织对员工实行长期考核和逐步提升制度，员工不关心个人晋升；公司推崇非专业化的发展道路，培养能适应各种工作环境的多样性人才；管理过程注重运用统计报表、数字信息等清晰的控制手段，也注意对人的经验和潜能进行细致而积极的启发诱导；组织决策采取集体研究，涉及决策执行的所有人都可发表个人意见，因此决策时间较长；工作采取集体负责制，避免突出个人；树立牢固的整体观念，员工之间平等相待，每个人独立工作，以自我指挥代替等级指挥。

（3）Z 型文化。威廉·大卫针对以上两种文化各自特点，提出要建立 Z 型文化，即 Z 理论。这种组织文化的特征是实行长期雇佣制，鼓励员工对企业忠诚，以增强组织凝聚力；制定一种缓慢的评价和提升制度，培育员工的长期观念与协作态度；扩大职业发展道路，有计划地实行横向职务轮换以培养人的多种专业技能；主张在企业内部建设高度一致的文化，用自我指挥取代等级指挥，实行参与管理，强化员工的内在的控制；提倡强化共同目标，使每个人都能自觉地对集体作出的决策负责，从而避免紧张状态；建立员工个人和组织的全面整体关系。

2. 迪尔与肯尼迪的分类

美国学者特伦斯·迪尔和阿伦·肯尼迪在《企业文化》一书中，把组织文化划分为四种类型，如图 4.3 所示。

硬汉文化 特点：高风险，反馈快；坚强、乐观、进取心强 适合行业：广告、影视、出版	**努力工作——尽情享受文化** 特点：低风险，反馈快；崇尚优胜群体，着迷于有刺激的活动 适合行业：房地产、批发、餐饮
攻坚文化 特点：高风险，反馈慢；仔细权衡、周密策划、深思熟虑、有远大志向 适合行业：石油、航空	**过程文化** 特点：低风险，反馈慢；注意过程和细节、遵纪守时、谨慎周到、稳定保守 适合行业：银行、保险、公共事业

图 4.3　迪尔与肯尼迪的四类组织文化

（1）硬汉文化（又称挑战型文化或强悍组织文化）。采用这种文化的往往是风险很高、决策结果反馈最快的企业，如电影、广告、建筑、整容等。这类公司决策时赌注高，决心大，冒大风险，机遇扮演重要角色。组织内还崇尚个人明星，常常把仪式变成迷信，充满竞争气氛。由于要求在短期内获得利益，企业人员合作精神差，不重视长期投资，人员流动率高，很难建立坚强而又一贯的企业文化。

（2）努力工作——尽情享受文化（又柔性组织文化）。这种文化中工作数量扮演重要角色，崇尚优胜群体，要求员工拼劲十足，工作之后尽情玩乐，工作与玩乐并重。

此种公司一般风险不大，但反馈很快同时工作也很紧张，像推销公司、计算机公司、房地产经纪公司、大众消费公司就属于这类公司。这种文化在遇到麻烦时，会采取短期行为。

（3）攻坚文化（又称长期赌注文化）。这是一种风险很大，反应缓慢的文化。其价值观崇尚创造美好的未来，权威、技术能力、逻辑和条理性扮演重要角色，以例行会议为主要仪式，决策自上而下进行。这类企业如石油开采、航空航天等，其文化需要人们具有坚强的信心和长期经受考验的能力，不能容忍心理不成熟的人和工作不认真的现象。这种文化有助于发明创造和技术突破，但是行动速度缓慢，对迅速变化的环境不会作出灵敏的反应。

（4）过程文化。它形成于风险小、反馈慢的企业，如银行、公共事业公司等。员工对自己工作效果好坏全无观念，因此会促使他们把注意力放在“如何做”上面，而不是“做什么”上。这种组织文化下的员工，严格按程序办事，工作井然有序，仪式体现等级观念，因而容易抑制人的创造性，产生僵化体制和官僚主义。

3. 杰弗里·桑南菲尔德的分类

美国学者杰弗里·桑南菲尔德（Jeffrey Sonnenfeld）通过对不同组织结构的研究，提出了组织文化的标签理论。将组织文化划分为学院型、俱乐部型、棒球队型和堡垒型四种类型。

（1）学院型文化。很多历史悠久的大型组织，如可口可乐、福特和 IBM 公司等都具有这种文化的特征。这类组织喜欢雇佣刚毕业的大学生，为其提供大量的专门培训，然后安排、指导他们在特定的职能领域从事专业化的工作，因此员工会很快掌握专长。这些专长是员工获得奖励和晋升的基础，但组织中的员工很少在部门间调动。专业化为员工提供了工作的安全保障，但同时它又限制了组织内部各个部门间的合作和员工个人的发展。

（2）俱乐部型文化。与学院型公司相反，俱乐部型公司把管理人员培养成通才，如联合邮包服务公司（UPS）、政府机构、军队等。这类组织非常重视员工的适应性、忠诚感和认同感、承诺和奉献。这类组织中，员工年轻时进入公司工作，凭借资历的增加、工作经验和专业技能不断丰富而获得晋升。这种组织文化模式提倡员工的自我发展，在每一级别上证明自己的能力。因此，员工表现出明显的对组织的依赖并愿意融入到组织中。

（3）棒球队型文化。这种组织文化是冒险家和革新家的天堂，组织选人时看才能，付酬时看绩效（即产出），常见于会计、法律、咨询公司、软件开发、生物研究等领域。这主要源于组织发展两个方面的特点：高风险的决策环境和对环境快速反馈的要求。由于组织推崇才干、创造性、革新与绩效并据此奖励员工，因此这类组织中员工的积极性能够得到很好的激发，工作自由度大，员工专业技能和经验都能得到很好的锻炼与积累。这类企业员工对企业的忠诚度较低，跳槽现象极为普遍。

（4）堡垒型文化。这类公司管理着眼于企业的生存与发展，包括大型零售商店、矿山、纺织、林业产品公司等。在企业发展的初期，公司可能是前面三种类型中的某一种，但企业处于成熟期向衰退期转变的阶段时，就会表现出尽力保存尚未销蚀的财产的典型特征。这类组织会定期裁人或重组，公司几乎不给员工提供工作保障、成长和职业发展的机会，但也可能为喜欢挑战的管理者提供了施展才能的空间。因而这类组织适合追求工作稳定、希望平稳发展的员工，但不适合喜欢挑战的人。

4. 吉尔特·霍夫斯坦德的分类

荷兰著名学者霍夫斯坦德的研究是跨文化管理研究文献中的一个经典部分。他所用的研究数据，是1967—1973年间通过对IBM公司世界范围内72个国家的116 000名员工进行态度调查获得的。态度调查也包括有关文化价值观和信念的问题。他对53种文化进行分析研究，并根据四个文化维度加以比较，即权力距离（power distance）、个人主义或集体主义（individualism or collectivism）、男性化或女性化（masculinize or feminize）和不确定性规避（uncertainty avoidance）。

（1）权力距离指的是一个社会中的人群对权力分配不平等这一事实的接受程度。接受程度高的国家，社会层级分明，权力距离大；接受程度低的国家和民族，人和人之间比较平等，权力距离则小。在组织中，权力距离是指使用权力的力度和广度，是组织接受和许可权力差别的程度。权力距离大的文化中，经理人员在缺乏信任的情况下行为可能十分专制，而下属也对上司命令式的方式习以为常。与此相反，权力距离小的文化中，上司与下属之间的关系会很融洽，下属有可能参与决策。

（2）个人主义与集体主义用来衡量个人与他人的关系以及个人自由的愿望在多大程度上要牺牲于社会关系的需要。个人主义是指在组织中，人们以自己的利益为中心，以个人的发展和成绩为重；集体主义是指在组织中，人们以集体的利益为中心，以集体的成就和发展为重。在个人主义不太盛行的地方，人们会希望家庭、朋友或组织给予自己更多的帮助，同样反过来也愿意更多地照顾家庭、朋友和组织。

（3）男性化与女性化指两性职责划分的严格性。男性化指对钱和物质利益肯定和追求的社会倾向，而女性化指关心他人和生活质量的社会倾向。霍大斯坦德指出，男性化与雄心、希望得到更多、挣到更多的愿望联系在一起，更多关注的是事物的量，而不是生活的质。与之相反，女性化则更关心人际关系、环境和服务的感觉。

（4）不确定性的规避指的是人们忍受模糊或者感到模糊和不确定性的威胁的程度，它用来衡量社会、人如何处理未来的不确定性。一个低不确定性规避文化中的人们敢于冒险，对未来充满信心，不会感到未来不确定性的威胁，通常能够容忍。相反，一种高不确定性规避的文化中的人会竭力通过法律、技术和宗教手段增加安全性，避免风险，以克服将来的不确定性。

后来霍夫斯坦德又增加了第五个方面，即长期与短期取向。这个维度表明一个民族持有的对待长期利益或短期利益的价值观，主要反映人们对将来与现在的利益进行权衡时，考虑长远利益的相对程度。长期取向表现的是一种实用主义的注重将来的倾向，并不注重短期利益；而短期取向的人总是期望能快速得到结果，注重短期利益。[①]例如，美国存在短期主义趋势，人们希望立即知道任何事件产生的结果。而日本则相反，日本人往往持有更长期化的观点。

---

① 崔佳颖．组织的管理沟通．北京：中国发展出版，2007：225.

5. 罗伯特·奎因的分类

竞争价值结构（Competing Values Framework）原本是用来分析组织效能的，罗伯特·奎因和他同事们经过改造，提出应用竞争价值结构来分析组织文化。其现已被广泛地应用在组织文化的研究上，而且学者们也建立起了一套量表来应用此结构，其信度和效度也被接受。

竞争价值结构强调组织内不同的价值观，如平稳与转变之间的矛盾、外在环境与内部组织之间的矛盾，这些基本的价值冲突和张力可以用来解释一个组织内不同的着重点，从而考虑该组织领导人的风格、凝聚力、战略导向以及组织整体的特性，在这些基本价值取向上便可以看到组织文化的重点。由此对组织文化分类如图 4.4。

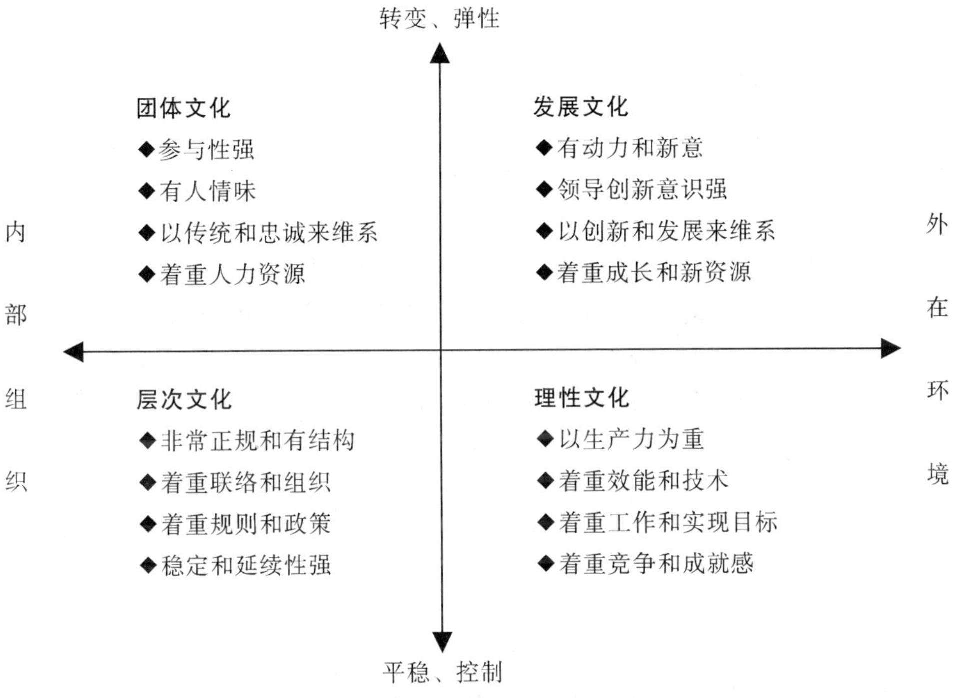

图 4.4　竞争价值的组织文化结构

资料来源：Carmeron and Freeman，1991；Quinn and Spreitzer，1991.

（1）团体文化（Group Culture）着重组织内部一体化，但强调转变和弹性，以人力资源为主要的战略重点，这种文化的基本价值观主要围绕归属感、信任和参与等，因此着重发展员工的潜能和争取员工的投入。

（2）发展文化（Developmental Culture）强调转变和弹性，但着重适应外在环境。因此，组织的特色表现为成长、新资源和创新等。

（3）理性文化（Rational Culture）比较着重平稳成长，以生产力、业绩和实现目标为主要的战略重点。组织偏重于实现目标以适应外在环境的需要，因此组织领导人会着重工作、效率和实现目标。

（4）层次文化（Hierarchical Culture）着重组织的稳定性，因此极其依赖规则和政策。这类组织的领导人大多比较保守，多以技术和控制来管理组织。

这里需要强调的是，很少有企业组织是单独属于某一特定文化的，一般组织通常都有多重焦点，而其中有一种比较突出。例如，一些社会服务机构比较着重团体文化，但也有层次文化和理性文化的影子。同时，一个正常的企业组织更不应该只有一种文化，否则很容易流于极端，这正是此竞争价值结构所要反映的，均衡是极为重要的，一个组织中需要有不同的力量互相牵引。

二、组织文化的作用

总的来看，组织文化对于整合组织成员、适应外部环境方面具有十分重要的作用。

1. 团结凝聚作用

组织文化的团结凝聚作用指当一种价值观被该组织员工共同认可之后，它就会成为一种黏合剂，从各个方面把其成员团结起来，从而产生一种巨大的向心力和凝聚力。其表现在组织文化所体现的“群体意识”，通过培育组织成员的认同感和归属感，建立起成员与组织之间的相互依存关系，使个人行为、思想、感情、信念、习惯与整个组织有机地统一起来，形成相对稳固的文化氛围，凝聚成一种无形的合力与整体趋向。由于组织文化体现强烈的“群体意识”，可以改变原来那种从个人角度建立价值观的一盘散沙状态。因而组织形成的内在凝聚力和感召力，使每个员工产生浓厚的归属感、荣誉感和目标服从感，激发出组织成员的主观能动性，为组织的共同目标而努力。

组织文化的凝聚功能还反映在组织文化的外排性上。对外排斥可以使个体凝聚在群体之中形成命运共同体。例如，惠普公司的管理模式不强调突出个人，判断一个员工主要是观察其是否有效地与别人合作。在公司内部员工可以直呼管理者的名字，都真诚对待他人。事实证明，惠普公司是世界上发展速度最快的组织之一，运行平稳，这其中组织文化做了突出的贡献。

2. 目标导向作用

组织文化的目标导向作用是指组织文化能对组织整体和组织每个成员的价值取向及行为取向起引导作用，使之符合组织所确定的目标。主要表现在组织价值观念对组织主体行为，即对组织领导人和广大员工行为的引导下。由于组织价值观是组织多数人的“共识”，因此，这种导向功能对多数人来讲是建立在自觉的基础上的。通过价值观来引导员工，他们能够自觉地把自己的一言一行经常对照组织的要求进行检查，纠正偏差，发扬优点，改正缺点，从根本上改变自己的旧有价值观念，建立起新的价值观念，从而使员工为整体的组织目标服务。郭士纳在担任 IBM 公司的董事长之后，发现公司的核心文化理念之一“尊重员工”已经被长期的官僚体制演化成员工不努力照样拿高工资和享受公司提供的各种福利制度。于是他提出了新的价值观念，即公司尊重对公司有重要贡献、不断创新进取的员工，而不是懒惰和无所事事的人。对此他的解释是企业最重要的是明确的业务核心、卓越的执行力和优秀的领导艺术。他特别指出与愿景相比，执行力更重要，从而建立了该公司的以执行力为特色的组织文化，他领导的公司员工务实肯干，用绩效说话，将 IBM 公司带出困境。

3. 激励振奋作用

组织文化的激励振奋作用是指组织文化具有使组织成员从内心产生一种高昂情绪和发奋进取精神的效应，主要表现在组织文化强调信任、尊重、理解每一个员工，能够引导、激发员工做出组织希望的行为并保持和增多这种行为，达到组织的目标。组织文化建立了一种精神目标和支柱，可以激励全体成员自强自信，团结进取，形成组织成员的统一意志，这种意志形成了自身的发展机制，并产生激励效应。

4. 约束教育作用

组织文化的约束功能是指组织文化对每个组织员工的思想、心理和行为具有约束和规范的作用。组织文化的约束不是制度式的硬约束，而是一种软约束，这种软约束表现为组织中的组织文化氛围、群体行为准则和道德规范。组织文化作为团体共同价值观，并不对组织成员具有明文规定的具体硬性要求，而只是一种软性的理智约束。它能通过组织中成文或不成文的法规和价值准则，引导和塑造员工的态度和行为，对员工的思想、性格产生潜移默化的影响，使组织自动地生成一套约束机制。这种影响作用具有比权威、命令更大的效力，操纵着组织的管理行为和实务活动。

5. 公关功能

组织文化一旦形成较为固定的模式，它不仅会在组织内发挥作用，对本组织员工产生影响，而且也会通过各种渠道对社会产生影响。这种影响主要可分为利用各种宣传手段和个人交往两大类，如员工与社会各界的交往，企业产品的宣传、销售及服务，企业的捐赠。这些行为都能向社会反映出企业的价值观念和文化特征，使社会大众了解该企业，从而能够起到很好的公共关系作用。

6. 自我完善、延续作用

组织文化的形成是一个复杂的过程，往往会受到政治、社会、经济、自然环境等诸多因素的影响，因此，它的形成和塑造不是一蹴而就的。组织在不断的发展过程中所形成的文化积淀，通过无数次的辐射、反馈和强化，会不断地随着组织的发展而进行更新和优化，推动组织文化不断发展、成熟。也就是说，组织文化的不断深化和完善一旦形成良性循环，就会持续地推动组织本身的上升发展；反过来，组织的进步和提高又会促进组织文化的丰富、完善和升华。国内外成功组织的事实表明，组织的兴旺发达总是与组织文化的自我完善和延续密不可分。如美国英特尔公司，它的领导人历经数次变动，但该公司经过多年培育出来的开拓创新精神仍然存在，成为公司不断进取的精神支柱和追求卓越的信条。

三、组织文化对组织的影响

总的来说，组织文化在管理中对组织有渗透性的影响，包括以下几个方面：

1. 组织文化对管理者的影响

组织文化把什么是恰当行为的约束传递给管理者，自然而然组织文化会制约管理者的行为，对许多管理过程产生影响，左右着管理者的判断、思想及感觉。这些约束一般不是清晰的，也没有文字写下来，甚至很少能听到人们去谈论它们，但是它们确实存在，而且组织中的管理者一般都能领会到。例如，如果你承担风险并失败了，你将为此付出昂贵的代价；在你决策前要经过你的老板，以便他不感到惊讶；过去使我们成功的因素将会促进我们未来的成功。这些价值观并没有明文规定，但是它们确实来自于真实的组织。

2. 组织文化对组织业绩的影响

组织文化帮助组织更好地去适应外部环境。美哈佛商学院教授约翰·科特等人的研究表明适应环境的组织文化肯定会促进组织长期经营业绩的增长，而环境适应不良的则会有负面作用；虽然组织文化不易改变，但是它们在一定条件下完全可以转化为有利于组织经营业绩增长的组织文化。

从各种组织文化研究中我们发现，某一种特定的文化只能影响某一些组织效能，一种文化不能使一个组织在各种组织效能上都得到提高。因此组织文化的目标决策是多目标决策，而在设计组织文化的目标时必须有所取舍。所以在组织文化与组织的业绩关系上，只存在着次优解，而不存在着最优解。

3. 组织文化对组织成员的影响

组织文化以共有的价值观为核心，使组织里的每一个成员都无法摆脱它的影响，它潜移默化地影响和制约着组织的运营。并且组织文化在很大程度上决定着组织成员对周围的看法和反应，支配和整合着组织成员的思想和行为。组织文化使组织成员产生对组织的认同感，对组织的目标和利益达成共识，相互合作，从而使大家的行为趋向一致以实现组织的目标。当试图推行一些违背组织基本文化准则和价值观念的举措时，组织和组织的成员就会感受到组织文化的约束力量。由此我们可以看到组织文化在组织中的重要作用之一是整合组织成员。

4. 组织文化对组织变革的影响

组织文化中的价值观念、行为方式是通过一定时间积累下来的。当组织处于动态变化的情况下时，组织文化往往成为组织变革的束缚。根深蒂固的组织文化使组织难以应对变化莫测的外部环境，对于那些优秀、有益的但不符合组织的价值观念则置若罔闻。

当然在组织文化本身就是提倡不断变革创新的组织中，这种变革的阻力会小很多。

第三节　组织文化的建构

一、组织文化的形式

1. 礼仪和仪式

礼仪和仪式是组织日常的已经成为习惯的一项文化活动的总称。这项文化活动体现了组织对员工的期望和要求。它以生动的形象化的形式，向员工灌输本组织的核心价值观，包括什么样的目标最重要、哪些人是重要的、哪些人无足轻重。① 这种仪式，实际上是一种培养人们一定价值观念和行为方式的手段和载体，它使本来抽象的价值观念变成具体而有形的东西，成为组织文化不可缺少的一部分。

2. 英雄人物

那些受人尊敬的英雄人物是组织价值观念的集中体现。这些英雄人物使组织的价值观"人格化"，他们是员工学习的榜样。这些英雄人物是被员工推选出来的普通人，他们在各自的岗位上做出了突出成绩，是员工心目中有形的精神支柱。英雄人物的巨大影响是潜移默化的，因而产生的影响是持久的。

3. 故事

故事是指在组织内曾经发生的能够体现组织的价值观、反映组织情境的、经过演化和加工而流传下来的叙述性事件。许多组织中都流传着这样的故事。它们通常是有关以下方面的内容：发生组织创建者身上的故事、规则的打破、从乞丐到富翁的发迹史、裁减劳动力、员工重新安置、反省过去的错误以及组织的应急事件等。这些故事能够起到借古喻今的作用，还可以为目前的组织政策提供解释和支持。

4. 文化网络

文化网络是指组织内部非正式的信息传递的手段，它是组织文化的载体，在组织中起到上下左右、内外纵横的渠道作用，广泛存在于组织员工之中。文化网络对所传播的消息作艺术加工，对消息含义的解释往往与组织的正式渠道的解释不同，信息的传递大多靠口头传播。

5. 物质象征

物质象征是组织文化的物质形态和外在表现。这些物质象征包括公司的物质形象如公司的名称、标志物，劳动环境如色调、音乐、员工休息室、文化娱乐环境，还包括给高层管理人员配备、提供的各种办公条件、津贴、交通配置等。坦德姆计算机公司（Tandem Computer）总部设在加利福尼亚州的卡普蒂诺市，看起来不像人们通常想像中的总部。这儿有跑道，有篮球场，有舞厅和瑜珈教室，还有一个私人游泳池。这些都是供员工享用的。每个星期五下午 4 点 30 分，员工就可以参加公司出资举行的啤酒豪饮会。这种非正式的公司总部组织形式告诉员工，公司重视的是公开性与平等。②

6. 语言

这种语言体现组织的行业特点、工作性质、专业方向，如公司的格言、口号、隐喻或其他形式主义的语言。许多组织和组织内部的工作部门，都使用语言作为识别组织文化或组织亚文化的手段。通过学会这种语言，组织成员可确证他们已经接受了这种文化，这样又有助于员工坚持这种文化的价值观。

二、组织文化形成的方式

组织文化形成受到两大因素的影响：一是适应外部环境和生存的要求，二是内部

---

① See K. Kamoche. Rhetoric, Ritualism, and Totemism in Human Resource Management. Human Relations, 1995 (4): 367 - 385.

② 胡建波. 管理学. 成都：西南财经大学出版社，2007：152.

整合或一体化的需要。

组织因外部适应环境和内部一体化的需要，自然地产生出员工所共同拥有的价值观和假设等文化的本质，也规范了组织成员的行为和语言，成为有形的组织文化。同时，在强化和维系组织文化的方式中，社会化也起到了一个很重要的作用。

1. 外部环境因素

适应外部环境求生存是指一个组织该怎样在外部环境中找到一个适应的位置，并与不断变化的外部环境相适应。组织文化帮助并指导员工的日常活动实现一定的目标，它还能帮助组织迅速地对顾客需求或竞争对手的行动作出反应。

沃伦·本尼斯指出，所有的环境动态因素都使得以往的科层制组织陷入严重的问题之中。组织的科层制是在竞争和确定性条件下发展起来的，而现在的环境结构却经常处于扰动状态，各种力量间的因果机制变化无常，一切都无法预期，因而组织面临着外部环境适应问题。适应外部环境求生存包括以下问题：

（1）宗旨和战略：确定组织的基本宗旨并选择实行的基本战略。

（2）目标：确立组织的具体目标。

（3）方法：确定如何实施组织目标的方式、方法、手段、工具等。

（4）衡量：确定标准以衡量个人和群体完成目标的状况。

对于中国的企业来说，世界经济进一步一体化，中国成为世界贸易组织的成员后，企业组织的行为规范不得不与市场经济条件下的国际惯例接轨，这样才能在国际市场上立于不败之地。这种条件下订立的竞争原则成为企业组织价值观的一部分，被组织高层和员工广泛接受和认同，便会成为一股强有力的组织文化。目前我国市场经济体制还没有完全建立起来，正逐步完善之中，受以前经济体制的影响，我国企业组织竞争文化带有浓厚的计划经济历史的烙印。而现在面对市场竞争的压力，企业必须转换观念，重视市场的开拓、产品的创新、售后服务、经营绩效、市场竞争意识、团结合作和内部稳定与外部适应。弗雷德·戴维指出，新的经营战略往往是被市场所驱动的，并受到竞争力量的支配。因而改变企业的文化使其适应新的战略通常比改变经营战略使其适应文化要更有效。①

2. 内部环境因素

内部一体化是指一个组织中的成员之间在建立和保持一致有效的工作关系和组织关系的过程中，人们的行为和活动所形成的以组织目标为中心的规范化的整体。组织文化理论认为，内部整合意味着组织成员发展出一种集体认同感并知道该如何相互合作以有效地工作。企业为了建立和维系有效的工作关系，往往强调共同的语言、观念或态度等。这些行为可以借着工作小组的界定、组合、地位和权力的划分以及奖惩制度的建立而实现。因为内部整合的缘故，属于同一小组的员工便自然地分享同一语言和工作常规模式，且共同接受既定的权力和制度，这也是组织文化的基本要求。

组织文化一旦建立，组织管理措施就通过给员工提供一系列相似的经历而起到维系文化的作用。例如，组织内部整合人力资源管理措施可以强化组织文化。

① 弗雷德·戴维．战略管理．李克宁，译．北京：经济科学出版社，2001：277.

组织的内部一体化主要包括以下问题：

（1）语言和概念：确定组织成员间相互交流的方式、方法，形成对重要理念和概念含义的共同认可。

（2）群体和团队的界限：建立群体和团队成员的身份标准。

（3）权力和地位：确定获得、保持和剥夺权力、地位的规则。

（4）奖励和惩罚：建立鼓励适当行为以及阻止不适当行为的制度和规则。

（3）社会化因素。

3. 社会化

管理层的文化观念是组织文化的根本要素，社会化是向新来的员工传递组织的基本经营哲学和管理理念。

不管组织在员工甄选和选拔录用方面做得多好，新的员工都不可能完全适应组织文化的要求。由于新员工对组织文化不熟悉，因此需要帮助新员工适应组织文化，这种适应过程叫做社会化过程。

在迎接活动中，新来的员工得到了有关组织文化价值观的知识，明白了哪些是组织所允许的行为，哪些是组织所不允许的行为，从而了解了自己角色的责任。因此，当每一个新成员经过充分的社会化之后，他们便会拥有相同的理念、有相近的态度，并极有可能有类似的行为表现，管理层所期盼的组织文化便会出现。[①]

美国的沃尔特·迪斯尼公司，员工在进入该公司之前，必须经过层层的甄选。一旦被聘用，员工就要经历正规化程度较高，集体性、连续性的入门训练过程。同时，新成员需要了解公司的历史、公司的经营哲学、公司的服务标准。为了加强员工行为的一致性，公司为员工创造了多种具有迪斯尼文化特征的社交场合。因此，你从每一位迪斯尼员工身上，都可以领略到那种“像是一个尽兴游乐的孩子”般的激情。正是这种“先进的”又合乎企业实际的文化赋予了迪斯尼公司发展的源动力，并使之生生不息。[②]

为使一个人成长为合格的组织成员，必须进行系统社会化教育的基本内容有：

（1）教导有关生产与生活的基本知识和技能。在现代社会即所谓“知识爆炸”的时代中，科学技术发展迅速，教育事业发展的水平，社会成员的文化程度，已经构成社会现代化的基础。学习现代科学知识，掌握现代社会生产技能，都是构成当代社会化的重要内容。

（2）教导组织规范。组织规范是维持组织秩序的重要工具之一。组织通过各种形式的教育与舆论的力量，使人们逐渐形成一种信念、习惯与传统，用来约束个人的行为，调整个人与个人，团体与团体，个人、团体与社会整体之间的各种社会关系。这是实现人的社会化的另一项重要内容。

（3）树立生活目标，确立人生理想。人总是为着一定的理想而生活的，组织通过

---

① Gareth R. Jones. Organizational Theory: Design, and Change. 4th Edition, Englewood Cliffs, New Jersey: Prentice Hall, 2004.

② 胡建波．管理学．成都：西南财经大学出版社，2007：148.

各种途径指导人们树立正确的生活目标和理想，从而达到组织整合的目的。

（4）培养社会角色。社会化的目的，是为组织培养符合于组织发展要求的组织成员，在组织结构大厦的各个部分充当适宜于各自身份、地位的角色。如工厂的厂长与工人的角色，商店经理与店员的角色等。每个角色都有一套权利义务与行为规范体系。社会化内容之一就是教育各种角色按其应尽的权利与义务去规范自己的行为，自觉地为组织发展做贡献。

社会化可以概括为三个阶段：原有状态、碰撞磨合阶段和调整转变阶段。① 如图4.5所示。

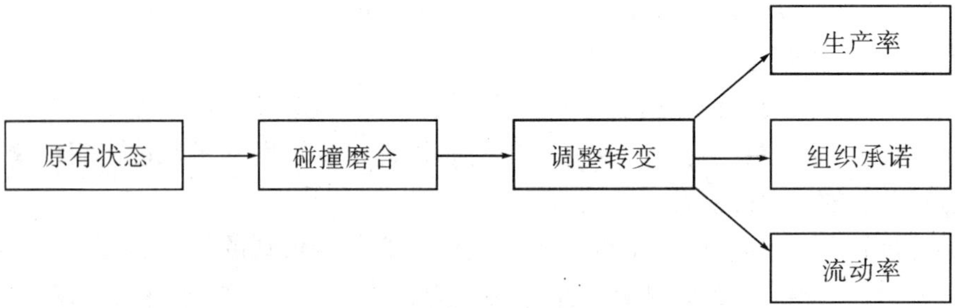

图4.5　社会化模型

（1）原有状态。原始状态是指新成员第一天上班之前的所有学习活动。在这个阶段，每个人都有自己固有的认知结构和知识体系、内在的价值观、态度和期望，也包括对组织和自己所从事工作的预期。一些既定的图式在进入组织前就可能提前形成。例如对于一些专业性的工作，新成员在学校和培训中已经经历了相当程度的前期社会化的过程。商学院的一个主要目的就是通过社会化过程使学生具备工商界所需要的态度和行为。研究表明，加入组织之前人们所知道的他们人格的主动型程度是预测他们对新文化适应情况的重要因素。

在社会化过程中利用重要的雇前特征的一个方法是选择有“合适能力”的人，并通过甄选过程向未来的员工告知组织的整个状态。②

（2）碰撞磨合阶段。进入组织之后，新成员了解到组织的真实情况，并可能要面对预期与现实的差距，这就是磨合阶段。新来者或许无法确切知道公司对自己的期望而产生“角色模糊”，或许受到互相冲突的不同角色的期望而产生“角色冲突”。如果期望与现实有差异，新员工就必须说服自己服从现状，这是一个调整认知不协调的过程。否则，有的新员工会对组织彻底失望，甚至会离开，以此方式来解决认知不平衡。有效的员工甄选过程应该能够显著降低这种情况的发生概率。在工作关系上，员工有机会建立自己的人际关系，适应权术、领导方式、团队工作等要求。员工的朋友和同事在帮助他们“摸清”状况的过程中有着重要的作用，这个阶段是社会化过程中的关

① J. Van Maanen, E. H. Schein. Career Development//J. R. Hackman, J. L. Suttle, Improving Life at Work. Santa Monica, CA: Goodyear, 1977: 58-62.

② 斯蒂芬·P. 罗宾斯，蒂莫西·A. 贾奇. 组织行为学. 李原，孙健敏，译. 北京：中国人民大学出版社，2008：499.

键一环。由此可以发现，一个细致、有针对性、深入的入职培训是必不可少的。角色压力减少，意味着更大的满意度与人员流动率的下降，进而为保有组织文化创造更大的可能性。

(3) 调整转变阶段。这是一个相对长期的过程，新成员开始掌握了工作所需要的技能，完成工作角色的任务，融入工作关系，理解并接受群体的工作规范，并以此作为评价自己行为正确与否的标准。这一共同的认知范式，可以解释工作中发生的事情并作出其他成员所期待的反应，也为交流准备了共同语言。管理层在社会化过程中越是依赖于正规化、集体化、固定化和程序化，越是强调强制处理，则员工之间行为和看法上的分歧就越少，形成新员工行为的标准化和高度可预测性。管理层通过仔细选择新员工社会化的经验可以塑造循规蹈矩的顺从型员工和富有革新精神的创造型员工。而有效地进行社会化的员工有良好的工作绩效，愿为组织的目标贡献，更愿意留在组织中。由此，组织文化的核心得以继承。

迪斯尼公司如何帮助员工社会化为此呈现了一个很好的案例。应聘者首先接受主管人员的两次面试，身高等条件需要合乎公司对员工形象的高标准要求，这一流程筛选掉了那些不符合公司标准的应聘者。被聘用的新员工还要经历集体的、连续的入门社会化过程。他们在参与 8 小时的岗前定向培训后，还要到公园接受大约 40 小时的学徒培训。新成员通过电影和演讲了解公司的历史、沃尔特·迪斯尼的经营哲学、服务的标准，还有像“不管谁在迪斯尼乐园，他都是一个尽兴游乐的孩子”这样的价值观念。为了加强员工行为的一致性，迪斯尼设有员工排球俱乐部、垒球俱乐部、办公室野餐会、员工公园之夜、海滩宴会，给年轻人提供了充分的社交机会之余也可限制其对非迪斯尼文化的接触。培训后，新员工进入角色驾轻就熟。[①]

而对现有的员工，需要依赖其他方法来强化和维系组织文化：

(1) 利用组织的奖赏制度。埃德加·沙因指出，明确奖励和级别制度以及企业人员的招聘、选用、提升、退休等方面的工作标准有利于促进组织文化的建立。[②] 对那些符合组织文化的行为加以褒扬，可以达到改变员工的价值观、信念和行为的效果。因而建立和完善组织的奖赏制度是一个促进基本经营哲学和管理理念的形成比较直接和有效的方法。例如，当公司倡导提高服务质量和素质时，可以对良好的服务提供者奖励奖金或晋升他们的职位，这便可以树立一些模范从而令组织其他员工仿效。利用组织的奖赏制度的方法，最根本的是要形成一个组织文化的物质基础，只有物质基础的位移，才能建立起组织的文化。这里要强调的是：空谈组织文化，而没有物质基础的位移和改变，是不能够建立起真正的组织文化的。

(2) 企业的礼仪典章也是促进组织文化深化的有效方法。礼仪典章是培养人们一定价值观念和行为方式的手段和载体，它使本来抽象的价值观念变成具体而有形的东西。例如，周年庆的文艺活动、年末迎春活动、聚餐、团体旅游等活动，都是表达和

---

① 谭琨智. 组织文化管理. 北京：北京大学出版社，2008：196.

② Edgar H. Schein. The Role of the Founder in Creating Organizational Culture. Organizational Dynamics, Summer 1983：13～28.

宣扬组织文化的有效方法。

（3）强调经理人员的个人操守、品德和信念。下属往往视组织高层管理者为组织的代表，他们的举止言行对组织文化的建立具有举足轻重的影响。若组织高层管理人员能够以身作则，充分表现组织的文化特质，便可以加强组织员工的文化认同。埃德加·H. 沙因认为，促进组织文化的建立应当树立榜样，以及由企业领导进行教育和训练。

（4）促进组织文化建立的方法还有就是组织面临危机的应变方法。埃德加·沙因指出，企业领导的工作重点、手段和控制方式，对关键事件和企业危机的应变，对于促进组织文化教育的建立最为有用。当组织面对激烈的竞争环境，盈利能力下降时，组织是否采取裁员来维持竞争力，便代表组织是否重视员工这个组织文化的特质。若组织文化强调的是“以人为本”的文化观念，便会尽量保留职工，如对职工进行再培训，转任其他工作；而没有“以人为本”的文化观念，则可能选择裁员为第一解决方案。①

综上，组织文化是适应组织外部环境和组织内部一体化而形成的。在组织文化形成的过程中组织的管理者，尤其是高层领导者起着很重要的作用。成功的领导者依靠的是对突出强调组织文化体系的战略性创造，在这样的体系下，人才能够真正发挥才能，创造出这样一个会激发人们的力量的环境。

三、组织文化建构

组织文化的创立是指一个组织在对本组织现实文化认识和评价的基础上，组织高层领导者正式提出并在组织成员中倡导的，以共同价值观、行为规范、经营哲学等为核心的组织文化。

创立或改造组织文化时，要有正确的指导思想和组织文化目标，强调组织文化的主体性和个性特色，强调组织文化的群众性和参与性，面向未来，面向时代，面对实际，结合组织的有关改革，同步地进行组织文化的创立和改革。

1. 组织文化现状分析

在组织文化的现状分析阶段旨在客观、全面、准确地了解和反馈现有组织文化基础，组织成员的心态、舆论状况等，为创立组织文化提供依据。这里主要应发现并分析现存组织文化的关键问题，这些问题包括员工对本组织的文化认识在哪个层面？组织的领导者推崇的哲学是什么？员工信奉什么？在本组织中哪些要素对提高企业的竞争力、凝聚力有重要作用？企业现有的文化是否符合企业的需要？组织文化与组织的战略匹配程度如何？现存的管理制度是否与组织文化相配套等。

2. 选择价值标准

由于组织价值观是整个组织文化的核心和灵魂，因此选择正确的组织价值观是塑造组织文化的首要战略问题。不同的组织有不同的目的、环境、习惯和组成方式，由此构成千差万别的组织类型，因此必须准确地把握组织的特点，选择适合自身发展的

① 罗珉．管理学．北京：机械工业出版社，2006：95.

组织文化模式。因而选择组织价值观要立足于本组织的具体特点。同时还要把握住组织价值观与组织文化各要素之间的相互协调，因为各要素只有经过科学的组合与匹配才能实现系统整体优化。

组织价值观和组织文化要体现组织的宗旨、管理战略和发展方向，具有正确、明晰、科学等鲜明特点。选择组织价值观要坚持群众路线，充分发挥群众的创造精神，认真听取群众的各种意见，并通过自上而下的多次反复，审慎地筛选出既符合本组织特点又反映员工心态的组织价值观和组织文化模式。

3. 强化员工认同

在选择和确定组织价值观和模式之后，可以通过以下几个方法使基本认可的方案深入人心：

（1）创造浓厚的环境氛围。充分利用一切宣传工具和手段，大张旗鼓地宣传组织文化的内容和要求，使之人尽皆知。

（2）树立英雄人物。典型榜样和英雄人物是组织精神和组织文化的人格化身与形象缩影，能够以其特有的感染力、影响力和号召力为组织成员提供可以仿效的具体榜样，而组织成员也正是从英雄人物和典型榜样的精神风貌、价值追求、工作态度和言行表现之中深刻理解到组织文化的实质和意义。

（3）培训教育。有目的的培训和教育，能够使组织成员系统接收和强化认同组织所倡导的组织精神和组织文化。

4. 提炼定格

在完成了对组织文化的定位后，要对组织核心价值观进行提炼。核心价值观实质是组织文化定位的凝练表述，是组织所有制度设计、政策制定和员工行动的前提。在提炼定格时应把握以下三点：

（1）精心分析。在经过群众性的初步认同之后，应当将反馈回来的意见加以剖析和评价，详细分析和仔细比较实践结果和规划方案的差距，必要时可以吸收有关专家和员工的合理意见。

（2）全面归纳。在系统分析的基础上，进行综合的整理、归纳、总结和反思，采取去粗取精、去伪存真的方法，删除那些落后的、不为员工所认可的内容与形式，保留那些进步的、卓有成效的、为广大员工所接受的形式与内容。

（3）精炼定格。把经过科学论证和实践检验的组织精神、组织价值观、组织文化予以条理化、完善化、格式化，再加以必要的理论加工和文字处理，用精练的文字表示出来。

构建完善的组织文化需要经过一定的时间过程，因此，充分的时间、广泛的发动、认真的提炼、严肃的定格是创造优秀的组织文化所不可缺少的。

5. 巩固落实

该阶段的工作重点是：采用切实有效的多种途径和措施，从制度层面、精神层面、行为层面和物质层面等多层面巩固和落实组织文化。

（1）在组织文化演变成全体员工的习惯行为之前，要使每一个成员都能自觉主动地按照组织文化和组织精神的标准去行事几乎是不可能的。即使在组织文化业已成熟的组织中，个别成员背离组织宗旨的行为也时常发生。因此，建立某种奖优罚劣的规章制度有一定的必要性。

（2）组织提倡什么崇尚什么，员工就追求什么。一种文化可以长期引导员工为实现企业目标而自觉努力。组织文化的导向功能主要是从以下两个方面来发挥作用：一是直接引导员工的性格、心理和行为；二是通过整体的价值认同来引导员工。后者是更为重要的一方面。良好的组织文化使员工潜移默化地接受本企业共同的价值观，从而在文化层面上结成一体，朝着一个确定的目标而奋斗终生。

（3）组织领导者在塑造组织文化的过程中起着决定性的作用，他本人的模范行为就是一种无声的号召和导向，对广大员工产生强大的示范效应。所以任何一个组织如果没有组织领导者的以身作则，要想培育和巩固优秀的组织文化是非常困难的。这就要求组织领导者观念更新、作风正派、率先垂范，真正肩负起带领组织成员共建优秀组织文化的历史重任。

（4）组织还可以为有助于形成所期望的组织文化的行为活动提供必要的物质资源，如场所、设施。

6. 丰富发展

任何一种组织文化都是特定历史的产物，当组织的内外条件发生变化时，不失时机地调整、更新、丰富和发展组织文化的内容和形式总会经常地摆上日程。这是一个不断淘汰旧文化生成新文化的过程，也是一个认识与实践不断深化的过程，组织文化由此经过循环往复达到更高的层次。

组织文化一旦确立，可以有许多人力资源管理的措施强化组织文化。但在组织文化维系过程中，有三个因素起着特别重要的作用，即甄选过程、高层管理人员的举措、社会化方法。

甄选指选拔适合组织工作的人并加以聘用。谁能被聘用，最终决定受到招聘决策者判断力的影响，他们要判断应聘者的价值观与组织价值观是否匹配。甄选过程给求职者也提供了一些组织信息，如发现自己价值观与组织价值观冲突，就可以自动退出候选。因此，甄选过程成了一种双向选择，可以起到筛掉那些可能对组织核心价值观构成威胁的人，起到维系组织文化的作用。

高层管理者的举止言行对组织文化也有重要的影响。他们通过自己的所作所为，把行为准则渗透到组织中去。例如，鼓励什么行为，晋升、奖励什么，什么衣着得体等。

本章小结

组织文化是一个组织共有的价值体系，是一个组织内各种由员工所认同和接受的信念、期望、理想、价值观、态度、行为方式和准则等。它能使员工凝聚在一起，影响他们的态度和行为。

组织文化具有团结凝聚、目标导向、激励振奋、约束教育、公关、自我完善和延续等作用和功能，对组织有着巨大的影响。

组织文化的形式表现了组织的文化，也有助于组织文化的形成。而组织文化的形成是适应外部环境和生存、内部整合或一体化的需要。社会化在组织文化形成的过程中起着重要的作用。组织文化的构建不能生搬硬套，必须结合组织的实际、借鉴成功的经验，不断尝试和摸索自己的方向，这样才能塑造出适合本组织特色、具有持续竞争力的组织文化。

复习思考题

1. 什么是组织文化？
2. 组织文化的分类有哪些？分别是什么？
3. 组织文化有什么作用？
4. 组织文化有些什么表现形式？
5. 社会化有哪些阶段？
6. 组织文化建构有哪些步骤？

案例分析①

独特的沃尔玛文化

现在提起沃尔玛超市，老百姓没有不知道的。沃尔玛公司是世界上最大的商业零售企业，1962 年开办了第一家连锁商店，1970 年建立起第一家配送中心，从此走上了快速发展之路。2008 年 7 月 11 日在美国《财富》杂志公布的 2008 年世界 500 强排行榜中，沃尔玛以 3780 亿美元的年营业收入超过埃克森美孚，再度跃居榜首。冰冻三尺，非一日之寒。沃尔玛从一家不起眼的小店发展成为当今世界上最大的零售企业，必定有其独特的经营之道。在众多成功因素当中，沃尔玛企业文化起了最重要的作用。

沃尔玛公司虽然仅有五十多年的历史，但一直非常重视企业文化的作用，充分发挥企业文化对形成企业良好机制的促进和保障作用，增强企业的凝聚力和战斗力。沃尔玛公司创始人萨姆·沃尔顿，为公司制定了三条座右铭："顾客是上帝"、"尊重每一位员工"、"每天追求卓越"。这也可以说是沃尔玛企业文化的精华。

为了给消费者提供物美价廉的商品，沃尔玛公司不仅通过连锁经营的组织形式、高新技术的管理手段，努力降低经营费用，让利于消费者，而且从各个方面千方百计节约开支。

沃尔玛公司重视对员工的精神鼓励。总部和各个商店的橱窗中，都悬挂着先进员工的照片。各个商店都安排一些退休的老员工，身穿沃尔玛工作服，佩戴沃尔玛标志，站在店门口迎接顾客，不时有好奇的顾客同其合影留念。这不但起到了保安员的作用，而且也是对老员工的一种精神慰藉。公司还对特别优秀的管理人员，授予"萨姆·沃

① 案例出自：金东日．组织理论与管理案例分析．天津：南开大学出版社，2006：137－141.

尔顿企业家”的称号。公司以沃尔玛的每个字母打头，编了一套口号，内容是鼓励员工时刻争取第一。公司每次召开股东大会、区域经理会议和其他重要会议时，每个商店每天开门营业前，都要全体高呼这些口号，并配有动作，以振奋精神，鼓舞士气。

萨姆非常重视人的作用，他说：“这些高科技的设备离开了我们合适的管理人员，以及为整个系统尽心尽力的员工都是完全没有价值的。”他一直致力于建立与员工的合伙关系，并使沃尔玛的40万名员工团结起来，将整体利益置于个人利益之上，共同推动沃尔玛向前发展。

萨姆将“员工是合伙人”这一理念具体化的政策是三个计划：利润分享计划、雇员购股计划、损耗奖励计划。1971年，萨姆开始实施第一个计划，保证每个在沃尔玛公司工作了一年以上以及每年至少工作1 000个小时的员工，都有资格分享公司利润。萨姆运用一个与利润增长相关的公式，把每个够格的员工工资的一定百分比归入这个计划，员工们离开公司时可以取走这个份额，或以现金方式，或以沃尔玛股票方式。雇员购股计划的内容就是让员工通过工资扣除的方式，以低于市值15%的价格购买股票，现在，沃尔玛已有80%以上的员工借助这两个计划拥有了沃尔玛公司的股票，而其他的20%员工基本上都是不够资格参与利润分享。损耗奖励计划的目的就是通过与员工共享公司因减少损耗而获得的赢利来控制偷窃的发生。损耗，或者说偷窃是零售业的大敌，萨姆对有效控制损耗的分店进行奖励，使得沃尔玛的损耗率降至零售业平均水平的一半。

在世界各地的任何一间沃尔玛连锁店中，你都会感受到一种强烈的震动。这是长期以来形成的企业文化，是沃尔玛精神——勤恳、节俭、活跃、创新。正因如此，每一位公司同仁都热爱着沃尔玛，默默地为为顾客服务的事业而奉献。

长期以来，沃尔玛的企业文化使沃尔玛公司的同仁紧紧团结在一起，他们朝气蓬勃，团结友爱。下面是沃尔玛公司特有的欢呼口号，从中可以感受到一种强烈的荣誉感和责任心。

“来一个W！来一个M！我们就是沃尔玛！来一个A！来一个A！顾客第一沃尔玛！来一个L！来一个R！天天平价沃尔玛！我们跺跺脚！来一个T！沃尔玛，沃尔玛！呼—呼—呼！”

沃尔玛的员工总是设法让生活变得有趣及充满意外，他们经常会做出近似疯狂的行为来吸引同仁的注意，让顾客和同仁觉得趣味横生。萨姆·沃尔顿可称为典型代表，有一次他答应如果公司业绩出现飞跃，他会穿上草裙和夏威夷衫在华尔街上跳草裙舞。当年公司营业额的确超出了他的预料，于是他真的在美国金融之都华尔街上跳起了欢快的草裙舞，当时被报界大肆曝光。公司副董事长曾穿着粉红色裤袜、戴上金色假发，骑着白马在本特维拉闹市区招摇过市。

尽管有些人认为沃尔玛有一群疯疯癫癫的人，但了解沃尔玛文化的人会懂得它的用意旨在鼓励人们打破陈规和单调生活去努力创新。“为了工作更有趣。”这就是萨姆·沃尔顿的“吹口哨工作”哲学。

通过一些有趣的游戏，不仅使沃尔玛员工和领导人员之间更加亲切，使他们觉得情趣盎然，而且还是一种最好的宣传公司和促销的手段。沃尔玛的企业文化是在小镇上发展时就逐渐形成的。公司成长之后，沃尔玛仍然不断鼓励人们在店里制造欢乐气氛，共同为社区增添生活的乐趣。培养团队意识，即使有时与宣传和促销商品没有关系。

沃尔玛的“周六例会”最能体现其企业文化。每周六早上七点半钟，公司高级主管、分店经理和各级同仁近千人集合在一起，由公司总裁带领喊口号，然后大家就公司经营理念和管理策略畅所欲言、集思广益。做出优良成绩的员工也会被请到本特维拉总部并当众表扬。这一周一次的晨间例会被视为沃尔玛企业文化的核心。参加会议的人个个喜笑颜开，在轻松的气氛中彼此间的距离被缩短了，沟通再不是一件难事，公司各级同仁也了解到了各分公司和各部门的最新进展。

在星期六的晨间例会上，与会者通常会花上一些时间来讲述一些似乎不可能达成的创新构想，大家不会马上否决这些构想，而是先认真思考如何让不可能的事情变为可能。一位公司的管理人员阿尔·迈尔斯说：“周六晨间会议的真正价值在于它的不可预期性。”

一次，阿尔巴马州奥尼安塔分店的一位助理经理订货时出了问题，多订了四五倍的圆月饼，为了把圆月饼在坏掉之前全部销出，他想出了吃圆月饼比赛的主意。这个主意不仅使助理经理达到了目的，而且将功补过，从此每年十月的第二个星期六，沃尔玛公司都会在奥尼安塔分店的停车场举行这项竞赛，吸引了不少来自其他州的顾客来参与或观看。还有新闻媒体采访报道，沃尔玛的名气更大了。

沃尔玛一年一度的股东大会也同样生动有趣，有点像规模扩大的周六例会。在沃尔玛公开股票上市时，他们曾让华尔街的证券分析家和股东们在溪流上泛舟或在湖畔露营。后来沃尔玛股东大会就成了全球规模最大的股东会议，每年大约有一万多人出席。

独特的企业文化，使每一位员工有一家人的亲切感。为共同目标奋斗，使沃尔玛保持着强劲的竞争能力和旺盛的斗志。这种企业文化的建立充分展示了沃尔顿领导的艺术。

沃尔玛的经营者在不断的探索中，领悟到人才对于企业成功的重要性。如果想要发展，就必须引进受过教育的人才并给予他们进一步培训的机会。

沃尔玛公司把如何培养人才、引进人才以及对既有人才的培训和安置看成一项首要任务。沃尔顿先生和妻子海伦在阿肯色大学专门成立了沃尔顿学院，使一些早年没有机会受到高等教育的经理有一个进修充电的机会。沃尔玛为员工制定培训与发展计划，让员工们更好地理解他们的工作职责，并鼓励他们勇于迎接工作中的挑战。

公司对合乎条件的员工进行横向培训和实习管理培训。横向培训是一个持久的计划，沃尔玛十分重视在工作态度及办事能力上有特殊表现的员工，他们会被挑选去参加横向培训。例如收银员有机会参加收银主管的培训。为了让有领导潜力的员工有机会加入领导岗位，沃尔玛还设立了管理人员培训课程，符合条件的员工被派往其他部门接受业务及管理上的培训。

此外，沃尔玛还通过培训加强了企业与员工之间的沟通。培训不仅是提高员工素质的途径，也是他们了解公司的一种方法。沃尔玛公司设立培训图书馆，让员工有机会了解公司资料和其他部门的情况。所有员工进入沃尔玛公司后，经过岗位培训，员工对公司的背景、福利制度以及规章制度等都会有更多的了解和体会。沃尔顿这位出色的领导者始终坚信员工是推动企业发展的原动力，并把这个道理传授给沃尔玛现在和未来的经营者，推广至世界各地的沃尔玛。

【问题】

1. 沃尔玛的企业文化是什么，表现形式有哪些？
2. 沃尔玛的企业文化属于什么类型的企业文化，给沃尔玛带来了什么影响？
3. 沃尔玛是如何建构它的企业文化的？

第五章　管理伦理与企业的社会责任

・学习目标・

・掌握管理伦理的含义和内容

・理解管理伦理对管理者的要求

・了解企业社会责任的含义，理解社会责任的内容

随着社会发展和时代进步，企业的经营环境已经从传统的投资——生产——销售——赚取利润改变为受企业利益相关者影响的多元环境。企业的发展离不开利益相关者的支持，同时企业是社会公共机构，在追求经济利益的同时必须体现整个社会在道德、政治和法律方面的价值，最终实现企业发展和社会发展的双赢。在西方，“安然事件”、“波音公司丑闻”等相继发生；在中国，出现“苏丹红事件”、“三鹿事件”等食品安全问题。在此情况下，学习管理伦理，认识企业的社会责任就显得更有必要。

第一节　管理伦理

管理伦理是一个古老又新颖的话题。不管有意无意，管理伦理实际上一直存在于组织管理中。而管理伦理学作为一门学科，于 20 世纪 70 年代在美国开始形成，自 80 年代后期，才开始与企业社会责任一道作为一章内容出现在西方的管理学教科书中。管理伦理从伦理学的角度考察管理活动及其发展过程，强调管理要从对人的物理属性的研究转变为对人性之律和道德之律的研究，在对人的管理方面要把握住人性的特性和普遍性。在我国，管理伦理作为一种全新的管理理念和管理模式，也必将成为管理理论的重要组成部分。

一、管理伦理的含义

管理作为一项有组织的社会活动，涉及人的管理、资源配置、权力的运用以及与外部环境存在着一种互动的相互关系。因此其中必然会出现大量的伦理道德问题。

纵观国内外学者的定义，我们认为，管理伦理实质上即企业伦理，指在组织和管理活动中，调节组织内外关系的一系列价值观念和行为准则。它用于指导人们在经营管理中，哪些是应该做的，哪些是不应该做的。

企业伦理具有以下几个特点：

1. 企业伦理是关于企业及其成员行为的规范

现代社会的发展，要求企业必须对自己的社会地位以及日常行为中基本的价值观有一个清醒而明确的认识。企业在确立自己的目标、利益和行为方式的过程中，应承担“道德角色”，把自己看成是一个“道德企业”，同时企业组织是由人组成的集合体，在讨论企业应遵守的行为规范时，也应对企业所有的成员行为提出相应的伦理要求。

2. 企业伦理是正确处理企业与利益相关者关系的规范

企业在其经营活动中，必然要与组织内外众多的利益相关者发生各种关系，包括企业与社会、企业与政府、企业与社区、企业与竞争者、企业与供应者以及企业与内部的员工等各种关系。在处理企业自身权益与社会的各种关系中，必然隐含着各种伦理道德问题，企业伦理是调节企业与其利益相关者关系的基本准则和行为规范。

3. 企业伦理既具有外在性又有内在性

企业伦理的外在性是指社会对企业及其成员提出的经营行为善恶的规范，如社会舆论、传统习俗等，这种对企业及其行为的规范要求来自企业外部。企业伦理的内在性是指企业及其成员对伦理规范的内心感悟，是企业内在的、自觉的认识和要求，能使一个企业及其成员真正信奉并在经营活动中反映出来的。

二、管理伦理的内容

在组织的管理活动中，我们无法回避伦理问题，正如在生活的其他方面难以避开一样，大部分的管理伦理问题都可以归类为四个层次：社会、利益相关者、内部政策、个人，如图 5.1 所示。

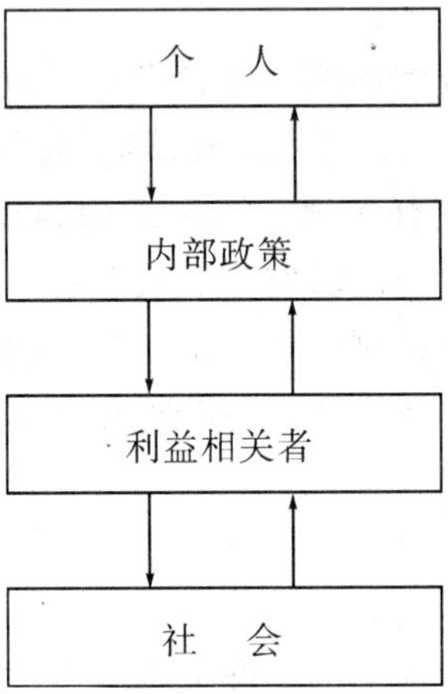

图 5.1　管理伦理四层次图

1. 社会

在社会层次上，管理伦理主要涉及社会的基本机构、经济体制、经济和福利政策以及社会财富的公正分配、资源的利用和配置、生态平衡和环境保护等。譬如，对企业提供商品是采取地方保护政策，还是按照市场自身的规律；怎样防止社会贫富差别中的马太效应，即“贫者愈贫，富者愈富”的管理伦理问题等。

2. 利益相关者

企业的利益相关者包括供应者、顾客、股东、竞争者、社会公众、社区和其他人。在这一层次，企业伦理主要研究企业应如何处理与受其决策影响的外部利益相关者之间的关系。譬如，企业应对供应商、社区承担什么样的责任，对顾客做不做虚假宣传，企业该如何决策等，都涉及管理伦理问题。

3. 内部政策

这一层次的企业伦理主要关注的问题是企业与员工之间的关系性质。譬如，哪一种雇佣合同是公平的，企业制定的薪资报酬以及福利是否道德，管理者和员工共同的义务是什么，员工应拥有什么权利，还有企业裁员、员工下岗、规章制度、工作定额以及管理行为等全部是这一层次企业伦理关注的焦点。

4. 个人

这一层次的企业伦理关注的焦点是企业中人与人应该如何互相对待；企业是否应保持诚实，而不管其后果如何；作为承担具体工作的员工对管理者、同事以及服务对象有什么义务；企业管理者对员工承担什么样的道德责任；员工对企业应负什么道德责任等。

三、管理伦理对管理者的要求

管理与伦理紧密联系在一起。管理者在决策的过程中，必须进行两个方面的基本判断：一是通过何种方式整合、分配组织的资源，即怎样进行科学管理；二是管理从本质上是对人的管理，在管理过程中，如何满足人的需要，即是否符合人性。对后一个问题的考虑必然加入价值判断、伦理评价等因素。在长期的管理实践中，人们为了避免价值判断以及道德伦理判断的随意性、主观性，慢慢形成了一些为大多数人所接受的规则或者原则，以指导管理活动。

管理的一般伦理原则反映的是人性和社会最基本的伦理要求与管理活动的特殊要求的统一，我们采纳前人的成果，将管理伦理的一般原则从四个方面进行概括，即公平原则、平等原则、人道原则和民主原则。

1. 公正原则

在管理中要坚持公正原则，首先就是要坚持人身权利与义务的统一；不仅要承认个人权利的合法性和合理性，还要在承认个人合法利益的同时，坚持个人承担的道德义务，坚持个人对自己、对组织和社会的职责、使命和义务。其次还要建立合理公平的利益分配机制。义务和权利两者之间是对等的，组织成员在承担了一定的义务的同时，通常会得到组织一定的报酬。因此，坚持公正原则，在分配上就是要体现“惠顾最少数不利者的最起码的利益”。最后，坚持公正原则要体现公共利益原则，公共利益是管理公正的前提和条件，要保证伦理上的公正就必须使公共利益不受侵犯。

2. 平等原则

平等原则是一项与公正原则既相区别又相联系的伦理原则，其基本的含义是“同样情况下应当同样的对待”。平等原则作为一项伦理原则，它的具体要求体现在：基本权利平等、分配权利平等和机会平等。

3. 人道原则

管理在本质上是对人的管理，管理活动的特性决定了人道原则在管理活动中的地位，它作为一项伦理准则，包括以下内容：肯定人的价值，管理与组织文化相结合，以人为本。

4. 民主原则

民主原则蕴含着管理的合理含义，不仅为管理活动提供精神动力，还注入了人文关怀。民主为人人参与管理活动提供了激励和环境保障，充分调动员工的积极性和主动性。

在组织的经营管理中，管理者不但要依据法律法规进行正常的管理活动，而且还要兼顾管理伦理原则的要求。管理活动不但要合法，而且不能违背管理伦理的原则。

第二节　企业的社会责任

在西方国家提出企业社会责任学说之前，普遍盛行的是股东利益最大化的倾向。20 世纪 70 年代以后，这一倾向出现了修正，特别是受托人观念、利益平衡观念和服务观念的提出，形成了来自政府的监管、公众舆论的压力等诸方面的综合要求，这些都迫使企业在指导思想上作出调整，对自身的责任内涵作出扩展。越来越多的企业开始主动接受这些变化了的、代表新取向的企业伦理观念，从而促使企业社会责任的思想更加深入人心。

一、企业的社会责任概述

一般来说，我们认为，企业的社会责任是指企业组织最大化其对社会的积极影响，同时最小化其负面影响的义务。因此，企业社会责任也经常表述为企业与社会的关系，其本质在于企业所拥有的支配或影响力的权利之正当性及其根据是什么。可见，企业必须承担对社会的更多、更大的责任，才能安享对资源、人才和财富的占有，企业社会责任之“责任”不同于一般意义上的个人责任或道德责任，它的立足点或前提是权利的正当性，它的评价尺度是与权利行使相伴随的义务。

这并不等于说以前的企业人士一点都没有责任感。早期的企业社会责任可以说主要是消极的、有限的社会责任，以后发展出来的企业社会责任理论则是扩展了的企业社会责任论。

企业除了承担传统的增加利润的责任以外，为什么还会有其他社会责任呢？对此，我们认为，人们赞成广义的企业社会责任的理由包括：

第一，企业是社会的产物，企业应对社会的需求作出积极的反应。波斯特等人提出了支撑企业社会责任的两个基本原理：一个是慈善原理，主张企业应主动帮助社会上任何贫困的团体。另一个基本原理是管家原理，认为企业应当像一个公共受托人一样行事，考虑受企业决策、政策影响的所有人的利益。

第二，企业的长期自我利益是通过充满活力的社会责任来实现的。戴维斯认为，企业的社会责任是建立在社会权力基础上的，因为如果企业有权力，那么公正关系要求企业也要对它在这些领域的行为负责，他称其为“责任铁律”。

第三，履行社会责任是一种减少或避免公共批评的方法，这种公众批评往往会导致政府的干预。卡罗尔就提出“事先防范”的概念，因为“事先防范的行动胜于事后补救”，企业事先花钱设置公害的设备要强于因公害造成灾害赔偿或牢狱之灾的后果。

企业伦理与企业社会责任并不相互排斥，而是相互联系，在一定程度上也是相互依存的。孔茨认为企业伦理包含三个层次：企业社会责任、价值目标以及业绩衡量标准的社会审计。企业的伦理责任是企业社会责任的一个组成部分，企业社会责任的核心问题是企业伦理。

从内容上看，狭义的企业社会责任主要是指道德责任。在20世纪50年代提出企业社会责任概念以前，企业自然要负起经济责任和法律责任，而所忽视的正是伦理（道德）责任。换句话说，企业社会责任观的提出主要是针对企业的道德责任而言。要求企业履行社会责任，实质上就是要求企业讲究伦理道德。反之亦然。从对象上看，除了员工与员工之间的关系外，企业社会责任的对象与企业伦理涉及的领域基本一致。从企业与社会的伦理准则的角度来看，企业是社会的基本组成部分，任何企业都是在一定的社会环境中生存与发展，企业活动是社会生产的基础层次和单位形式，企业的发展有利于社会的发展。有社会责任感的企业在自己取得成功时都不忘回报社会。企业承担社会责任有利于社会的稳定和繁荣，也有利于社会发展目标的提高和实现。

二、企业社会责任的内容

关于企业的社会责任，国内外学者对此深有研究。有学者将企业社会责任的内容作了如下概括和归纳：

（1）对股东：公司价值的上升，股息的分配（数量和时间）。

（2）对职工或工会：相当的收入水平，工作的稳定性，良好的工作环境，提升的机会。

（3）对政府：对政府号召和政策的支持，遵守法律和规定。

（4）对供应者：保证付款的时间。

（5）对债权人：对合同条款的遵守，保持值得信赖的程度。

（6）对消费者或代理商：保证商品的价值（产品价格与质量、性能和服务的关系）、产品或服务的方便程度。

（7）对所处的社区：对环境保护的贡献，对社会发展的贡献（税收、捐献、直接参加），对解决社会问题的贡献。

（8）对贸易和行业协会：参加活动的次数，对各种活动的支持（经济上的）。

（9）对竞争者：公平的竞争，增长速度，在产品、技术和服务上的创新。

（10）对特殊利益集团：提供平等的就业机会，对城市建设的支持，对残疾人、儿童和妇女组织的贡献。

但是，在战略决策的过程中，各个与企业利害相关的团体的利益总是相互矛盾的，不可能有一个能使每一方都满意的战略。因此，一个高层管理者应该知道那些团体的利益是要特别重视的。

我们认为，企业社会责任的内容主要包括在以下几个方面：①环境保护；②劳动权利；③实现股东权利和利益相关者权利；④慈善捐赠；⑤反腐败（商业贿赂）；⑥知识产权的保护；⑦债权人权益保护、供应商、客户及消费者权益保护；⑧社区关系和社会公益保护等多方面的责任。

履行好上述社会责任，首先是企业诚信的一个表现。因为，有些企业在企业社会责任报告中承诺要履行一系列的社会责任，实现承诺就是诚信的证明。另外，由于企业社会责任的内容更加宽泛和丰富，除了诚信以外，还会实现企业的其他文化价值，比如产品质量、劳动关系、企业战略，核心竞争力等。这样，更加强化了企业的诚信价值观。

有人提出这样的观点，企业在照章纳税之后，就算完成了企业对社会的责任，就没有必要再去承揽其他社会义务。企业如果负有太多的社会责任和道义感，这类企业肯定长不大，成不了大气候。这种观点甚至将道义感太重笼统地概括为东方企业的特点，最后得出结论：东方文明难以产生大企业，发展到一定阶段时便会被社会责任所压垮。还有人认为，企业首先要为自身的生存与发展负责，然后才能考虑到社会。这些观点也有一定的道理，但思维方法似乎并不全面。企业是否仅仅是一架机械运转的机器？企业具不具有人性化？市场经济下的企业到底都负有哪些责任？这的确是当前我国社会值得认真研究和讨论的话题。

毋庸置疑，企业的首要任务是创新和生产，企业应当是社会物质财富的创造者，企业的主要目的是给社会提供物质产品也包括精神产品。企业是支撑人类社会生存的基本经济单位。企业如果失去了生产和创新功能，那么企业就失去了其存在的基本价值。因此，任何企业的第一要义是搞好生产，创造出市场效益，争取为社会多纳税，实现它对社会的经济责任，这就完成了它的主要任务。至于说企业的其他社会责任，有人认为是第二位的事情，可以称之为“分外”的事情。譬如，如何保障职工的劳动权利，要不要教育职工，要不要从事清洁生产和保护环境，要以企业的发展程度来定。如果企业有经济实力了就可以考虑，如果没有就顾不上了。

企业要不要承揽经济责任之外的社会责任还取决于体制因素，在不同社会制度下企业有不同的表现。中国企业责任的变化以政府变革的程度而定。如果在经济体制上，中国仍然实行计划经济，那么企业的社会责任既是无限的又是有限的。如果中国社会仍然是一个“大政府、小社会”的模式，那么企业的确不需要承担多少“分外”的社会责任。如果政府变革向着“小政府、大社会”的方向变革，那么企业所承担的非刚性的社会责任必然加大。因此，中国企业今后承担多少社会责任在很大程度上取决于中国政府的改革方向。就目前中国的形势看，中国企业应尽的责任主要停留在“分内”的事情上，有些企业甚至连“分内”的责任也没尽到，譬如缴纳社会保险基金。

在计划经济时期，政府就是一个大企业，企业实际上是政府组织的一部分，企业不仅担负起生产的任务，更肩负着对劳动者在生产之外的一切生活保障。在计划经济下，企业不仅是生产组织和经济组织，更是行政组织、教育组织甚至军事组织。随着经济体制改革的深入，政府在社会中的全能角色也在发生变化，企业与政府逐渐分离。到目前为止，中国各类企业都基本上实现了政企分开。

在国有企业与政府指令逐渐分离的同时，企业身上所肩负的许多社会责任也在不断地改变，许多国有企业已经将职工的养老金发放交给了社会，不少厂属学校、医院、服务机构也实现了社会经营。从整体趋向看，经过20多年的改革，国有企业逐渐走上了独立经营的道路。计划经济下形成的企业办社会现象逐渐消失。民有企业或股份制企业中的人员关系变得更加明晰。只有进行这种变革，中国的国有企业才能轻装上阵，具有市场竞争力。因此，对国有企业来说，20年来变革的表现主要是企业减负。

但同时也必须看到，市场经济下的企业与社会也有着千丝万缕的联系，是一种新形势下的社企关系。企业的发展壮大或被淘汰出局，都要有社会来承接。更主要是，社会是企业的生存环境，没有一个好的环境，企业就难以生存。因此，企业与社会有着密不可分的关系，市场经济下的企业与社会甚至有着更密切的关系，而不是变得相对疏远。新形势下的企业与社会关系，一个重要表现就是企业要通过纳税和缴费的形式来履行应尽的社会保障的责任，增强社会的保障能力，而不是千方百计逃避这一责任。

第三节　企业管理伦理与社会责任的实践

20世纪70年代到80年代，世界特别是美国的一系列经济丑闻事件不断发生并频频曝光。如美国洛克希德飞机公司为争夺日本市场的贿赂案，美国国际电话电报公司、海湾石油公司、埃克森公司、格鲁曼宇航公司、默克公司等在国外的贿赂事件，海湾石油公司、布兰尼弗和美国航空公司非法捐款资助尼克松竞选连任，美国牛奶生产商为提高联邦牛奶价格而贿赂前总统尼克松等。除此以外，还有非法操纵市场和股票交易，随意处置有毒化学物质、生产有毒或危险产品、无视工人和顾客生命安全，甚至致使化学工厂有毒气体大爆炸等事件。这些丑闻直接导致经济管理中的企业伦理危机、公众信任危机和企业生存危机，也迫使管理者们开始清醒地思考棘手的伦理问题。

最近，中国的力拓案件①又揭示出管理伦理的重要性以及管理伦理在企业管理中的冲突。

2009年7月9日，上海市国家安全局证实，澳大利亚力拓集团上海办事处的4名员工在上海被拘捕。其中包括该办事处总经理、力拓铁矿石部门中国业务负责人胡士泰。被有关部门带走的力拓上海办公室办公电脑已被“拿下”——数十家与力拓签有长期合同的钢企资料藏身其中。这些资料涉及了企业详细的采购计划、原料库存、生产安排等数据，甚至连有的大型钢企每月的钢铁产量、销售情况也非常明晰。

力拓集团是全球三大铁矿石生产商之一。力拓上海办事处位于上海淮海中路300号新世界大厦，负责铁矿石方面的销售。胡士泰本人为力拓铁矿石谈判组成员，其他3

① 本案例根据南方周末、新浪网、东方卫视等相关媒体的报道改编。

人是铁矿石销售团队人员。胡士泰为澳大利亚籍中国裔男子，其余均持中国护照。

7月9日下午，东方网报道了来自上海国家安全局更详细的拘捕理由：在中外进出口铁矿石谈判期间，澳大利亚力拓驻公司驻上海办事处首席代表胡士泰及该办事处人员刘才魁等四人，采取不正当手段，通过拉拢收买中国钢铁生产单位内部人员，刺探窃取了中国国家秘密，对中国国家经济安全和利益造成重大损害。

8月8日，中国国家保密局下属网站保密在线刊登署名“蒋汝勤”的文章，指被捕的力拓4名驻华员工以“拉拢收买、刺探情报、各个击破”等手段，从事经济间谍活动长达6年，迫使中国钢企在进口铁矿石价格上多付出人民币7000多亿元的代价。

不过，蒋汝勤随后在接受《21世纪经济报道》采访时表示，该文仅代表其个人观点，7000亿这个数据是引用了此前部分媒体的公开报道，并非他个人研究或者从其他渠道得知。

香港文汇报援引消息人士透露，除了向内地大型钢企负责人行贿获取商业情报外，胡士泰还涉嫌收受小型钢企的贿赂，以帮助他们取得更多铁矿石的进口配额。几年间，胡士泰靠此快速“敛财”，尽管他的年薪只有十来万美元，但他在中国拥有过亿的豪华别墅数栋。

2009年8月14日，在“力拓间谍案”后续进展的消息“暂停”37天后，上海市检察机关以涉嫌侵犯商业秘密罪、非国家工作人员受贿罪，对澳大利亚力拓公司上海办事处胡士泰等4人作出批捕决定。

力拓案件发生以来，从管理伦理的角度看，力拓案引发了中国人伦理道德的矛盾与冲突以及人们对企业界管理伦理的关注。

从此案例中我们可以得出几点启示。

1. 伦理道德的冲突中孰重孰轻

胡士泰等人作为外国企业的代理人，还有和在外资企业从业的3000万中国人究竟如何取舍所谓的“企业职业道德”和国家伦理道德？力拓在中国的“企业职业道德”就是要求中国人绝对效忠于西方的总部，无论是经济的还是道德的，都要听命于他，甚至于有少数人连身份都要卖给他。但这些西方企业与中国的国家伦理道德有可能是对抗的、冲突的，因为它们有可能正在损坏中国人的伦理道德，破坏中国的经济体系，抢夺中国的国家财富。如果这些企业继续从事有害于国家利益和主权的行为时，3000万中国人是继续“与虎谋皮”？还是“打退豺狼”？在现在的情况下，当法律对窃取商业秘密或者更多的不正当竞争手段界定模糊、惩罚不严时，企业内部严格的规范和对管理伦理的坚持，就显得更加重要。

以德养生、以德养心、以义止利的中国传统经商文化，也许能成为修复破损的管理伦理、实现更多良性竞争的权宜之计。但我们再也不能忽视伦理在企业管理中的作用，而力拓间谍门事件就是一个转折点。一则，它有着敲山震虎的警示性功能。它将告诉国内的和国外的那些损害中国国家与民族利益的人和组织团体，他们是到了该为其行为付出代价和买单了。同时，他们也必须清醒，是该回到法律，尤其是尊重中国的法律方面来的时候了。变相的经济殖民行为是行不通的。“力拓们”要在中国做生意就必须尊重、遵守中国的法律和相关条约及国际公约，不得做有损中国国家与民族利益的事。否则，他们的行为将不受法律保护。并且，他们以及他们在中国的所谓代理人的违法犯罪行为也势必得到追究与惩戒。二则，中国主动让法律释放出应有的力量，在一定程度上暗示其放弃由非官方“谈判”、“协议”或“外交途径”解决相关涉外经济纠纷以及发生在本土或国外的针对国家的违法犯罪问题的做法。

2. 避免商业秘密的受侵害，关键在于防范

未雨绸缪的管理框架可能更为奏效。诚然，信息安全不是一个部门的事情，而是需要在信息形成时期就开始安全防护。企业的责任，是根据机密的价值，设定保护的成本，以被保护商业秘密的价值，来确定适合的保护范围。“道德是约定俗成，法律是明文规定。道德谴责可以通过舆论造势，但是不能解决根本问题。在那些经典的‘反商业间谍’成功的案例中，也是成功运用法律手段的典范。”一家跨国公司高管曾对CBN记者分析说。他认为，没有哪家公司希望将自己的情报部门大白于天下，所以最好的方式是做好自我防范，而非与竞争对手陷入两败俱伤的局面。

伦理与管理相结合，实施企业的伦理管理，是当代企业管理发展的一大趋势。就中国企业目前现状来看，有些企业陷入伦理道德困境，义利对立的观念影响了企业管理伦理的实践，导致了大量不道德经营行为的产生，严重危害了社会经济秩序的健康发展。因此，重新审视企业的伦理道德，构建适应社会主义市场经济体制需要的企业伦理准则和道德规范，无论在理论上还是在实践中都是非常迫切的重大问题。企业社会责任是企业管理伦理的核心理念，在企业管理伦理建设中重视企业社会责任意识的培育，有利于企业处理好和各种利益相关者的关系，有利于提升企业的核心竞争力，有利于提高企业的管理效益。从国内外的经验看，各国都在企业管理伦理方面付出过沉重的代价，经历了坎坷的发展阶段，每个阶段都给人们留下了一系列值得沉思的问题，尤其在企业履行社会责任上存在重大理论分歧。我国的企业伦理建设与国际上的差距越来越成为我们参与全球化竞争的瓶颈，也是我们自由发展重大障碍。因此，正视我国企业管理伦理问题，大力增强企业的责任意识，进行企业管理伦理观念的改革是势在必行的。

3. 企业社会责任的构建路径

企业社会责任的构建是一个系统工程，需要社会多方面的协作与努力。我们根据其他学者的研究以及目前我国的现状，认为构建企业社会责任主要有以下路径。

（1）建立企业社会责任的法律规则与践行机制

政府应根据社会和谐发展的需要，结合企业实际情况，综合制定企业社会责任的法律规则，在此基础上建立企业践行社会责任的宏观社会引导机制。在相关企业社会责任的法律法规中，明确规定企业社会责任，增加相关内容，对企业履行社会责任提供法律依据和规范。将企业社会责任作为一个强制法律概念，与追逐利益一同作为企业的目标，拓展企业目标内涵，纳入企业法律，以法律强制企业承担履行社会责任的义务。与此同时，政府及相关部门依据法律制定相应的法规、规章以及有利于企业履行社会责任的财税政策等，如同我国现行税法对公益性捐赠实行扣减所得税制度，对企业利用废水、废气、废渣等废弃物品为主要原料进行生产、安排下岗职工就业等一样，诱导、鼓励企业履行社会责任，从而形成良好的企业践行社会责任的社会引导

机制。

（2）引进建立企业社会责任的标准化体系

正如 ISO 国际标准化认证管理体系那样，作为一个国际性、权威性的社会责任标准，它的认证程序要求企业在童工、强制雇佣、健康安全、惩罚措施、工作时间和报酬等方面满足一致的条件。它是继 ISO9000（质量管理体系）、ISO14000（环境管理体系）和 ISO18000（职业安全卫生管理体系）之后出现的又一个（非强制性）重要标准，它从各个角度来关注员工的基本利益，更多地体现了对员工的人文关怀。SA8000 所确定的基本原则，体现了企业和一般员工利益的一致性，让企业管理者不断提高社会责任意识，使得尊重知识、尊重劳动和劳动者成为企业的自觉行为，把保证劳动者的权利作为企业发展必不可少的条件。在这一过程中所体现的宗旨使得企业所提供的产品符合社会责任标准，与此同时也促进了企业精神的健康发展，从而使企业具有强劲的竞争力。

（3）建立社会责任践行的监督机构

在社会经济管理中，仿效西方多国实行的针对企业的社会责任审计，以此来评价与报告传统财务报告中所没有涉及到的企业成果的社会效应，从而全面、广泛地了解和掌握企业践行社会责任的情况，监督企业履行社会责任。同时，发挥非政府组织的作用，如消费者权益保护协会、环境保护组织等，对企业履行社会责任实施非强制性外部监督。在企业管理中，要求企业内部建立专门的社会责任管理机构，采用财务、审计、社会责任三者结合的业绩汇报模式，定期向社会发布企业运作的综合效果。从而达到强化企业最高管理者的社会责任意识。这里，企业社会责任要求企业管理者既对股东利益最大化承担责任，又要对股东之外的利益相关者承担责任。为此，需要做出相关的制度安排以强化企业最高管理者树立这种意识。

总之，企业的社会责任问题，是一个需要全社会来关注和解决的问题，是一项系统工程。我们需要通过社会各方面的努力来把这方面的工作做得更好。社会主义和谐社会建设离不开企业，企业的发展也离不开社会。企业在处理与社会的关系中绝不能只盯住经济效益和利润，要主动承担一定的社会责任与义务，把企业的发展融入社会的和谐发展之中。

本章小结

管理伦理一直存在于组织的管理中，是管理理论的重要组成部分。用于指导人们在管理活动中，哪些是应该做的，哪些是不应该做的。管理伦理是一种价值观和行为准则。

管理伦理主要包含有四个层次，即社会、利益相关者、内部政策和个人。管理伦理对管理者的行为活动进行原则上的约束。

企业的社会责任不同于一般意义上的个人责任或道德责任，它的立足点或前提是权力的正当性，它的评价尺度是与权力行使相伴随的义务。随着社会的发展和进步，早期的企业社会责任也在不断地扩展，有了很大的进步。

目前，我国企业社会责任的整体水平仍然较低，在管理伦理和企业社会责任的实践中还有很长的路要走。

复习思考题

1. 什么是管理伦理，管理伦理有哪些特点？
2. 试阐述管理伦理的内容。
3. 管理伦理的一般原则有哪些？
4. 讨论企业社会责任的定义。
5. 企业的社会责任包括了哪些方面？
6. 试述如何在我国达成管理伦理与企业社会责任的结合。

第六章　管理决策

·学习目标·
·掌握决策的定义、特征和程序
·理解决策的类型和影响因素
·了解决策的方法，能够运用决策方法处理现实问题

决策是管理活动的核心，可以认为，整个组织管理就是围绕着如何制定和组织实施决策而展开的。为了有效地指导企业进行尽可能正确的决策，有必要研究决策的本质内容和特点。本章着重分析决策的过程及其制约因素，评价和介绍决策的方法与技术，从而揭示决策的一般规律。

第一节　管理决策的概念与影响因素

决策不仅是计划职能中的一个重要部分，也是一项重要的管理活动，它贯穿于组织管理的各个方面和整个过程。管理成功的关键是明智的决策，有研究表明："世界上每100家破产倒闭的大企业中，85%是因为企业管理者的决策不慎造成的。"可见，在管理中，决策的质量对于管理的效能和组织的发展至关重要。

一、管理决策的含义与概述

决策是指为了实现组织的某一特定目标，在两个以上的备选方案中选择一个并组织实施的全过程。具体而言，决策就是管理者为了解决现实中出现的问题，在收集和分析相关信息之后，认识并辨别组织的机会，设计解决问题和利用机会的可行方案，选定方案并组织实施的过程。

决策的定义中包含了三层含义：决策的依据是要实现的一定目标；决策的对象是一系列可行的实施方案；决策完成的是在诸多可行方案中择优的任务。

决策的内容非常广泛，既包括涉及组织经营方向、经营目标、经营方针和经营策略的战略方面的决策，也包括企业的市场销售、研究开发、生产技术、财务管理和人力资源方面的决策。管理者每天都需要进行决策以保证组织的有序运行，但是并非所有的管理决策对组织都同等重要。有的决策需要较多的组织成员参加，花费大量的费用，并对组织产生长远的影响，这样的决策是组织的重要决策。有的决策相比而言，因其参与成员、耗费资金和产生的影响都比较小，而不那么重要。

决策具有以下几个主要特点。

1. 目标性

任何决策都必须根据一定的目标来作出。目标是组织在未来特定时限内完成任务所预期要达到的水平。没有目标，人们就难以拟订未来的活动方案，评价和比较这些方案也就没有了标准，对未来活动效果的检查便失去了依据。旨在选择或调整组织在未来一定时间内活动方向、内容或方式的组织决策，比纯粹个人的决策，更具有明确的目的性或目标性，也正是从这种目标性角度，我们说管理决策是一种理性的决策。

2. 可行性

管理决策的目的是为了指导组织未来的活动、组织的任何活动都需要利用一定资源。缺少必要的人力、物力和技术条件的支持，理论上非常完善的决策方案也只会是空中楼阁。因此，决策方案的拟订和选择，不仅要参考采取某种活动的必要性，而且要注意实施条件的限制。组织决策应在外部环境与内部条件结合研究和寻找动态平衡的基础上来制定。

3. 选择性

决策的本质是选择，或是“从中择一”。没有选择就没有决策，而要能有所选择，就必须提供可以相互替代的多种方案。事实上，为了实现相同的目标，组织总是可以从事多种不同的活动。这些活动在资源需求、可能结果及风险程度等方面均有所不同。因此，组织决策时不仅要具有选择的可能，即提出多个备选方案，而且还要有选择的依据，即提供选择的标准和准则。从本质上说，决策目标与决策方案两者是经由“选择”而确定的。

4. 满意性

选择组织活动的方案，通常根据的是满意化标准，而不是最优化标准。最优决策往往只是理论上的幻想，因为它要求：决策者了解与组织活动有关的全部信息；决策者能正确地评估全部信息的有用性，了解其价值，并据此制订出没有疏漏的行动方案；决策者能够准确地计算每一个方案在未来的执行结果；决策者对组织在某段时间内所要达到的结果只有一致而明确的认识。

5. 过程性

首先，管理决策不是一项决策，而是一系列决策的综合。通过决策，组织不仅要选择业务活动的内容和方向，还要决定如何具体地展开这些业务活动。同时还要决定资源如何筹措，组织结果如何调整，人事如何安排。只有当这一系列的具体决策已经制定，相互协调，并与组织目标相一致时，才能认为组织的决策已经形成。其次，这一系列决策中的每一项决策，其本身就是一个包含了许多工作、有众多人员参与的过程，从决策目标确定，到决策方案的拟订、评估和选择，再到决策方案执行结果的评价，这诸多步骤构成了一项完整的决策。

6. 动态性

一项决策不仅仅是一个过程，而且是一个不断循环的过程。首先，作为过程，决策是动态的，没有真正的起点，也没有真正的终点。其次，决策的主要目的之一是使组织的活动适应外部环境的变化。然而，外部环境在不断地发生变化，决策者必须不断监视和研究这些变化，从中找到组织可以利用的机会，并在必要时作出新的决策，以适时调整组织的活动，从而更好地实现组织与环境的动态平衡。

管理决策在管理活动中发生，就其作用面而言，它与限于个人行为的个人决策的区别在于，管理决策是管理者面向组织的抉择，其行为对组织负责；个人决策体现在对自身行为的抉择，仅限于对本人及其行为后果负责。管理决策贯穿于管理活动的各个环节，在各项管理职能工作中都有着大量的决策问题，包括：

（1）计划活动中的决策。计划活动面向组织的未来发展，需要解决的决策问题包括组织发展目标的确定、实现目标的方法选择、计划的内容安排、计划实施中的资源调配、抉择以及计划活动中的细节决策等。

（2）组织设计与建构决策。组织设计与建构决策包括组织设计要求与结构决策、结构模式选择、组织职位与岗位设置决策、组织管理体制决策、组织业务流程决策、组织对外合作方案决策、组织再造决策以及组织设计方案实施中的具体问题决策等。

（3）领导活动与人力资源管理决策。领导活动与人力资源管理需要进行领导体制、权力实施、制度制定、人员分配、工作安排、报酬、聘任、流动、奖惩等多方面的决策，既包括宏观的体制方面的决策，又存在关于人事的日常决定和领导方法的采用等方面的决策。

（4）控制过程中的决策。控制过程中的决策具有系统性，主要包括控制中各环节的抉择，如：控制目标的确定、控制方式的选择、控制指标体系的安排、绩效评价决定、控制结果的处理和具体问题的控制决策等。控制决策作为管理决策的一个重要方面，也是各种决策方案的保证环节，因而还包括决策控制的实施决策等工作。

二、决策的影响因素

管理者在决策时离不开信息。信息的数量和质量直接影响决策水平。这要求管理者在决策之前以及决策过程中尽可能多地通过多种渠道收集信息作为决策的依据。但这不是说管理者要不计成本地收集各方面的信息。管理者在决定收集什么样的信息、收集多少信息以及从何处收集信息等问题时，要进行成本—收益分析。只有在收集的信息所带来的收益超过因此而付出的成本时，才应该收集信息。

除了信息以外，影响管理决策的因素还有很多。

1. 环境

环境对决策的影响主要表现在两方面：推动决策和制约决策。首先，环境的变化使组织面临新的问题，为应付这些问题，就要进行决策。其次，决策者在进行决策时，要考虑各种环境因素并受其制约，如果脱离了环境或对环境因素认识不足，在执行时就会遇到困难，甚至根本无法执行。

2. 决策者的素质和作风

决策者的价值观、知识水平、战略眼光、领导能力、民主作风、对待风险的态度等都会直接影响决策的过程和结果。知识渊博、富有战略眼光的决策者依靠个人素质就能运筹帷幄，作出高质量的决策；领导能力强，民主作风好的决策者能够集思广益，发动更多的人参与决策，从而提高决策质量；愿冒风险的决策者在决策时往往更加主动、积极，不愿冒险的决策者在决策时则容易被动和保守。

3. 组织文化

组织文化影响着组织文化及其成员的行为和行为方式，其对决策的影响也正是通过影响人们对组织、对改变的态度而发挥作用。团结、和谐、平等的组织文化会激励人们积极参与组织决策；涣散、压抑、等级森严的组织文化则容易使人们对组织的事情漠不关心，不利于调动组织成员的参与热情。为此，在制订以及选择决策方案时，必须考虑实施方案时可能遇到的组织文化方面的压力以及为克服这种阻力而必须付出的代价。

4. 过去的决策

在实际的管理工作中，程序化决策占有很大比例，即使是非程序化决策也通常很容易从过去找到类似的例子，再加上心理因素的影响，使得决策者在决策时经常要考虑过去的决策。所以，过去的决策总是在有形或无形地影响现在的决策。过去的决策对现在的决策的影响程度主要受其与决策者关系的影响，这种关系越紧密，现在的决策受到的影响就越大。

5. 时间

美国学者威廉·金和大卫·克里兰把决策类型划分为时间敏感决策和知识敏感决策。时间敏感决策是指那些必须迅速而尽量准确的决策，战争中指挥官的决策多属于此类。这种决策对速度的要求远甚于质量。相反，知识敏感决策对时间的要求就不太严格，这类决策的执行效果主要取决于决策者的知识及决策的质量，而非决策的速度。例如，战略决策就多属于知识敏感决策。

三、决策的程序

决策往往被认为就是在不同的方案中进行选择的过程，但这种观点显然过于简单。因为决策是一个过程，而绝不只是在多种方案中进行选择的简单活动。决策的程序一般包括 6 个步骤。这一过程从发现问题开始，到选择能解决问题的方案，最后结束于评价决策的效果。为了对决策过程有一个更为详细的了解，下面我们将详细考察决策过程的每一个步骤。

1. 发现问题

决策始于对问题的识别，即发现问题。问题就是目标和现状之间的差距。根据组织的目标，发现周围的问题，这是决策的起点。管理者在管理过程中，要时刻关注组织的外部环境和内部环境，确定组织的运行是否处于令人满意的状况，是否向着组织的目标前进。如果发现组织已偏离了预先设立的目标，问题便已产生。现实中，组织现状和目标之间的差距往往是由组织外部环境的变化引起的。外部发生的许多突然变化，如新的竞争者的出现、替代技术或替代产品的问世、原材料市场的剧烈变动等都可能使组织的运行和预定的发展轨迹发生偏离。这时组织若不及时采取措施，进行相关决策，外部环境的变化会使组织步入危机。

在发现问题的过程中，管理者要密切关注周围的信息，尽可能精确地识别问题，而问题识别的精确程度有赖于信息的精确程度和对信息的解释过程。因此，管理者不仅要努力获取可靠的精确信息，而且要尽量详细和正确地解释这些信息。

但是，发现问题之后不能立即制订解决问题的方案，因为虽然问题已经知晓，但引起问题的原因却仍不明确。这时，需要对发现的问题进行分析和研究，深入了解问题的状况、问题的实质和引起问题的主要原因。对此，决策者要进行深入的调查研究，并进行分析和预测。有时原因并非总是显而易见的，一些关键性的影响因素可能隐藏在现象之后。在这一阶段，要明确引起问题的根本原因是什么，只有不停地追究原因的原因，才能穿过表层原因和中间原因，发现问题的本质，从根本上解决问题。

2. 确定目标

在明确问题和引起问题的原因之后，就要确定将要采取的措施需要符合哪些要求、应该达到什么样的效果，也就是要明确决策的目标。合理的目标是有效决策的前提条件，是决策活动的出发点和归宿，也是对决策进行评价的依据。明确的决策目标可以保证组织内部各种目标的一致性，为分配组织的各种资源提供依据，也可以在组织内部形成一种普遍的思想状态和组织气氛，形成井井有条的工作秩序。同时，它还为组织提供了一种能够对组织各项活动的成本、时间进行确定和控制的有效方式。

在确定决策目标时要注意下面几个问题：

（1）目标既要是组织在管理活动中所需要达到的，也是现实条件下所能达到的。因此该目标既有存在的必要性，也有实现的可能性。

（2）目标要明确、具体，尽可能数量化，并要有时间的要求。数量化的目标既有利于操作执行，也便于用来衡量决策的实施效果。对难以数量化的决策，要详细地对其进行描述，使之具有一定的可计量性。

（3）明确目标的约束条件。确定目标，不仅要提出目标，而且要对那些与实现目标有联系的各种条件都应加以分析，尤其要对其中的直接影响条件，即目标的约束条件进行周密的分析。

（4）明确主要目标。决策的目标往往是多元的和分歧的，因此在确定决策的目标时，要分清主要目标和次要目标，明确目标之间的优先顺序。当目标出现分歧或矛盾的时候，次要目标要服从主要目标，突出主要目标，保证资源分配的重点，从而保证主要目标的实现。

3. 设计备选方案

决策目标确定之后，就可以着手设计备选方案了。备选方案的数量和质量在很大程度上决定着决策的质量，因此要重视备选方案的寻找过程，为后面的选择阶段提供多种备选方案。

备选方案包含了企业为实现某一目标而拟采取的各种对策的具体措施和主要步骤。任何目标都可以通过多种不同的途径实现，因此，人们可以拟订出不同的行动方案。为了使方案在拟订基础上有进行选择的意义，这些不同的方案必须可以相互替代，而不能相互包含。因为如果一个方案包含在另一个方案中，那么它就失去了参与比较和选择的资格。

备选方案必须是现实可行的，因此对方案要进行可行性研究。从方案必须具备的物质条件到方案执行后所产生的结果和影响，都要进行全面论证。例如，方案的实现需要哪些条件，其中哪些是已经具备的，哪些是经过努力之后得以具备的，这种努力成功的可能性有多少；除了可控因素外，还有不可控因素，其风险有多大，如何降低风险等。另外，所有的方案，其目标和手段都应是合法、合理的，不能同国家的法律相抵触，不能违背社会道德，也不能超出相应的权限范围。

可供选择的方案数量越多，被选方案的相对满意程度就越高，决策的质量就越高。因此，在备选方案的设计阶段，要广泛发动组织员工，充分利用集体的力量和组织内外的专家，通过他们献计献策、群策群力，拟订出尽可能多的备选方案。备选方案的寻找可以采用个人研究和集体协商相结合的方式，例如通过“头脑风暴法”可以激发新观念、新建议的产生；通过“名义群体法”可以暴露方案之间的矛盾和各方案的缺陷，使考虑更加周到，促进方案的逐步完善。

备选方案的设计，通常有两个来源：一是管理者自己过去的经验，二是别的管理者或公司采取的实际做法。但组织的方案设计必须强调创新，要用新颖的、独特的、与众不同的和独立的思考来开发可供选择的方案，不受过去经验的限制，不单纯模仿他人。

4. 选择可行方案

要选择满意的方案，首先要对各备选方案进行比较评价，然后从中进行选择。

（1）方案的评价

对决策备选方案的评价要注意下面几个方面：第一，要充分考虑环境的变化，设法预测每个备选方案会对组织的各项目标产生的影响。决策的备选方案是面向未来的，它的效果要经过一定时期后才能出现。这种后果可能是理想的又不尽理想，可能有短期影响也可能有长期影响，影响可能是有形的也可能是无形的，有确定的方面也有可能的方面。因此，要把每项方案的所有可能性考虑到，否则会为以后的选择和实施带来麻烦。在这一阶段需要大量的论据收集工作。第二，把评价的注意力集中于差异上。所有方案相同的部分可以忽略，而把焦点放在方案差异的比较上，方案之间的差异最好量化。第三，把注意力集中于决定性因素的评价上，适当压缩备选方案的数量。评价的时候，把关键的因素挑选出来，以这些因素为主进行评价，可以节省时间和人员的精力，简化决策。

（2）选择的价值标准

没有标准就没有判断好坏的尺度，因此，要从备选方案中选择出一个令人满意的方案，就必须要考虑选择的价值标准。一般而言，企业会将自己的经营目标作为选择的价值标准。如某公司考虑进入某地区的市场是用代理商，还是设立自己的销售机构。若用代理商，不需投资，费用较低，但年销售幅度只能是设分支机构的一半，并且不能进行较好的控制；若设立销售机构，则需要一定的投资，年费用较高，但销售幅度也会扩大一倍，并且可以进行有效的控制。如果组织的经营目标是快速发展，追求高的增长率，它的价值标准便是高风险、高增长，它的选择会是设立销售机构；否则反之。企业在进行方案选择的时候，还要考虑社会价值标准。作为社会系统的组织，需要遵守社会秩序，承担社会责任。因此，组织在决策过程中，不仅要考虑组织的经营绩效，还要以社会责任作为方案选择的价值标准。如选择的方案要合法，产品及其生产过程要安全、无公害，且有利于资源的回收再利用，有利于环境的保护等。在备选方案中进行抉择将涉及很多主观因素，如对每一方案的后果进行设想，对方案之间的差异确定价值，特别是对方案的最后抉择，管理者必须主要依靠个人的判断力。因此，在对各备选方案进行选择的时候要尽量避免以个人的价值标准代替公司的价值标准。以个人愿望取代公司的利益有时是出于主观，有时是出于无意识。如公司的老员工会出于怀旧的心理，对快速扩张和机构庞大不易接受，对扩张的困难考虑较多，行为更谨慎；而年轻的、有进取心的管理者容易忽略风险和困难。每个人都善于为自己想做的事情找出种种合乎逻辑的理由，在作价值判断时都会无意识地附上有利于个人利益的价值。所以，在作选择时，要避免这种无意识的行为，积极进行防范。

5. 实施方案

在全面实施决策方案之前，可以先在局部试行。试行是检验决策最稳妥的办法，通过在局部的先行检验，可以验证决策是否真正可行，了解决策的效果和基本状况。例如，企业在新产品实际投入大批量生产或公开销售之前，可以先进行小规模的试制和试销，对人员的委派也可以采取试用制。如果发现被选定的方案在本质上存在问题，这时，还有进行再审查的余地。即使在试行中没有发现重大问题，也为后面的全面实施取得了某些经验。但是，决策的试行也是有局限性的，它会耗费一定的成本、时间。

被选定的决策方案不会自行贯彻实施。决策者必须把决策转化为具体的行动，在现实中予以贯彻。为了保证决策方案在实施过程中取得令人满意的效果，组织首先要做好决策方案的宣传教育工作，使组织内部的全体人员，即决策的执行者都充分了解决策方案的内容、目的和意义，保证执行者按照决策者的意愿实施决策；其次，要健全决策的执行机构，做好决策的组织工作，一方面使机构的设置和职责适应决策方案实施的需要，另一方面要把实施方案所需要的人力、物力、财力动员和组织起来，使各个要素能充分发挥作用。

6. 评价与反馈

对被选定的决策方案没有可靠的验证方法和绝对的标准，只有在执行过程中关注执行效果，将各种信息及时反馈给决策机构和决策者，以便于决策者及时了解最新动态，根据实际情况对决策进行必要的调整和改进。因此，决策的过程是一个不断地反馈，不断地对原方案进行再审查和再改进的过程，在这样的过程中决策的目标才可以实现。

如果原有决策方案的实施情况出乎意料，或在实施过程中遭遇到难以预测的重大变化，已不能靠对原有决策方案进行调整予以解决，而是需要对方案重新审查或推倒重来，这实际上是重新进行一次决策。这就要从原来的决策起点开始，对当时的决策环境、程序进行逐步复查，寻找可能导致决策失误的机制，以便针对原因进行纠正。同时，还要注意重新决策时已离开原来的决策起点，环境会存在一定的变化，必须对之进行审慎处理。

第二节 管理决策类型

管理决策贯穿于组织管理活动的全过程，从不同的角度对决策问题加以分类，有助于决策者把握各种决策问题的特点，采用正确的决策方法以提高决策的效率和效果。

一、按决策的性质分

管理决策按决策的性质分为程序化决策和非程序化决策。

1. 程序化决策

程序化决策，是在日常管理工作中以相同或基本相同的形式重复出现的决策。由于这种决策的背景、特点及其规律容易被决策者掌握，所以决策者可根据以往的经验或惯例制定决策方案。决策理论将这种具有常规性、例行性的决策称为程序化决策。这类决策有生产方案决策、库存决策、签订合同决策等。它的特点是影响决策的因素有规律性，可以建立一定的程序作出决策。

2. 非程序化决策

非程序化决策是受大量随机因素影响，没有常规可循的决策，亦是一种对不重复出现的例外性事件进行的决策。这种决策由于缺乏可借鉴的先例和准确的统计数据，而且受许多变化因素的影响，难以建立起固定的决策模式，决策者大多对处理这种决策问题经验不足。这时，决策者及其智囊机构的洞察能力、思维、知识、掌握的信息和对未来发展趋势的判断能力及类似问题决策的经验将起重要作用。这类决策有经营方向、目标决策、新产品开发决策、新市场开拓决策等。

二、按决策的重要性分

管理决策按决策的重要性分为战略决策与战术决策。

1. 战略决策

战略决策是一种与组织未来发展有关的、确定今后长远发展的、带有全局性的决策。这种决策旨在提高组织的经营效能，使组织的经营活动与外部环境的变化保持正常的动态平衡。战略决策多是复杂的、不确定性的决策，涉及组织与外部环境的关系，常常依赖于决策者的直觉、经验和判断能力。组织发展目标和方针的决策，新产品开发决策、投资决策、市场开发决策等都属于战略决策。

2. 战术决策

战术决策又称管理决策，是指在组织内贯彻的决策，属于战略决策执行过程中的具体决策。战术决策旨在实现组织中各环节的高度协调和资源的合理使用，如设备的更新、新产品的定价以及资金的筹措等决策都属于战术决策的范畴。它是战略决策的重要组成部分，是对每一战略阶段经济活动内容进行的总体部署，是实现战略决策的重大步骤。战术决策具有指令化、定量化的特点，其正确与否关系到战略决策能否顺利地实施。

三、按决策的可靠程度分

管理决策按决策的可靠程度分为确定型决策、风险型决策与非确定型决策。

1. 确定型决策

确定型决策是决策条件肯定，即影响决策的因素或自然条件是明确的、肯定的，决策实施的结果也是可以预先知道的，因此只要比较各个不同方案的结果，就可以选择出满意的方案。但是，要计算出各种方案的结果，需要分析很多因素，需要进行定性和定量分析。

2. 风险型决策

风险型决策又称随机型决策，是指决策者面临的自然状态不止一种，决策者不知道那种自然状态会发生，但是决策者知道有多少种自然状态以及这些自然状态各自出现的概率。此时的决策即为风险型决策。许多管理决策的影响因素较为复杂多变，因而决策的约束条件就带有较大的随机性，备选方案的结果也就存在随机性。当人们在认识这种随机性规律的基础上，能估计出不同可能约束条件下方案的结果及其出现的概率时，就可使不确定性程度减少，但这时仍存在着一定的决策风险。

3. 非确定型决策

非确定型决策是指决策者不能预先知道环境的条件，可能出现的状况和各种状况的概率也无法估计。在这种情况下，决策者既不能肯定决策的结果，也不能对概率作出合理的估计，完全依赖于决策者的学识、经验、胆略。在不确定的状况下，有限信息的获取以及决策者的心理导向也将影响决策的结果。这类决策由于人们对几种可能客观状态出现的随机性规律认识不足，就增大了决策的不确定性程度，其风险较大。

四、按决策的目标数量分

管理决策按决策的目标数量分为单目标决策与多目标决策。

1. 单目标决策

单目标决策即决策所要达到的目标只有一个。如资金筹集的决策是为了获得所需资金；某一广告决策是为了扩大销售量等。单目标决策问题单一，容易掌握和作出抉择。管理者一般侧重于单目标决策。但它有局限性，强调一点且容易以偏概全。例如调度决策往往会片面追求产量的完成，而忽视质量、成本等目标。

2. 多目标决策

多目标决策即所要达到的是互相联系、互相制约的多个目标。例如要提高经济效益，不仅要考虑产值、产量，还要考虑成本、消耗、质量等指标，这就要进行多目标决策。但是，多目标决策也不能不分主次，目标太多，没有中心，反而会引起决策失误。

第三节　管理决策方法

随着经济和科技的发展，决策工作变得越来越复杂。管理工作者、管理学家根据实践经验和理论研究制定出了许多不同的决策方法，归纳起来大致可以分为两大类：一类是定性决策方法，另一类是定量决策方法。把决策方法分为两大类只是相对的，真正科学的决策方法应该把两者结合在一起，综合利用。

一、定性决策方法

定性决策方法是决策者运用社会科学的原理，并根据个人的经验和判断能力，充分发挥专家和内行的集体智慧，从对决策对象本质属性的研究入手，根据事物的内在联系及其运行规律，通过定性研究，为制订方案找到依据。它较多地运用于高层次战略问题、多因素错综复杂的问题、涉及社会心理因素较多的问题。定性决策方法主要有下述几种。

1. 头脑风暴法

头脑风暴法是1939年美国人亚历克斯·奥斯本（Alex F. Osborn）创立的一种决策方法，其思想是邀请有关专家敞开思路，不拘形式地针对某些问题畅所欲言。奥斯本为实施头脑风暴法提出了四条原则：

（1）对别人的意见不允许反驳，也不要作出结论；

（2）鼓励每个人独立思考，广开思路，不要重复别人的意见；

（3）意见或建议越多越好，允许不同意见相互之间存在矛盾；

（4）可以补充和发表相同的意见，以使某种意见更有说服力。

头脑风暴法的目的在于：创造一种自由奔放思考的环境，诱发创造性思维的共振和连锁反应，产生更多的创造性思维。一般情况下，头脑风暴法的参与者最佳为5～6人，多则10余人为宜，每次时间为1～2小时。头脑风暴法一般分为三个阶段：第一阶段是对已提出的每一种设想进行质疑，并在质疑中产生新设想，同时着重研究有碍于实现设想的问题。第二阶段是对每一种设想编制一个评价意见一览表，同时编制一个可行性设想一览表。第三阶段是对质疑过程中所提意见进行总结，以便形成一组对解决所论及问题的最终设想。实践证明，头脑风暴法可以排除折中方案，通过客观分析对所决策的问题找到一组切实可行的方案。

2. 德尔菲法

德尔菲法，又称专家调查法，是由美国兰德公司于20世纪50年代初首创，最早用于预测，后来推广应用到决策中来。该法以匿名方式通过几轮函询征求专家的意见，组织预测小组对每一轮的意见进行汇总整理后作为参考再发给各专家，供他们分析判断，以提出新的论证。几轮反复后，专家意见渐趋一致，最后供决策者进行决策。

德尔菲法是一种广为适用的预测决策方法，其基本步骤如下：

（1）确定预测题目

预测题目即预测所要解决的问题。预测题目要具体明确，适合实际需要。

（2）选择专家

选择专家是德尔菲法的重要环节，因为预测结果的可靠性取决于所选专家对预测主题了解的深度和广度。选择专家须解决四个问题：第一，什么是专家。德尔菲法所选专家是指在预测主题领域从事预测或决策工作 10 年以上的技术人员或管理者。第二，怎样选专家。要视预测或决策任务而定。如果预测或决策主题较多地涉及组织内部情况或组织机密，则最好从内部选取专家。如果预测或决策主题仅关系某一具体技术的发展，则最好从组织外部挑选甚至从国外挑选。第三，选择什么样的专家。所选专家不仅要精通技术，有一定的名望和代表性，而且还应具备一定的边缘科学知识。第四，专家人数。专家人数要视所预测或决策问题的复杂性而定。人数太少会限制学科的代表性和权威性；人数太多则难以组织。一般以 10 ~ 15 人为宜，对重大问题的预测或决策，专家人数可相应增加。

（3）制订调查表

制订调查表即把预测或决策问题项目有次序地排列成表格形式，调查表项目应少而精。专家及决策者应对德尔菲法有所了解，调查表的前言部分应对德尔菲法进行介绍。

（4）预测过程

德尔菲法预测一般要分四轮进行。第一轮把调查表发给各专家，调查表只提出预测主题，让各专家提出应预测的事件；第二轮由决策者把第一轮调查表进行综合整理，归并同类事件，排除次要事件，作出第二轮调查表再返给各专家，由各专家对第二轮调查表所列事件作出评价，阐明自己的意见；第三轮对第二轮的结果进行统计整理后再次反馈给每位专家，以便其重新考虑自己的意见并充分陈述理由，尤其是要求持异端意见的专家充分阐述理由，因为他们的依据经常是其他专家所忽略的或未曾研究的一些问题，而这些依据又会对其他成员的重新判断产生影响；第四轮是在第三轮基础上，让专家们再进行预测，最后由决策者在统计分析基础上作出结论。

（5）作出预测结论

经过多次反馈后，一般是意见渐趋一致或对立的意见已十分明显，此时可把资料整理出来，作出预测结论。

这种方法的好处是，由于专家之间互相不知道姓名，征询和反馈是用书信方式进行的，他人的个人权威、资历、口才、劝说、压力等就不会对专家的回答产生影响，有利于专家坦率地发表自己的意见。而且由于采取多轮反馈方法，随着意见越来越集中，结论的可靠性就越来越大。因此，德尔菲法具有匿名性、反馈性和统计性等特点。这种方法的不足之处是信函往返耗时较长，对预测意见的分类、整理、归纳要花费较多的人力。

3. 名义群体法

名义群体法是指在决策制定过程中限制群体讨论，故称为名义群体法。如同参加传统委员会会议一样，群体成员必须出席，但要独立思考。具体来说，它遵循以下步骤：

（1）成员集合成一个群体，在安静的环境中，群体成员之间互相传递书面反馈意见，在一张简单的图表上，用最简洁的语言记下每一种想法，对每一种想法进行书面讨论，但在进行任何讨论之前，每个成员独立地写下他对问题的看法。

（2）经过自己独立思考后，每个成员将自己的想法提交给群体，然后一个接一个地向大家说明自己的观点。

（3）最后小组成员对各种想法进行投票，用数学方法，通过等级排列和次序得出决策。

在现实生活中，集体决策由于言语交流抑制了个体的创造力，而名义群体成员思路的流畅性和独创性更高一筹，名义群体可以产生更多的想法和建议。该方法耗时较少，成本较低。

4. 电子会议

最新的集体决策方法是将名义群体法与尖端的计算机技术相结合的电子会议。会议所需的技术即一系列的计算机终端，将问题在屏幕上显示给决策参与者，他们把自己的答案打在计算机屏幕上。个人评论和票数统计都投影在会议室的屏幕上。这种方法的主要优点是快速、有效。

二、定量决策方法

定量决策方法是指在定性分析的基础上，运用数学模型和计算机技术，对决策问题进行计算和量化研究，以解决决策问题的方法。这种方法的关键是建立数学模型，把变量与变量之间以及变量与目标之间的关系用数学关系或数学模型表示出来，并且用计算机来处理数学模型。因此，这种方法经常在决策中被广泛应用。

根据问题的性质、未来情况的可预测程度以及相应的解决方式，可以把定量决策方法分为三种典型的类型：确定型决策方法、风险型决策方法和不确定型决策方法。

1. 确定型决策

确定型决策指已知未来情况下的决策。这类决策的每种备选方案，其结果是确定的，决策的任务就是从中找出结果的最好方案。构成确定型决策应当满足三个条件：一是决策问题中的各种变量及相互关系均能用计量的形式表达；二是决策结果的单一性，即每个备选方案只有一个确定的结果；三是决策方案能推导出最优解。确定型决策具有重复出现的特点，处理这类问题往往有固定的模式和标准方法。最常用的确定型决策方法有：直观判断法、盈亏平衡分析法、ABC 分类法、线性规划法、经济批量法、投资效果分析法等。下面主要介绍线性规划法和盈亏平衡分析法。

（1）线性规划法

线性规划法是解决多变量、最优决策的方法。它是在相互关联的多变量的约束条件下，求解一个对象的目标函数的最大值或最小值的方法。目标函数是指决策者要达到的目标的数学描述，用极大值或极小值表示。约束条件是指实现目标的能力资源和内部条件的限制因素，用一组等式或不等式表示。线性规划法产生于 20 世纪 40 年代，广泛应用于产品制造、原料分配、人员配置计划、运输计划和投资决策等方面。这种方法本质在于寻求如何使用有限资源获得最大的效果，或用最小的代价完成一项给定的任务。

运用线性规划法建立数学模型的步骤是：首先确定影响目标要决策的变量；然后列出目标函数方程；最后找出实现目标的约束条件，列出约束方程组，并求出使目标函数达到最优的可行解，即为该线性规划的最优解。

［**例** 6.1］某企业生产甲、乙两种产品，都需要用到三种材料A、B、C。已知条件为：生产每吨甲产品分别需要A、B、C原料4吨、4吨和10吨，生产每吨乙产品分别需要A、B、C原料6吨、12吨和5吨。每年可供应的A、B、C原料分别为48吨、84吨和80吨。假如每吨甲产品和乙产品的利润分别为29万元和21万元，请决定甲、乙两种产品各生产多少吨，才能使企业的利润最大？

解：①确定决策变量。本例题中，目标是利润最大，影响利润的变量是甲、乙产品的数量X_1和X_2。

②列出目标函数方程。企业的利润为$Z(X_1, X_2)=29X_1+21X_2$。

③找出约束条件。本例题中，两种产品对原料A、B、C的需求量是不同的，即

$4X_1+6X_2=48$；

$4X_1+12X_2=84$；

$10X_1+5X_2=80$。

此外，要求X_1，X_2为正。

从而线性规划问题为：如何选取X_1和X_2使Z在上述四个约束条件下最大化。

④求出最优解——最优产品组合。

由此可求得最优解为：$X_1=6$吨，$X_2=4$吨。最大利润为$\max Z(6, 4)=258$万元。

（2）盈亏平衡分析法

盈亏平衡分析法又称量本利分析法，是通过考察产量的关系以及盈亏变化的规律来为决策提供依据的方法。它被广泛应用于利润预测、目标成本的控制、生产方案的优选、价格制定等决策问题。现在，量本利分析法已经成为决策的有力工具，日益为企业经营管理者所重视。

量本利分析的基本公式如下：

$$\Pi=R-C=Q*(p-v)-F \tag{6.1}$$

公式6.1中：Π——利润；R——销售收入；C——总成本；Q——销售量；p——销售单价；v——单位变化成本；F——固定成本。

可以用盈亏平衡图表示公式6.1，如图6.1所示。

销售收入减去变动成本后的余额称为边际贡献。这个余额先要抵偿固定成本，剩余部分为利润。当总的边际贡献与固定成本相等时，恰好盈亏平衡。这时，在一定范围内增加产品的销售量就会增加利润。

当$\Pi=0$，即企业不亏不盈时，则有：

$$Q_0*(p-v)=F$$

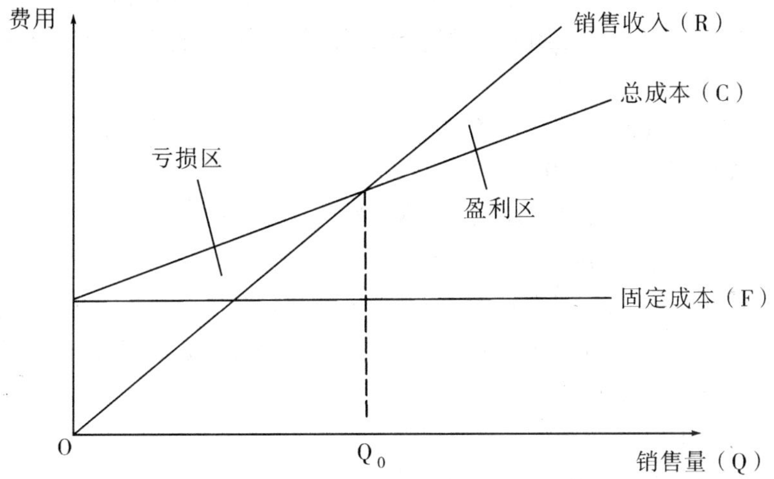

图6.1　盈亏平衡图

$Q_0 = F/(p-v)$ （6.2）

公式6.2中：Q_0——盈亏平衡点的销售量；$(p-v)$——单位产量边际贡献。

则盈亏平衡点销售收入为：

$R_0 = F/(1-v/p)$ （6.3）

公式6.3中：R_0——盈亏平衡点销售收入；$(1-v/p)$——单位边际贡献率。

这样，在图6.1中，如果企业销量小于Q_0，则会处于亏损区；当企业销量大于Q_0，就会处于盈利区。

企业在满足社会需要的前提下，要自负盈亏，尽可能多获利。这样，求得一定目标利润下的销量就成为量本利分析的一个重要问题，可用以下公式表示：

$Q_{\Pi} = (F+\Pi)/(p-v)$ （6.4）

$R_{\Pi} = (F+\Pi)/(1-v/p)$ （6.5）

在经营决策中，量本利分析还可以作以下几方面的分析：

①分析企业的经营安全率。其公式为：

经营安全率（S）$=(Q-Q_0)/Q\times100\%$ （6.6）

公式6.6中的$(Q-Q_0)$为安全余额，余额越大，说明企业经营状况越好；越接近于0，说明企业经营状况越差，发生亏损的可能性越大。此时，企业应及时采取措施，如增加适销对路的产品，降低单位变动成本等来提高经营安全率。经营安全率是相对指标，便于不同企业和不同行业的比较。企业经营安全率的经验数据如表6.1所示。

表6.1　**企业经营安全率的经验数据**

经营安全率（%）	40	30~40	20~30	10~20	10以下
安全等级	很安全	安全	较安全	警惕	危险

②预测一定销售量下的利润水平。其计算公式为6.1。

[**例**6.2] 某企业生产销售一种产品，单位变动成本为15元，年固定成本为5 000万元，销售单价为30元，据市场预测，年销售量为500万件，企业年度可获利多少？

根据公式6.1：

$\Pi = R - C = Q(p - v) - F = 500 \times (30 - 15) - 5\,000 = 2\,500$（万元）

企业年度可获利润2 500万元。

③企业目标成本的控制。目标成本的计算公式如下：

$$目标成本 = 预期销售收入 - 目标利润 \tag{6.7}$$

[**例**6.3] 某企业洗衣机单价为2 000万元，单位变动成本为1 400万元，年固定成本为5 000万元，目标利润为10 000万元，企业应将目标成本控制在多少万元？

根据公式6.5计算的该企业预期销售收入：

$$\begin{aligned} R_{\Pi} &= (F + \Pi) / (1 - v/p) \\ &= (5\,000 + 10\,000) / (1 - 1\,400/2\,000) \\ &= 50\,000\text{万元} \end{aligned}$$

$$\begin{aligned} 目标成本 &= 预期销售收入 - 目标利润 \\ &= 50\,000 - 10\,000 = 40\,000\text{万元} \end{aligned}$$

要实现10 000万元的年目标利润，企业应将目标成本控制在40 000万元。

总之，量本利分析方法在企业经营决策中简洁易用，在企业产品成本控制、利润决策、产量调整、新设备投资等方面都可以得到广泛的应用。

2. 风险型决策方法

风险型决策方法主要用于人们对未来有一定程度的认识但又不能肯定的情况。这时，在未来实施方案时可能会遇到好几种不同的情况（自然状态）。每种自然状态均有出现的可能，人们目前虽然无法确知，但是可以根据以前的资料和经验来推断各种自然状态出现的概率。在这些条件下，人们计算的各方案在未来的经济效果只能是考虑到各自然状态出现的概率的期望收益，与未来的实际收益不会完全相等，所以决策结果要承担一定的风险。

风险型决策一般要具备下列五个条件：

第一，有一个明确的决策目标，如最大利润、最低成本、最短的投资回收期等；

第二，存在着决策者可供选择的两个以上可行方案（S_i）；

第三，存在着不以决策者主观意志为转移的两种以上的自然状态（N_j）；

第四，不同的可行方案在各种自然状态下的损益值Q_{ij}可以计算出来；

第五，能够预测各种自然状态发生的概率P_j（$1 \leqslant j \leqslant n$），且$P_1 + P_2 + \cdots + P_n = 1$。

根据以上五个条件，就可以构造一个风险型决策矩阵，如表6.3。风险型决策的基本原理即是以决策矩阵为基础，分别计算各个方案在不同自然状态下的损益期望值$E(S_i)$，并根据决策目标对这些期望值进行比较，从中选择一个合理方案。

风险型决策的评价方法也有很多，主要有最大可能法、期望值决策法、决策树法、矩阵决策法、贝叶斯决策法、马尔可夫决策法等。下面介绍几种常用的方法。

（1）决策表法

决策表法（如表6.2），就是以决策矩阵为基础，将每种可行方案的期望值求出来，然后根据目标的要求，比较其期望值的大小，选择最大收益期望值或最小损失期望值的行动方案为最优方案。

表6.2　　风险型决策矩阵

自然状态 / 方案	N_1	N_2	…	N_j	…	N_n	期望值 $E(S_i)$
	P_1	P_2	…	P_j	…	P_n	
S_1	Q_{11}	Q_{12}	…	S_{1j}	…	S_{1n}	$E(S_1)$
S_2	Q_{21}	S_{22}	…	S_{2j}	…	S_{2n}	$E(S_2)$
…	…	…	…	…	…	…	…
S_i	Q_{i1}	S_{i2}	…	S_{ij}	…	S_{in}	$E(S_i)$
…	…	…	…	…	…	…	…
S_m	Q_{m1}	S_{m2}	…	S_{mj}	…	S_{mn}	$E(S_m)$

［**例6.4**］某企业生产某种产品。已知该企业每月的产量可以是500个、1 000个、1 500个和2 000个。该产品每月生产每月销售，每销售一件盈利20元，每积压一件亏损10元。根据市场调查和历史记录已知这种产品每月的市场需求状况及发生的概率见表6.3。试问企业如何决策安排每月的生产量？

根据上述资料决策的步骤是：

①确定风险型决策的矩阵关系，绘制决策矩阵，见表6.3。

表6.3　　某企业决策矩阵

市场需求 N_j / 产量 S_i	0	500	1 000	1 500	2 000		期望值 $E(S_i)$
	0.1	0.3	0.4	0.1	0.1		
0	0	0	0	0	0	0	
500	-5 000	10 000	10 000	10 000	10 000	8 500	
1 000	-10 000	5 000	20 000	20 000	20 000	12 500	
1 500	-15 000	0	15 000	30 000	30 000	10 500	
2 000	-20 000	-5 000	10 000	25 000	40 000	7 000	

②计算不同方案在不同自然状态下的期望值。期望值计算公式：

$$E(S_j) = \sum P_j * Q_{ij} \quad (1 \leqslant i \leqslant 5;\ 1 \leqslant j \leqslant 5) \tag{6.8}$$

$E_1 = 0$ 元

$E_2 = -5\,000 \times 0.1 + 10\,000 \times 0.3 + 10\,000 \times 0.4 + 10\,000 \times 0.1$
$\quad + 10\,000 \times 0.1 = 8\,500$ 元

$E_3 = -10\,000 \times 0.1 + 5\,000 \times 0.3 + 20\,000 \times 0.4 + 20\,000 \times 0.1$

$+20\ 000\times0.1=12\ 500$ 元

$E_4=-15\ 000\times0.1+0\times0.3+15\ 000\times0.4+30\ 000\times0.1+30\ 000\times0.1$

$=10\ 500$ 元

$E_5=-20\ 000\times0.1-5\ 000\times0.3+10\ 000\times0.4+25\ 000\times0.1$

$+40\ 000\times0.1=7\ 000$ 元

③确定优选方案。在本例中，方案 3 的期望值最大，可作为最优方案，即每月生产 1 000 个产品时的最大期望值可达 12 500 元。

要指出的是，在期望值法下，各方案的期望利润都是将该方案在各种自然状态下的收益与损失加权平均的结果，它掩盖了偶然情况下的损失，所以有一定的风险。由于不同的决策者对待风险会持不同的态度和标准，在期望值法下进行决策，不同的决策者就有可能选择不同的方案。

（2）决策树法

决策树法是运用树状图形分析和选择决策的方法。决策树法的基本原理也是以决策矩阵为依据，具有层次清晰、计算简便等特点。

①决策树的构成。决策树的基本形状如图 6.2 所示：

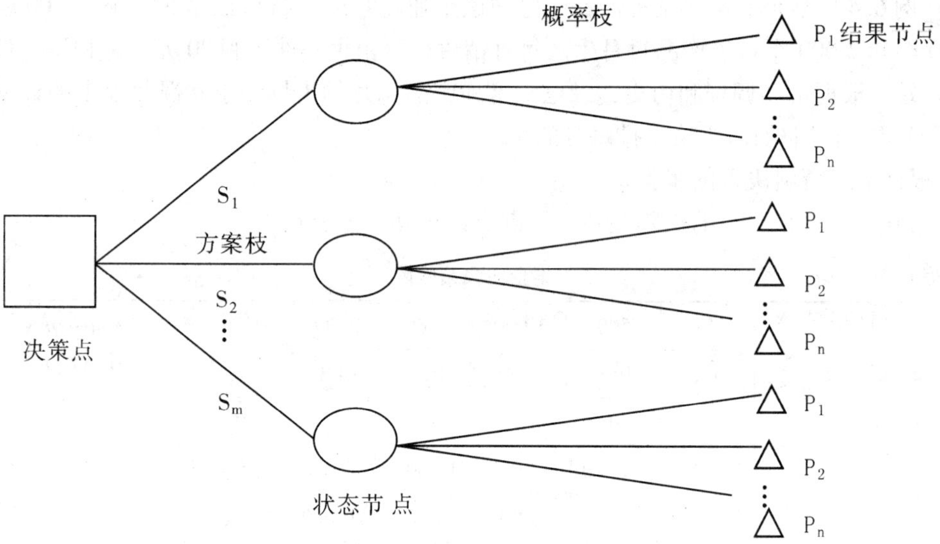

图 6.2　决策树模型

图 6.2 中，“□”表示决策点，是对几种可能方案选择的结果，即最后选择的最佳方案。如果所作的决策属于多级决策，则决策树图形的中间可以有多个决策点，以决策树“根”部的决策点为最终决策方案。由决策点引出方案枝 S_1、S_2、…、S_m，m 表示备选方案的数目。

“○”表示状态节点，代表备选方案的经济效果（期望值），通过对各状态节点经济效果的对比，按照一定的决策标准就可以选出最佳方案。

由状态节点引出的分支成为概率枝，概率枝的数目表示可能出现的自然状态数目，每个分支上要注明该状态出现的概率。通过对状态节点经济效果的对比，按照一定的决策标准就可以选出最佳方案。

"△"表示结果节点。将每个方案在各种自然状态下取得的损益值标注于结果节点的右端。

如果一个决策树，只在树的根部有一个决策点，称为单级决策。如果一个决策树，不但在树的根部有决策点，而且在树的中间也有决策点，称为多级决策。在多级决策中，下一级的决策点接在前一级决策点的状态点后的概率枝末端。下一级的决策点可引出新的方案枝、状态点、概率枝和结果节点。进行决策时，在状态节点计算期望值，在决策点比较各方案的期望值大小，按照一定的决策标准择优选择。

②决策树法的应用步骤。具体包括如下三个步骤：

第一步，根据可替代方案的数目和对未来市场状况的了解，绘出决策树图形。决策树的画法是从左至右分阶段展开的。画决策树时，首先分析决策点的起点、备选方案、各方案所面临的自然状态及其出现概率，还有各方案在不同自然状态下的损益值，然后按照决策树的绘制则要明确各阶段构成，并依次展开各阶段的方案枝、状态点、概率枝及结果节点。最后将决策点、状态点按自左向右顺序分别编号。

第二步，计算各方案的期望值。期望值的计算是沿决策树的反方向自右而左计算的，包括两个基本步骤。首先，计算各概率分枝的期望值，即用方案在各自然状态下的收益值去分别乘以各自然状态的概率；其次，将各概率分支的期望收益值相加，并将数字记在相应的自然状态点上。

第三步，方案选择。比较不同方案的期望收益值，从中选择收益最大或者损失最小的方案为最佳方案；同时，在决策树中剪去期望收益值较小或者损失较大的方案分支；最后，决策点上保留下来的一根方案枝即是最优实施方案。

如果是多阶段或多级决策，则需要在各阶段重复第二步、第三步的工作。

下面为单级决策的例子。

［**例** 6.5］某企业为生产某种新产品，设计了两个基建方案：新建一个车间或改造原有的生产线。建车间需投资 200 万元，改造生产线需投资 50 万元，两者的使用期都是 10 年。根据市场调查的资料预测，当前 3 年销路好的概率为 0.6 时，后 7 年销路好的概率可提高到 0.8；当前 3 年销路差的概率为 0.4 时，后 7 年的销路肯定差。两个方案的年度损益值如表 6.4。在此条件下，问企业应如何决策？

表 6.4　　**某企业备选决策方案的年度损益值**

自然状态 / 损益	销路好	销路差
	0.6	0.4
建车间	120	-10
改造生产线	60	30

第一步，绘制决策树，见图 6.3。

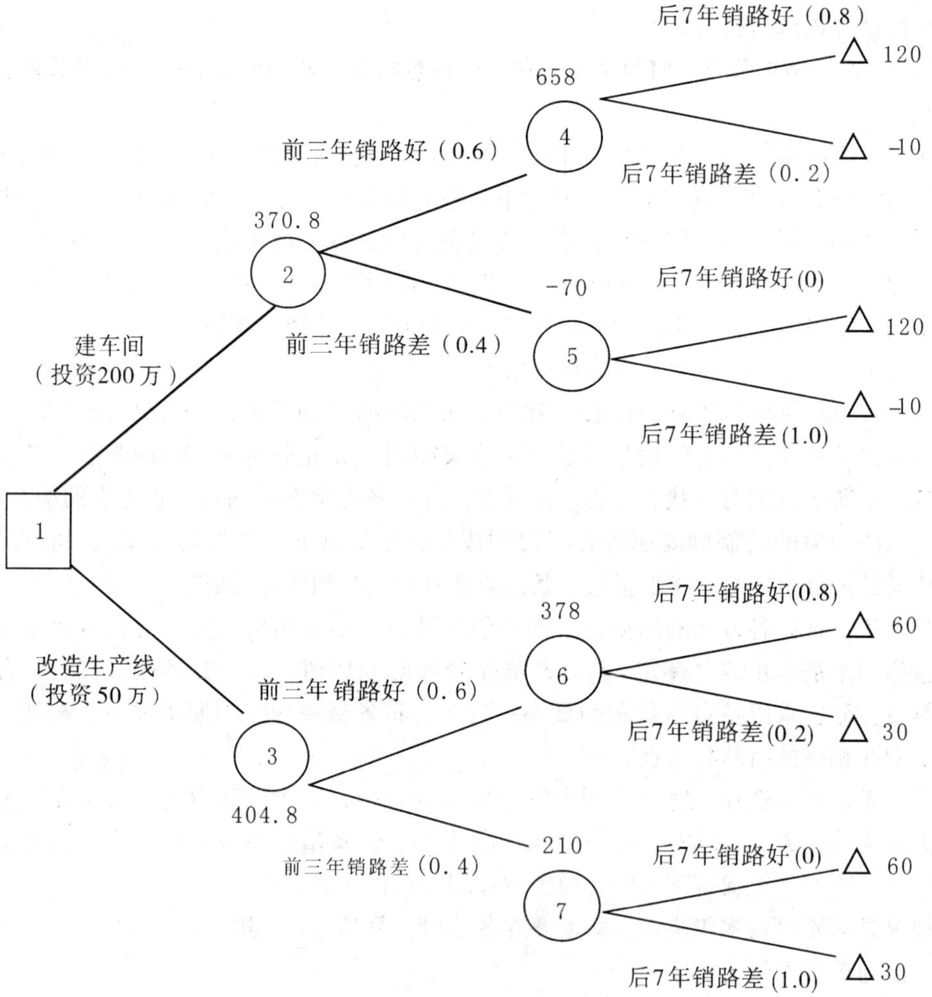

图6.3　某企业决策树

第二步，由右至左推算各点的损益期望值。先计算投资使用7年的损益期望值：

点④：120×0.8×7+（-10）×0.2×7=658万元

点⑤：120×0×7+（-10）×1.0×7=-70万元

点⑥：60×0.8×7+30×0.2×7=378万元

点⑦：60×0×7+30×1.0×7=210万元

结合投资使用7年的损益期望值及其出现的概率，计算投资使用3年的损益期望值及收回投资后的10年净收益：

点②：658×0.6+（-70）×0.4+120×0.6×3+（-10）×0.4×3-200=370.8万元

点③：378×0.6+210×0.4+60×0.6×3+30×0.4×3-50=404.8万元

第三步，方案选择。建车间的10年净收益值为370.8万元，改造生产线的10年净收益值为404.8万元。因此，改造生产线的方案为最佳方案。

3. 不确定型决策方法

如果决策者对提出的各种方案只能预测到可能出现的集中自然状态，但对这些自然状态出现的概率全然不知，此时决策就是不确定型的。

不确定型决策与风险型决策的主要区别在于：不确定型决策中，由于不知道自然状态的概率，不能进行期望值的计算，因而不能依据期望值的计算结果按照各种不同的标准进行决策。对不确定型问题的决策只能计算出各种方案在可能出现的集中自然状态下的收益值或损失值，并根据决策者主观来选择一些原则进行决策。在不确定型决策中，通常采用的方法有乐观原则决策法、悲观原则决策法、折中原则决策法、最小后悔值原则决策法、等概率原则决策法等。下面简要介绍几种方法：

（1）乐观原则

乐观原则是指决策者设想任何一个行动方案都是收益最大的自然状态发生，决策时总是基于最好的结果。此时，决策就可以首先找出各方案在各种自然状态下的最大收益值，然后进行比较，找出最好自然状态下能够带来最大收益的方案作为决策实施方案。这种决策原则的特点是表现了决策者的乐观态度，故称乐观原则，也叫“大中取大规则”或“最大收益值规则”。

应注意的是，该种决策方法带有较大的风险性，因此，决策者在运用时不能盲目乐观。

（2）悲观原则

与乐观原则相反，悲观原则是指决策者认为形势比较严峻，在未来发生的各种自然状态中，最坏状态出现的可能性较大，决策时总是基于最坏的结果。此时的决策即从各个行动方案的最小收益值中选取收益值最大的方案为决策方案，即在决策时首先计算和找出各方案在各自然状态下的最小收益值，然后进行比较，选出在最差自然状态下仍能带来“最大收益”的方案为实施方案。这种方法体现了决策者保守、悲观的态度，故称悲观法则，也叫“小中取大规则”或“最小收益值规则”。

悲观原则的决策法，适用于规模小、资金薄弱、经不起大的经济冲击的企业；或者决策者认为最坏状态发生的可能性很大，对好状态缺乏信心等情况。但是，也必须看到，这种决策原则常常引导人们丧失进取心，不愿冒风险。所以，使用这条原则时一定要慎重。

（3）最小后悔值原则

决策者在选定方案并组织实施后，如果遇到的自然状态表面采用另外的方案会取得更好的收益，企业在无形中就会遭受损失，决策者也将为此而感到后悔。这种后悔实际是一种机会损失，可以表现为由于市场上出现了高需求，而决策者采取了较保守的方案，或者市场上出现了低需求，而决策者采取了投资较大的方案所造成的收益差额。

最小后悔值原则就是一种力求使后悔值最小的原则。后悔值是指某方案在某一自然状态下所可能获得的损益值与同一自然状态下理想方案的最大收益值之差。

最小后悔值原则决策法一般适用于有一定基础的中小企业，或与实力相当的企业竞争时决策的情况，此时采用此法既可以稳定企业的竞争地位，又可使市场开拓机会的损失降到最低限度。

总体而言，定量决策方法有利于提高决策的准确性、时效性和可靠性，使决策者可以从大量繁杂的常规决策中解放出来；同时，有利于培养决策者严密的逻辑思维习惯，克服主管随意性。但是，定量决策法也有一定的局限性，在实际决策中，应当将定量决策方法与定性决策方法相结合，以取得更为理想的决策结果。

本章小结

决策就是为了事先拟定目标，提出解决问题和实现目标的各种可行方案，依据评定准则和标准，在多种备择方案中，选择一个方案分析、判断并实施的管理过程。管理者在决策过程中受到多种因素的影响，如信息、环境、决策者的素质、组织文化等。管理决策作为一个过程，分为六个步骤，从发现问题开始，到选择能解决问题的方案，最后结束于评价决策的效果。

按照不同的标准，组织中的决策可分为多种类型，如战略决策和战术决策，程序化决策和非程序化决策等。

现代决策技术发展了大量的决策方法，比较常用的决策方法有德尔菲法、决策树法、矩阵决策法等。

复习思考题

1. 管理决策的含义是什么？
2. 决策有什么特点？
3. 决策的影响因素有哪些？
4. 管理决策的程序分几个步骤？具体内容是什么？
5. 管理决策按不同的依据有哪些分类？
6. 决策的方法有哪些，请具体说明。

第七章 计划

·本章学习目标·

·理解计划的概念及作用
·了解计划的类型与程序
·了解基本计划技术的运用
·理解企业战略的概念与意义
·掌握企业战略分析的相关内容
·了解企业资源计划的意义及实施过程等相关内容
·理解目标管理的概念
·了解目标管理的过程

第一节 计划的概念与内容

一、计划的概念与内容

1. 计划的概念

计划是管理的一项职能，任何组织中的管理活动都离不开计划。古人运筹帷幄、未雨绸缪等指的就是计划。《礼记·中庸》中的“凡事预则立，不预则废”，其中的“预”就是计划的意思。

那么，究竟什么是计划呢?

在管理学发展的过程中，许多学者、专家以及管理学大师都对计划从不同的角度进行了阐释，在这里，我们不一一列举比较，只给出对于计划常见的定义。

计划有两种含义，一种是计划，另一种是计划工作。计划与计划工作两者是既有联系又有区别的概念。前者是后者的结果，是后者所包含的一系列活动完成之后产生的。计划工作又有狭义和广义之分。广义的计划工作包括制订计划、执行计划和检查计划；狭义的计划工作主要是制订计划，也就是根据其组织所处的外部环境和内部需要，通过科学预测，制定出未来一定的时期内组织将要达到的目标以及实现目标的方法。本章中提到的计划指的是狭义的计划工作。

2. 计划的内容

计划的主要内容可以概括为以下六个方面，这六个方面的内容可以简称为

“5W1H”。即:

(1) What: 做什么? 要明确计划的具体任务和要求，以确定一定时期的工作任务和工作重点。例如，企业生产计划的任务就是要确定生产什么产品，生产多少。

(2) Why: 为什么做? 要明确计划的宗旨、目标和战略，充分论证计划的必要性和可行性。通常情况下，对企业的宗旨、目标和战略认识得越清楚，就越有助于员工对计划的完成。

(3) When: 何时做? 要规定计划中各项工作开始和完成的时间以及进度，以便进行有效的控制，从而对组织的资源进行分配。

(4) Where: 何地做? 要规定计划的实施地点和场所，考虑计划实施的环境条件和限制因素，合理安排计划实施的空间组织和布局。

(5) Who: 谁去做? 要规定计划实施的主管部门或者是负责人。计划不仅要明确规定目标、任务、地点和进度，规定谁去做也是非常重要的。

(6) How: 怎样做? 制订计划实施的步骤，相应的政策、规则和程序，以使计划中涉及的各种资源得到有效利用。

二、计划的性质

1. 目的性

任何组织和个人制订计划都是为了有效地达到某种目标，而计划以及派生计划都旨在促使组织和个人的总目标和一定时期内目标的实现。计划使得这些目标变得具体化，通过计划的执行和完成，目标也会一步步地实现。如果一个组织缺乏计划，则它将处于一种漫无目的的状态，也就谈不上管理，跟不上发展。

2. 首位性

计划相对于其他管理职能处于首位。把计划放在首位的原因有两个方面。首先，从管理过程的角度来看，计划先于其他管理职能。同时，计划在时间顺序上处于计划、组织、领导、控制四大管理职能的始发位置，计划的影响贯穿于组织工作、人员配备工作、指导和领导工作的控制工作中，其他职能只有在计划确定了以后才能进行。也就是说，没有计划，其他工作无从谈起。图 7.1 概略地描述了这种相互关系。

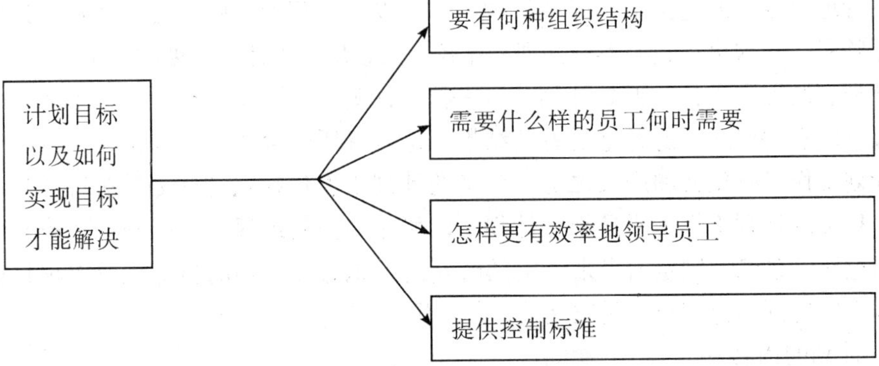

图 7.1　计划优先于其他管理职能

计划首位性的另一个原因在于，在某些场合下，计划可能是唯一需要完成的管理工作。因为计划可能得出一个否决的决策，从而无需进行下面的环节。比如对于一项新的投资计划，通过分析得出该计划不合算时，也就没有必要进行下面的工作了。

3. 普遍性

虽然计划的特点和范围由于管理层次不同而有所不同，但是所有的管理者都有制订计划的共同职能。所有的主管人员，不管是高层管理者还是基层管理者，计划都普遍存在于他们的工作职责中。不同的是，高层管理者更侧重于制订长期的、战略性的计划，而中、基层管理者更注重于制订短期的、操作性计划。因此，由于计划的普遍性，所有的管理人员都应该学会如何开展计划工作。

4. 效率性

计划的效率，是以实现组织的总目标和一定时期内的目标所得到的收益，扣除执行计划所支出的费用以及各种非预期的代价等因素后的总额来衡量的。如果一个计划能够达到目标，但在实现计划的过程中需要付出的代价太大，则这个计划的效率是很低的，因此不是一份好的计划。相反，如果一项计划是以合理的成本达到目标，则该计划是有效率的。需要注意的是，这里的代价不仅要考虑物质上的投入，例如时间、资金等，还要考虑一些非物质衡量的因素，比如员工满意度等一些主管因素。因此，只要能够收入大于支出，同时考虑各方面非经济因素的利益的计划才是完美的计划，才能真正体现出计划的效率。

5. 创新性

针对组织中出现的需要解决的新问题和可能发生的新变化、新机会，计划需要打破陈旧观念的束缚作出决定，因而它是一个创造性的管理过程。计划类似于新产品的设计，它是对管理活动的设计。因此，正如一个新产品的成功依赖于创新，成功的计划也依赖于创新。

三、计划的作用

随着生产技术的日新月异，生产力水平的不断提高，生产规模不断扩大，社会组织的活动时刻受到来自各方面的挑战与制约，因此，只有制订科学的计划才能使组织逐渐发展壮大。可以想象，没有良好计划的组织将是无序无效率的，因而也不会取得长远发展。可见，计划是组织不可或缺的一个环节。具体来说，计划的作用可以归纳为以下四个方面：

1. 指明方向，协调工作

对于组织中的任何一个人来说，计划在目标的指引下，为他们指明方向，使得组织全体成员有了明确的努力方向，并在未来不确定性和变化的环境中把注意力始终集中在既定目标上；同时，各部门可以以共同的目标为引航灯，齐心协力，减少内耗，降低成本，有序地展开活动，从而提高实现目标的效率。

2. 预测变化，降低风险

计划是面向未来的，未来常有无法准确预知的事情发生，会对计划产生冲击，因而未来具有一定的不确定性和风险性。面对未来的不可控因素，计划应着重于如何适应未来的不确定性。计划促使组织通过周密细致的预测，提出预案、多手准备，变被动为主动，变不利为有利，减少变化带来的冲击，从而降低组织的风险。

3. 减少浪费，提高效率

计划工作的一项重要任务就是要使未来的组织活动均衡发展。一个周密细致的计划，可以减少未来活动中的随意性，能够消除不必要的重复所带来的浪费，使得组织内各资源得到有效利用。同时，良好的计划还有助于在最短的时间内完成工作，减少迟滞和等待时间，减少务工损失，提高组织整体运行效率。

4. 提供标准，便于控制

组织目标的实现离不开有效的控制，而计划是控制的基础，控制中所有的标准都来自于计划。如果没有既定的目标和规划作为衡量的尺度，管理人员就无法检查目标的实现情况以及纠正偏差，也就无法实现控制。

四、计划的类型与程序

1. 计划的类型

计划的种类很多，可以按不同的标准进行划分。对计划进行适当的分类，有利于管理者在制订计划时把握要点，提高计划的有效性。

（1）按表现形式分类

哈罗德·孔茨（Hard Koontz）和海因·韦里克（Heinz Weihrich）从抽象到具体，按照不同的表现形式，将计划分为宗旨、目标、战略、政策、程序、规则、规划和预算八层体系。这几类计划的关系可描述为一个等级层次，如图 7.2 所示。

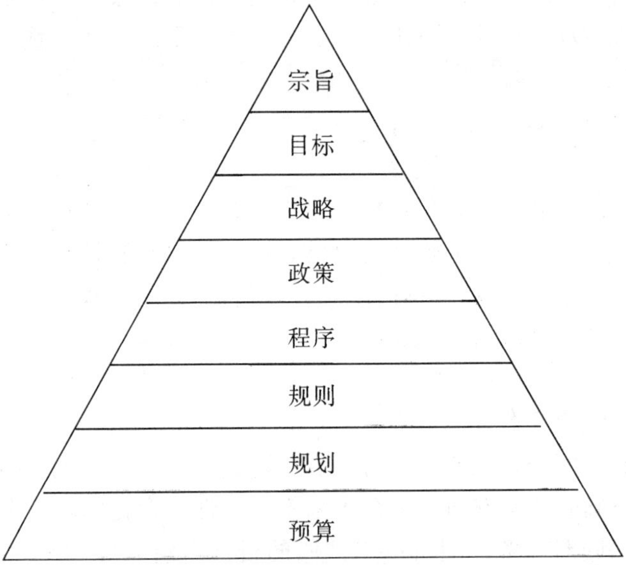

图 7.2　计划的层次体系

①宗旨（Purpose）。一个组织的宗旨可以看做它最根本的目标，它说明了这个组织是干什么的，应该干什么。它决定了组织的性质，是某一个组织区别于其他组织的标

志。例如，大学的宗旨就是培养对社会有用的人才；企业的宗旨就是为社会提供有价值的商品或劳务；医院的宗旨是治病救人。

②目标（Objective）。目标是组织宗旨的具体化，是指组织在未来一定时期内所要达到的预期成果。它具体规定了组织以及各个部门的经营管理活动在一定时期要达到的具体成果。换句话说，企业的宗旨规定了组织所要从事的事业，而组织的目标则具体地说明了组织从事这项事业的预期成果。例如，虽然培养人才是大学的宗旨，但是一所大学在宗旨的指导下，将会确立一定时期的目标，比如在三年以内要培养出多少毕业生，发表多少论文等。

③战略（Strategy）。战略是指为实现组织的目标在整体上所作的规划，包括发展方向、行动方针和资源分配方案等。它是指导全局和长远发展的总方针，不具体说明企业如何实现目标，而只指明组织发展的方向和重点以及资源分配的优先次序。比如企业的多元化发展战略、全球化经营战略等，这些战略为企业在长远的发展指明了方向。

④政策（Policy）。政策是组织在决策时或处理问题时用来指导和沟通思想与行动方针的文字性规定。它指明组织活动的方向和范围，鼓励什么和限制什么，以保证行动同方向一致。政策作为计划，有助于事先将一些问题的解决确定下来，避免重复分析，从而节约成本。但是，制定政策的目的不是要约束下级使之不敢擅自决策，而是鼓励下级在规定的范围内自由处置问题，这样有助于下级提高自信，发扬进取精神，努力干好工作。

⑤程序（Procedure）。程序也是一种计划，它规定了那些经常重复发生的例行问题的处理方法和步骤。它表现为一种优化了的计划，它通过对大量日常工作过程和工作方法的提炼和总结，使之逐渐规范化。一旦该项业务再次出现，执行人员只要按照以前编好的程序去解决问题就可以取得较好的效果。制定程序的目的在于减轻主管人员的决策负担，明确各个工作岗位的职责，提高组织的整体运作效率。可以说，管理的程序化水平是一个组织管理水平高低和管理质量好坏的重要标志，制订和贯彻各项管理工作的程序是组织的一项重要的基础性工作。

⑥规则（Rule）。规则是在具体场合和具体情况下采取或者不采取某种特定的行动的规定。它是一种最简单形式的计划。规则与政策的不同之处在于，前者在应用中没有自由处置权；而且规则也不规定时间顺序。

⑦规划（Programme）。规划是一个组织比较全面的长远发展计划，包括目标、政策、程序、规则、任务分配、行动步骤、使用的资源等，其重点在于划分总目标实现的进度。组织的规划是粗线条的、纲要性的计划。它可大可小，大到为实现国家社会经济发展的远景规划，例如我们国家的“十一五”规划，小到个人发展所制定的个人规划。

⑧预算（Budget）。预算是用数字表示的预期结果，是“数字化”的报表。它既可以用货币表示，也可以用诸如工时、机时、产品单位或任何用数字表示的其他指标来表示。同时，预算也是检查计划、实现控制的重要手段。

（2）按时间期限分类

按计划的时间期限分类可以分为长期计划、中期计划和短期计划。

长期计划多是五年以上，短期计划多是一年以下，中期计划则处于两者之间。通常，长期计划规定了组织在较长时间内的发展方向和方针，为组织绘制了长期发展的蓝图；中期计划是根据组织的长期计划提出的战略目标和要求，是长期计划的具体化，具有衔接长期计划和短期计划的作用；短期计划是对长、中期计划的具体和落实，短期计划不但有目标，而且具体地规定了应该从事何种活动，从事该种活动应达到何种要求，为组织在短期内的行动提供了依据。需要说明的是，长、中、短期计划只是一个相对概念，没有明确的时间期限的规定。

（3）按计划的制订者分类

按计划的制订者可以将计划分为战略计划、战术计划和作业计划。

战略计划一般是由高层管理者制订的，是组织在未来一段时期内发展的总目标和寻求组织在环境中的地位的计划。战略计划的特点是长期性、复杂性、指导性。

战术计划一般是由中层管理者制订的，属于局部性、阶段性的计划，它将战略计划中广泛性的目标和政策，转变为确定的目标和政策。

作业计划一般是由基层管理者制订的，它是规定总体目标如何实现的细节的计划。作业计划通常具有个体性、可重复性和较大的刚性，一般情况下是必须执行的命令性计划。

（4）按计划的明确性分类

按计划的明确性可以将计划分为指导性计划和具体性计划。

指导性计划一般只规定一些重大方针，指出重点但不把管理者限定在具体的目标或者特定的行动方案上。这种管理可为组织指明方向，但并不提供实际的操作指南。具体性计划与指导性计划相反，它明确规定了目标，并提供了整套具体的行动步骤和方法。相比而言，指导性计划具有灵活性，但是具体性计划的执行则具有强制性。

（5）按职能分类

按组织职能可以将计划分为业务计划、财务计划和人事计划。

组织是通过从事一定经济活动立身于社会，经常提到的“人、财、物、供、产、销”六个字就是用来描述一个企业所需的要素和企业的主要活动的。在这其中，“物、产、供、销”就涉及业务计划的内容，而财务计划当然涉及的是“财”，“人”指的就是人事计划。业务计划是组织的主要计划，它又分为长期业务计划和短期业务计划，长期业务计划主要涉及业务方面的调整或业务规模的发展，短期业务计划则主要涉及业务活动的具体安排。而财务计划和人事计划都是为业务计划服务的，也是围绕着业务计划展开的。

2. 计划的程序

计划虽然可以按不同的标准划分为很多不同的类型，但是对于管理人员来说，制订计划的工作步骤都是相似的。即使是编制一些简单的计划，也应该按照以下几个步骤来完成，以保证计划工作的质量。如图 7.3 所示。

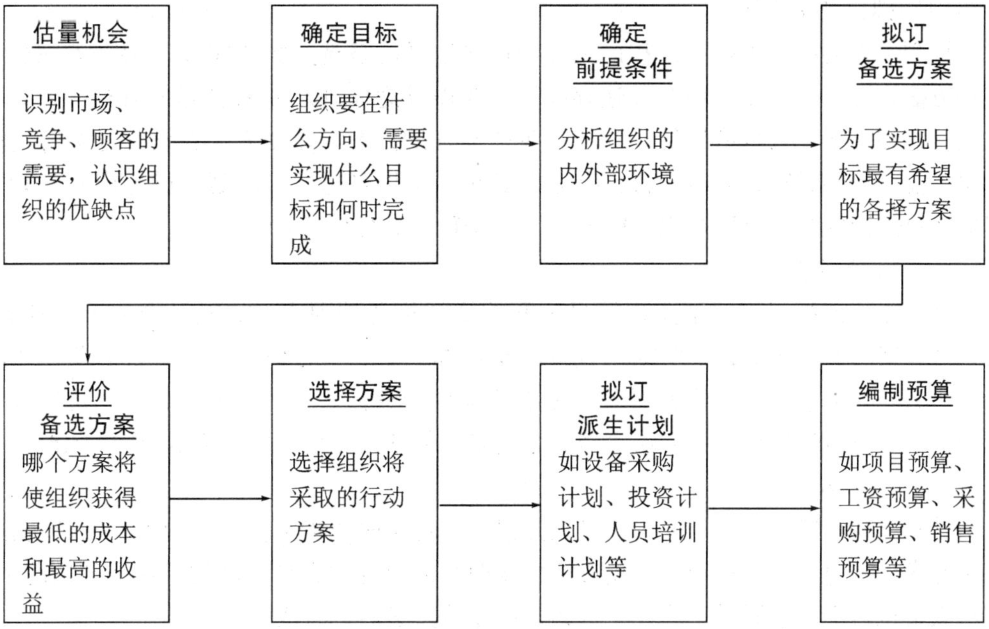

图 7.3　计划的程序

（1）估量机会

对机会的估量，要在实际的计划工作开始之前就着手进行，它虽然不是计划的一个组成部分，但却是计划工作的一个真正起点。其内容包括：广泛收集资料，对未来可能出现变化和预示的机会和威胁进行初步分析；分析组织自身的现实条件，了解自身的长处和短处以确定自身能力所在；列举主要的不肯定因素，分析其发生的可能性和影响程度；详尽分析仔细考量以后，下定决心，扬长避短。

（2）确定目标

在估量机会的基础上，计划的第一个步骤是要为整个计划确立目标，并将这个目标在时间和空间上进行分解。在这一步上，组织要明确所要做的工作内容和工作重点是什么，并清楚计划工作的策略、政策、程序、规则、预算和方案等所要完成的是些什么任务。

（3）确定前提条件

由于计划是面向未来的，而未来组织的内部条件或者是外部条件都充满了不确定性，计划工作的目标和实现目标的具体方案是否可行，在很大程度上取决于计划人员对于未来组织内外部环境及其发展情况的估计。因此，确定前提条件是计划工作的第二步，也是其重要内容，计划人员的估计对未来的估计越准确，组织目标实现的可能性越大。但是未来如此复杂多变，要对一个计划的未来环境的所有细节都作出假设是不符合实际的。因此，只能对一些对计划来说非常关键的主要因素作出预测判断，而且在这些因素中，要善于区分哪些是可控因素，哪些是不可控因素。一般来说，存在的不可控因素越多，预测工作的难度越大。

（4）拟订备选方案

计划工作的第三步是调查和设想各种可供选择的备选方案。完成一项任务往往有多种方法，即每一项任务均有异途存在，这叫做异途原理。如果看起来只有一种行动方案，这种方案往往是错误的。为了避免遗漏好的方案，计划人员在设计方案时应该集思广益、开拓思路、大胆创新。但是方案并不是越多越好，计划人员还应对计划方案的数目加以限制，以便把主要精力集中在最有希望的方案上面。

（5）评价备选方案

计划工作的第四步就是要根据目标和前提衡量各种因素，比较各个方案的利弊，对各个方案进行评价。评价实质上是一种价值判断。它一方面取决于评价者所采用的标准，另一方面取决于评价者对各个标准所采用的权数。在评价方法方面，可以采用运筹法、数学方法和计算机方法等新的方法来评估备选方案，从中选出最佳方案。

（6）选择方案

计划工作的第五步就是要选择最佳方案。这是在前四步工作的基础上作出的选择。如果在评价的过程中，评价者发现有两个或两个以上的方案是可取的，在这种情况下，管理人员也许会决定同时采取几个方案，以保持方案的灵活性。

（7）拟订派生计划

计划工作的第六步是拟定派生计划。派生计划就是总计划下的分计划和行动计划。总计划要靠派生计划来保证，派生计划是总计划的基础。

（8）编制预算

计划的最后一步就是要将其转化为预算，使之数字化。预算实质上是资源的分配计划。通过编制预算，可以达到两个目的：第一，只有将各种资源数字化以后才能汇总和平衡各类计划，分配好各类资源；第二，预算本身也可以成为衡量计划是否完成的标准。

第二节　基本计划技术

一、运筹学方法

运筹学方法起源于20世纪初叶的科学管理运动，20世纪50年代和60年代是运筹学研究和应用的鼎盛时期。它包括线性规划、非线性规划、动态规划、整体规划、图论、排队论、对策论、模拟等一系列重要分支。随着计算机技术的发展和计算机的普及，运筹学方法得到了越来越广泛的应用和发展。

运筹学方法是计划工作最全面的分析方法之一，它是“管理科学”理论的基础。它是用来研究在物质条件（人、财、物）已定的情况下，为了达到一定的目的，如何统筹兼顾整个活动所有各个环节之间的关系，为选择一个最好的方案提供数量上的依据，以便能为最经济、最有效地对人、财、物作出综合性的合理安排，取得最好的效果。

在计划工作应用运筹学的一般程序，包括以下主要步骤：

（1）建立数学模型。根据所研究的问题的范围进行界定，事先作出各种假设，确定描述问题的主要变量和问题的约束条件；然后根据问题的性质确定属于哪一类运筹学问题，选择了适当的运筹学方法以后，就可以将问题描述为一定的数学模型。

（2）确定目标函数。根据模型中变量和结果的关系，作出对各种行动方案进行比较的尺度。

（3）确定参照数。确定目标函数中各参数的具体值。

（4）求解模型。找出使目标函数值达到最大或最小的最优解，从而得到模型的最优解，也就是问题的最佳解决方案。

二、甘特图法

甘特图（Gantt Chart）是对简单项目进行计划与排序的一种常用工具，最早由美国工程师和社会学家亨利·甘特于1917年提出，又称条线图或横道图。甘特图是一种线条图，横轴表示时间，纵轴表示是要安排的活动，线条表示在整个期间内计划和实际任务完成情况。甘特图直观地表明计划任务的起始时间以及实际进度与计划要求的对比。它的优点是形象、直观、简明，对控制计划进度、改进管理工作有很大帮助。

如图7.4，我们用一个图书出版的例子来说明甘特图。不难看出，在本例中，除了印刷校样以外，其他活动都是按计划进行的。

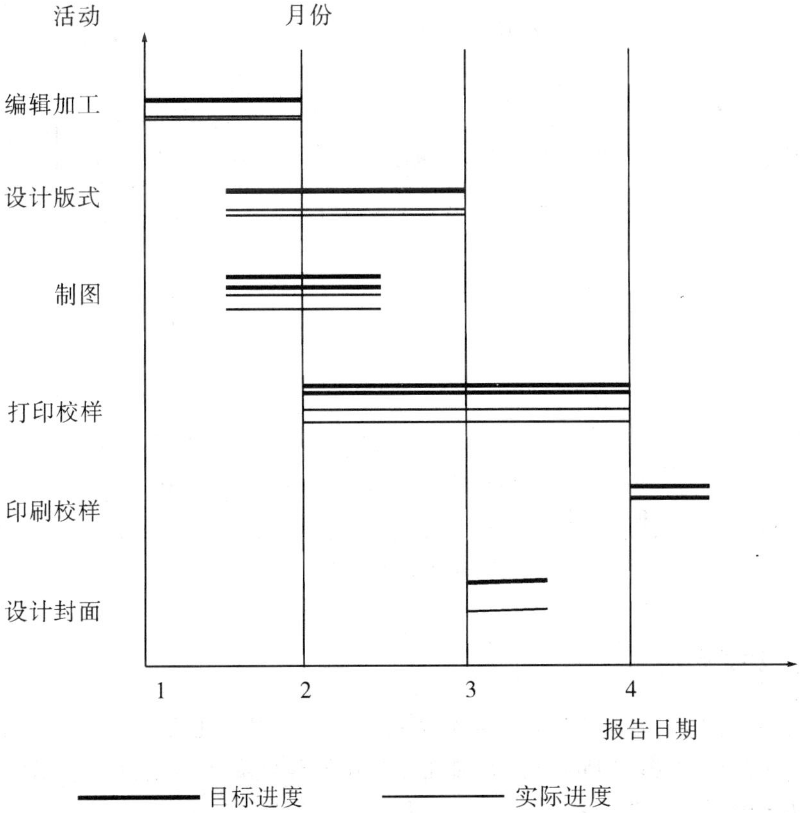

图7.4 甘特图实例

三、滚动计划法

滚动计划法是一种定期修订未来计划的方法。这种方法根据计划的执行情况和环境变化情况定期修订未来的计划，并逐期向前推移，使短期计划、中期计划和长期计划有机地衔接起来。其编制方法是：采用远粗近细的方法制订计划。在已编制出的计划的基础上，每经过一段固定的时期（例如一年，这段固定的时期被称为滚动期）便根据变化了的环境条件和计划的实际执行情况，从确保实现计划目标出发对原计划进行调整，此后便根据同样的原则逐期滚动。

滚动计划法具有适当性、灵活性，又保持了计划的严肃性、连续性，在计算机广泛应用的今天，这种方法相对来说缩减了计划时期，增加了计划的准确性，使计划更加符合实际，更好地保证计划的指导作用。

如图 7.5 所示，滚动计划法适用于任何类型的计划。

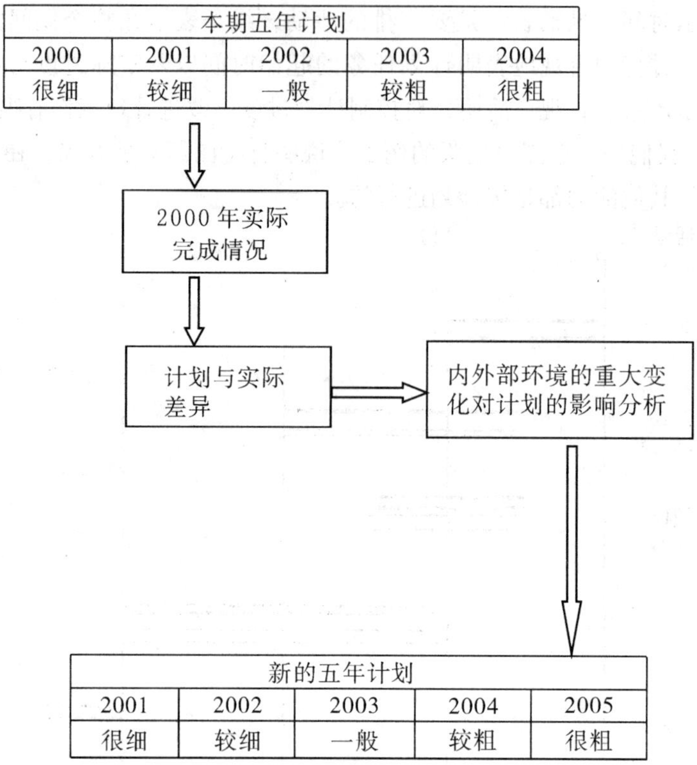

图 7.5　五年期滚动计划

四、网络计划技术

20 世纪 50 年代，为了适应科学研究和新的生产组织管理的需要，国外陆续出现了一些计划管理的新方法。1956 年，美国杜邦公司研究创立了网络计划技术的关键路线法（缩写为 CPM)。1958 年初，这一方法被用于一所价值 1 000 万美元的新化工厂的建设，使整个工程的工期缩短4个月。[①]

1958年，美国海军特种计划局和洛克希德航空公司在规划和研究在核潜艇上发射"北极星"导弹的计划时首先提出了"计划评审方法"（缩写为PERT），这一方法的使用，使计划运用了一个7 000人的中心实验室，把120所大学，2万多个企业，42万人组织在一起，耗资400亿美元。1969年，人类的足迹第一次踏上了月球，计划评审方法声誉大振。

关键路线法与计划评审方法是最早的网络计划技术，随后，网络计划技术风靡全球。网络计划技术最初是作为大规模开发研究项目的计划、管理方法而被开发出来的，但现在已应用到世界军用、民用等各方面大大小小的项目中。

我国对网络计划技术的推广与应用也较早，1965年著名数学家华罗庚教授首先在我国推广和应用了这种新的计划管理方法，他把这种网络计划技术称为"统筹法"。

该方法的基本原理是，把一项工作或项目分为各种作业，通过网络图把这些作业按照时间顺序进行排列，利用网络图对整个工作或项目进行统筹规划和控制，以便用最短的时间和最少的人力、物力、财力资源完成既定的项目。

在这其中，网络图是网络计划技术的基础。如图7.6所示，就是一个简单的网络图。

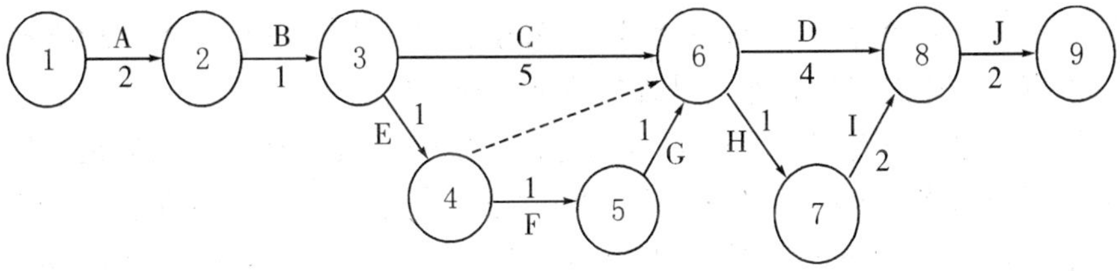

图7.6 网络图

网络图是由以下部分组成的：

（1）"○"表示事件，是一项活动的开始和结束，事件本身不消耗资源和时间。

（2）"→"表示活动，是从一个事件到另一个事件的过程，需要消耗人力、物力和时间。途中箭头下的数字便是完成这项工作所需的时间。此外，"---->"是虚活动，即不存在的虚设活动，它只是用来表示活动之间的相互依存和相互制约的逻辑关系，但该活动不消耗资源，也不占用时间。

（3）线路和关键线路。线路是指网络图中从始点事件出发，沿箭头方法连续不断到达终点事件所经过的路径。关键路线是各路线中花费时间最长的一条或几条路线，关键路线的长度决定了完成计划所需要的时间，关键路线上的各项活动的完成时间的推迟将直接导致整个任务计划完成的推迟。因此，确定关键路线，以合理安排各种资源，对于整个任务计划的按时完成有重要的意义。

---

① 冯国珍，王云玺．管理学［M］．上海：复旦大学出版社，2006.

第三节 企业战略

一、企业战略的概念与意义

1. 企业战略的概念

在第一节中，我们提到战略，是指为实现组织的目标在整体上所做的规划，包括发展方向、行动方针和资源分配方案等。它是指导全局和长远发展的总方针，不具体说明企业如何实现目标，而只指明组织发展的方向和重点以及资源分配的优先次序。

其实，“战略”一词来源于军事领域。在西方，“strategy”一词来源于希腊语“strategos”，意为将军、地方行政长官。在中国，战略一词最早可以追溯到春秋时期孙武的《孙子兵法》。

1938年，社会学派代表人物美国的巴纳德在《经理人员的职能》一书中提到“战略”这一构思。1960年，美国哈佛大学商学院的教授安德鲁斯认为，企业战略是一种决策方式，决定和揭示企业的目的和目标，提出实现目的的重大方针与计划，确定企业所应从事的经营业务等。[①] 1965年美国著名学者安索夫出版的《企业战略论》被认为是第一本有关企业战略的著作，是现代战略管理理论的研究起点。

关于战略，很多学者都从不同的角度进行了定义，最具有代表性的是美国管理学大师亨利·明茨伯格提出的“5P战略”。20世纪80年代以后，明茨伯格归纳总结了战略的五个定义：计划（Plan）、计谋（Ploy）、模式（Pattern）、定位（Position）和期望（Perspective）。

正如前面第一节说过的，战略是一种计划，这里不再赘述。

战略是一种计谋，是要在竞争中赢得竞争对手，对竞争对手构成威胁。

战略是一种模式，即战略体现为企业一系列的具体行动和现实结果，而不仅是行动前的计划或手段。也就是说，无论企业的战略是否在事先已经制定，只要有具体的经营行为，就有事实上的战略。

战略是一种定位，涉及企业如何适应所处环境的问题。战略是一个组织在其所处环境中的位置，对企业而言就是要确定自己在市场中的位置。把战略看成一种定位就是要通过正确地配置企业资源，形成有力的竞争优势。

战略是一种观念，是指战略表达了企业对客观世界固有的认知方式。

上述五个定义反映了从不同角度对战略的解释和认识。总的来说，企业战略一般是指企业为了保持持久竞争力，谋求长期生存与发展，在对企业所处的外部环境和内部环境进行分析的基础上作出的有关全局性、长远性重大问题的谋划。

2. 企业战略的特征

从上面的定义可以知道，战略具有以下特征：

---

① 冯国珍，王云玺．管理学［M］．上海：复旦大学出版社，2006.

（1）全局性。这是战略最根本的特征。它是指企业通过对外部环境的分析，结合自身资源，从企业全局的角度来确定企业的总目标，规定企业的总体行动。

（2）长远性。这个特征强调战略的着眼点是企业的未来而不是现在，也就是为了谋求企业的长远利益而不是眼前利益。

（3）纲领性。指的是企业战略明确了企业战略目标和发展方向，作为一种原则性和概括性的规定，是对企业未来的一种粗线条设计。它强调对未来的总体谋划，而不拘泥于细节。

（4）竞争性。这是指战略是使企业在竞争中赢得对手，迎接各种挑战的整套行动方案。

（5）风险性。由于未来的不确定性，而作为企业未来谋划的战略则必然具有一定的风险。

二、企业的战略分析

企业战略的制定要建立在完善的战略分析的基础上，通过战略分析，可以清楚地认识企业的内外部环境，为制定适合企业发展的战略打下坚实的基础。

1. 战略分析——外部环境

企业外部环境是指在企业外部对企业经营活动和发展产生影响的各种客观因素。企业外部环境分析可以分为一般环境分析和行业环境分析，如图 7.6 所示。

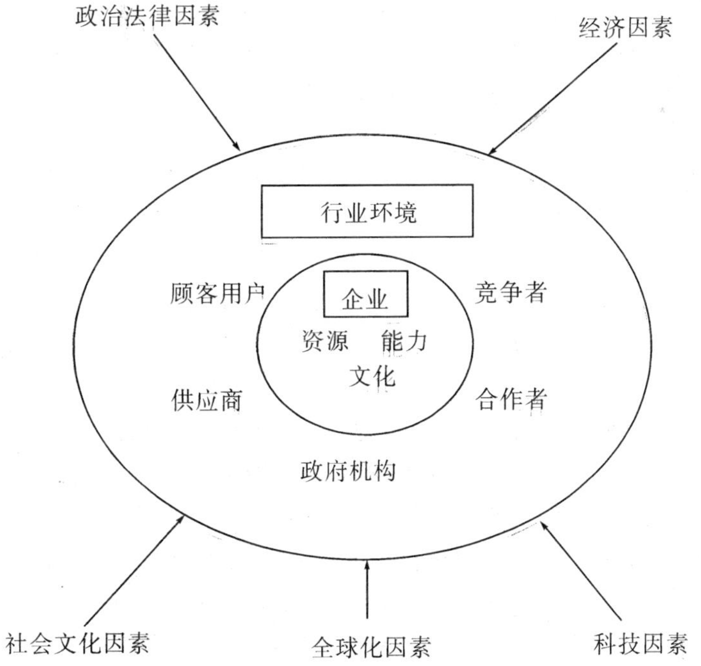

图 7.6 企业战略环境分类①

（1）一般环境分析。一般环境分析又简称为 PESTG 分析，即政治法律环境因素、

① 王德中. 企业战略管理［M］. 成都：西南财经大学出版社，2002.

经济因素、科技因素、社会文化因素和全球化因素。这些在第三章中都已经详细讲解过，这里就不再赘述。

（2）行业环境分析。行业环境是对企业产生直接影响的环境因素。行业环境分析的主要内容是分析本行业中企业的竞争局面以及本行业和其他行业的关系。

针对行业环境分析，迈克尔·波特提出了最具有影响力的战略分析模型——五力模型，用以确定企业在行业中的竞争优势。这五力分别为：潜在进入者的威胁、现有企业间的竞争、购买者的议价能力、替代产品的威胁和供应商的议价能力。

①潜在进入者的威胁。一般来说，新进入者进入某一行业的原因在于该行业的利润大于正常利润，所以使得行业以外的人有进入该行业的动机。此外，只要该行业的利润大于正常利润，新进入者就一直想要进入该行业，直到该行业的利润等于正常利润。但是，并不是新进入者想进入该行业就可以随便进入，这里取决于该行业的进入门槛的高低以及原有企业的反击程度。该行业进入门槛越高，比如说存在规模效应或者是政府政策限制等，则新进入者进入的难度越大；原有企业的反击越激烈，潜在进入者也越难以进入该行业。

②现有企业间的竞争。一个行业中企业之间的竞争是最直接、最激烈的竞争。通常一个企业的某种行为可能导致另一个竞争对手采取相应的行为。通常，现有企业间竞争比较激烈的情况发生在：a. 该行业内已有企业数目较多，而且企业之间相差不大；b. 行业增长率。如果行业的市场增长慢，而又有新进入者进入行业，则新进入者需要从原有企业那里争取市场份额，从而使得竞争变得激烈；c. 企业固定成本和库存成本越高，则企业越想尽快将存货变现，从而会使得竞争更加激烈；d. 产品的转换成本小；e. 行业退出壁垒高。

③购买者的议价能力。购买者是指该行业的客户或客户群，他们通常希望以最低的成本购买产品，因此他们可能会要求降低产品价格，提高产品质量和获得更多服务，其结果有可能是使得行业竞争更加激烈，导致行业利润下降。一般情况下，购买者具有较强议价能力的因素有：a. 购买者数量少，购买量大；b. 购买产品是标准化的产品；c. 购买方要买的产品占买方成本的很大部分；d. 购买方后向一体化的威胁大，而供应方前向一体化的困难大等。

④替代产品的威胁。替代产品往往是新技术或者是社会发展新需求的产物。购买商所面临的替代产品越多，其议价能力就越强。购买者选择购买替代产品的主要原因涉及转移成本、顾客忠诚度以及替代产品的价格。

⑤供应商的议价能力。生产商与供应商的关系同生产商与顾客之间的关系本质上是相同的，只是关系刚好相反。供应商的议价能力越强，对生产企业的威胁就越大。供应商所在行业的市场条件和所提供产品的重要性决定了供应商力量的强弱。在现实中有很多因素会提高供应商的议价能力，包括市场上没有替代品；供应商产品具有高度的差异化，且转换成本很高；供应商的产品对于客户很重要，相反，企业的采购量相对于供应商的产量。

2. 战略分析——内部分析

（1）企业资源与能力

①企业资源。企业资源是指企业可以利用的各种因素，包括各种有形资源和无形资源等。对于企业资源的分析有助于企业了解其资源状态以及在资源上凸显的优势和劣势，从而确定在现有资源的条件下能够做什么。

企业的有形资源包括物质资源和财务资源。物质资源就是企业的厂房、土地、机器设备、原材料等，财务资源是企业可以用来投资或生产的资金，包括应收账款、有价证券等。

企业的无形资源包括品牌、商誉、专利、商标等。相对于有形资源，无形资源很难精确度量，但由于无形资源是竞争对手难以模仿与了解的，所以无形资源是企业非常重要的资源。

②企业能力。企业能力是企业配置和利用企业资源的能力。它主要由研发能力、生产管理能力、营销能力、财务能力和组织管理能力等。

通常，资源通过能力来实现其价值增值，而能力则是通过使用资源为顾客提供价值并得到顾客认可才得以表现。如表 7.1 所示资源和能力的关系。

表 7.1　　资源与能力的关系

资源与能力概念	资源：外显、静态、有形的客观使役对象
	能力：潜在、动态、无形的主观能动条件
资源与能力的关系	当能力必须依附于特定资源才能发挥作用时，人就会丧失自我，变成资源的附庸和奴隶
	当能力几乎不需要任何资源就能充分发挥作用时，人就能找到自我，变成独立于资源的生命主体
	当人是资源的附庸和奴隶时，拥有资源的企业才能持续发展；当人成为独立于资源的生命主体时，留得住人的企业才能长期发展。

资料来源：项保华．战略管理——艺术与实务．北京：华夏出版社，2001.

企业能力可以分为组织能力和个人能力两部分，详见表 7.2 所示。

表 7.2　　能力的分类

能　力	内　涵
个人能力	专业技术能力 管理能力 人际网络
组织能力	业务运作能力 技术创新与商业化能力 组织文化 组织记忆与学习

资料来源：吴思华．策略九——策略思考的本质．上海：复旦大学出版社，2002.

（2）企业核心竞争力。普拉哈拉德（C. K. Prahalad）和哈默尔（G. Hamel）两位学者通过多年的潜心研究，于 1990 年提出“核心竞争力”（Core Competence）的概念。他们指出，核心竞争力“是组织中的积累性学识，特别是关于如何协调不同的生产技能和有机整合多种技术流的学识”。[①]

核心竞争力通常涉及三个问题：对顾客是否有价值？与竞争对手相比是否有优势？它是否很难被模仿或复制？只有在这三个问题同时得到满足时，此价值就会使得企业在市场上脱颖而出。总的来说，企业只有拥有不易模仿的、稀缺的、不可代替和持久的资源，才能形成自己的核心竞争力，从而使得基业长青。

（3）企业价值链。迈克尔·波特（1985）在其《竞争优势》一书中提出了“价值链”的概念并对其进行了深入的研究。波特认为，企业的每项生产经营活动都是其创造价值的活动，这样，企业所有不同且相互关联的生产经营活动便构成了创造价值的动态过程，即价值链，见图7.7。

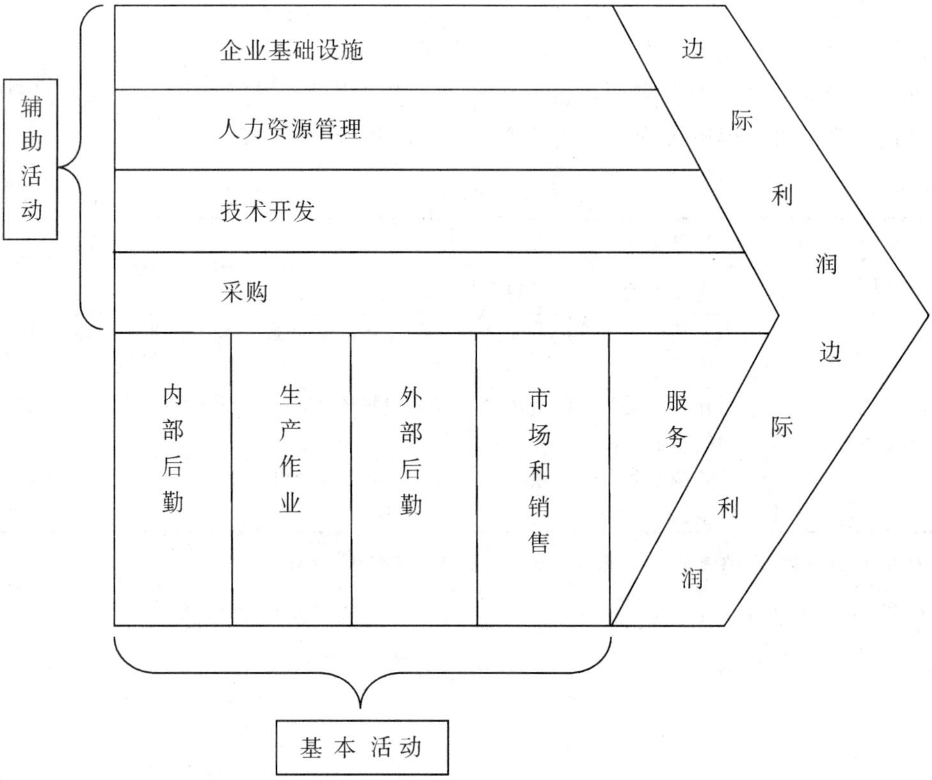

图7.7　价值链：基本活动与辅助活动

资料来源：波特．竞争优势．陈小悦，译．北京：华夏出版社，1997.

如上图中可以看到，企业的经营活动可以分为基本活动和辅助活动，基本活动分为内部后勤、生产作业、外部后勤、市场和销售以及服务，而辅助活动分为企业基本设施、人力资源管理、技术开发和采购等。波特认为，企业应当按照成本最小化或者产品差异化的战略来分配资源，这是能为企业带来竞争性优势和超常利润的一般性战略。因此，价值链的分析对于企业相当重要，而价值链分析的重点在于价值活动分析。

① C. K. Prahalad, G. Hamel. The core competence of the corporation [J]. Academy of Management Executive, 9 (4), 1995.

企业应该通过价值活动分析找到为企业贡献最多增加值的活动，并且规划相应的战略进行改善。

3. SWOT 分析

经过以上对企业外部环境和内部环境的分析，可以对企业的当前状况进行整体分析，这种分析经常用到的模型就是 SWOT 分析，也就是“优势—劣势—机会—威胁”矩阵分析法。SWOT 矩阵分析法是综合考虑了企业所面临的外部环境和内部资源能力以后，将企业内部环境的优势（strengths）与劣势（weakness）、外部环境的机会（opportunities）与威胁（threats）同列在一张“十”字形图表中加以对照。简单的 SWOT 分析矩形如图 7. 8 所示。

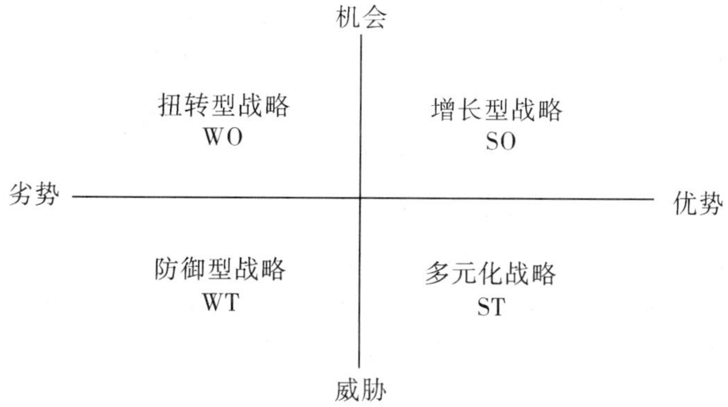

图 7. 8　SWOT 矩阵分析图

如图，在右上角定位的企业，具有较好的优势以及比较多的机会，应该采用增长型战略；而右下角的多元化战略适用于具有一定的内部优势，但外部环境存在威胁的企业；左下角的防御型战略经常被那些外部环境中面临威胁，而本身存在劣势的企业所应用；应用左上角的扭转型战略的企业通常具有丰富的机会和内部存在劣势的特点。

当然，SWOT 分析法不是仅仅列出四项清单，最重要的是通过评价公司的强势、弱势、机会、威胁，最终得出以下结论：

（1）在公司现有的内外部环境下，如何最优地运用自己的资源；

（2）如何建立公司的未来资源。

三、企业的战略层次

一般来说，一个企业的战略可以划分为三个层次：公司层战略、事业层战略、职能层战略。

1. 公司层战略

公司战略又称企业的总体战略，是企业最高层管理者为企业的发展制定的最高行动纲领。总体战略的制定是在企业总体目标的基础上对企业未来发展方向作出的长远性、总体性的谋划。企业的公司战略可以分为三种类型：成长型战略、稳定型战略和收缩型战略。

（1）成长型战略。从企业的发展来看，任何企业都经历着从小到大的发展过程，因此，成长型战略也是通常最常用的战略类型。成长型战略是指以发展壮大企业为基本导向，通过开发新产品、新市场、新工艺等途径扩大企业产销规模，提高企业的市场占有率和竞争地位。在成长型战略中，又分为一体化战略、密集型战略和多元化战略。

（2）稳定型战略。稳定型战略又称为防御型战略、维持型战略，是指在企业的战略规划期内使企业的资源分配和经营状况保持现有状况。稳定型战略主要依据于前期成功的战略，它坚持前期战略对产品是市场的选择，有利于降低企业实施新战略的经营风险，减少资源重新配置的成本，有助于防止企业过快的发展。稳定型战略又可以分为暂停战略、无变战略和维持利润战略等三种。

（3）收缩型战略。收缩型战略也称撤退型战略，是指企业缩小当前的经营规模。与稳定型战略和成长型战略相比，收缩型战略是一种消极的发展战略。通常，企业采取该战略是因为当前经营恶化以至于销售额下降甚至出现亏损，从而采取的收缩措施。这种战略只是短期的，其根本目的为了帮助企业渡过危机保存实力以等待有利机会。收缩型战略又分为三类，分别是扭转战略、剥离战略和清算战略。

2. 事业层战略

事业层战略，也称竞争战略，是在总体性的公司战略指导下，对于一个给定的业务或者行业制定的区分自己与竞争对手业务的战略，包括成本领先战略、差异化战略和集中化战略。

（1）成本领先战略。成本领先战略是指企业通过在内部加强成本控制，以低廉的价格来占领市场，从而取得竞争优势的战略。通过低成本生产，制造商在价格上可以与行业中的任一制造商竞争，并赚取更多的单位利润。一般来说，企业获得成本优势的方法有高效率的运作、技术创新、规模经济、低人工成本及优惠的原材料供应等。

（2）差异化战略。差异化战略是指企业向顾客提供的产品或服务与其他竞争者相比独具一格、富有特色，从而使得企业建立胜过竞争对手的战略。这种差异性可能来自于设计、品牌形象、技术、性能等各个方面。成功的差异化战略将会吸引品牌忠诚度高但对价格不敏感的顾客，例如，以技术领先的索尼公司，以造型漂亮时尚领先的苹果系列数码产品，以工程设计和性能卓越区别于其他同类产品的奔驰汽车等。

（3）集中化战略。集中化战略是指在企业详细分析外部环境和内部环境以后，选定某一特定购买群体、产品细分市场或区域市场，把自己的生产和经营集中在该领域进行，以建立企业的市场地位。采用集中化战略的企业，多半是由于自身资源和能力有限，因此将资源和能力集中于目标细分市场，实现成本领先或差异化。集中化战略一般是中小企业采用的战略，可分为集中成本领先战略和集中差异战略两种。

3. 职能层战略

职能层战略主要关心的是企业的不同职能——营销、财务、人力资源等如何为公司层和事业层战略服务。职能层的主要目标是提高企业资源的利用效率，从资源中获得最大的生产率。职能层战略的类型包括：生产战略、营销战略、财务战略和人力资源战略等。

第四节　企业资源计划（ERP）

一、ERP 定义及其发展历程

1. ERP 的定义

ERP 是企业资源计划（Enterprise Resource Planning）的英文缩写，其概念是由美国 Gartner 公司于 1990 年初作为新一代的 MRP Ⅱ（Manufacturing Resources Planning Ⅱ）提出。对于 ERP 的定义有很多种，比较典型的有以下几种：

（1）德勤咨询公司的定义：ERP 系统就是一个允许公司“对其业务流程的主要环节进行自动化和集成化，让公共数据和业务活动在企业内外得到共享，在实时环境里生成数据并访问信息”的套装商业软件系统。

（2）APICS 的定义：ERP 系统是一个财务会计导向的信息系统，主要功能为对满足客户订单所需的资源（包括采购、生产与配销、运筹等项目所需资源）进行有效整合与规划，ERP 系统的目标是扩大企业整体经营绩效、降低成本。

（3）SAP 公司的定义：SAP 提出了“管理 + IT”的概念，即 ERP 不只是一个软件系统，而是一个集组织模型、企业流程、信息技术、实施方法为一体的综合管理应用体系。ERP 使得企业的管理核心从“在正确的时间制造和销售正确的产品”，转移到了“在最佳的时间和地点，获得企业的最大利润”，这种管理方法和手段的应用范围也从制造业扩展到了其他行业。①

此外，国外很多学者都提出了各自对 ERP 的定义，这里不一一列举。综合以上的定义，ERP 可以被定义为：建立在信息技术基础上，以系统化的管理思想，为企业决策层及员工提供决策运行手段的管理平台。

2. ERP 的发展历程

ERP 的发展浓缩了西方近 50 年的企业管理理论和方法，尤其采纳了生产运作领域的众多科学管理思想和方法，如 MRP、JIT、TQC、SCM 等。它的每一步发展都有效地推动了企业管理的进一步优化。ERP 系统是对企业资源进行计划的系统，是一个庞大的管理信息系统，它的演变发展大致经历了四个阶段。下面，我们将对这四个阶段进行介绍。

（1）20 世纪 60 年代开环的物料需求计划（Material Requirement Planning，MRP）

MRP 是以物料需求的计划与控制为主线的管理思想，基于此形成的信息系统被称为“MRP”。在当时，在企业的经营中，经常会出现产、供、销严重脱节。此时需要解决的问题是确定订货时间和数量，解决物料部配套。而 MRP 正是解决这一问题的系统。

按照需求的不同，可以将企业内部的物料分为独立需求和相关需求两种类型。独

① 王惠芬，黎文，葛星．企业资源计划——ERP［M］，北京：经济科学出版社．2007：3.

立需求是指需求时间和需求量都是由企业外部决定的，如客户订购产品，企业无法决定客户什么时候订购、订购多少；相关需求是根据独立需求所产生的对相关材料的需求，如原材料、半成品等。

MRP 的基本内容是编制零件的生产计划和采购计划。要编制正确的零件计划，首先要落实产品的生产进度计划，即主生产计划（Master Production Schedule，MPS），这是 MRP 进行物料计算的依据；其次，需要了解产品的零件结构，即物料清单（Bill Of Material，BOM），把主生产计划展开成零件计划，同时需要知道库存数量才能计算出零件的采购数量。

MRP 的基本任务是，从产品的生产计划（独立需求）导出相关物料（原材料、零部件等）的需求量和需求时间（相关需求），根据物料的需求时间和生产（订货）周期来确定其开始生产（订货）的时间。主生产计划、物料清单和库存信息是 MRP 的三项基本输入数据。

（2）20 世纪 70 年代闭环的物料需求计划（简称“闭环 MRP”）

初期 MRP 能根据有关数据计算出相关物料需求的准确时间与数量，但它不够完善，主要缺陷在于没有考虑企业现有生产能力，使得计划脱离实际、人工完成车间作业计划。为解决这些问题，MRP 系统在 20 世纪 70 年代发展成为闭环 MRP 系统。闭环 MRP 系统除了物料需求计划外，还将生产能力需求计划、车间作业计划和采购作业计划纳入 MRP，形成一个封闭的系统。

MRP 系统的正常运转除了要反映市场需求和合同订单外，还必须满足企业的生产能力需求计划（Capacity Requirement Planning，CRP）与各工作中心的能力的平衡。只有在采取措施做到能力与物料需求都满足负荷需求时，才能开始执行计划。这样，基本的 MRP 系统进一步发展，包括了能力需求计划和执行及控制计划的功能，形成了一个环形回路，因而称为闭环 MRP。

（3）20 世纪 80 年代的制造资源计划（Manufacturing Resource Planning，MRPⅡ）

闭环 MRP 系统虽然是一个完整的计划与控制系统，但是它只涉及物流，而对于资金流和信息流几乎没有涉及，它无法阐明执行计划以后给企业带来什么效益，这些效益是否实现了企业的总体目标。因此，20 世纪 80 年代，人们把销售、采购、生产、财务、工程技术、信息等各个子系统进行集成，并把该集成系统称为制造资源计划系统，为了区别物料需求计划（MRP）而记为 MRPⅡ。

MRPⅡ的基本思想就是把企业视作一个有机整体，基于企业经营目标制订生产计划，根据物料集成组织内的各种信息，实现按需、按时生产。MRPⅡ通过解决财务和业务脱节的问题，实现了资金与物料信息的集成，从而解决了 MRP 所面临的问题。

（4）20 世纪 90 年代企业资源计划（Enterprise Resource Planning，ERP）

根据 Gartner 公司的定义，ERP 是 MRPⅡ的下一代，它主要的内涵是“打破企业的四壁，把信息集成的范围扩大到企业的上、下游，从而管理整个供需链”。相比 MRP 和 MRPⅡ，ERP 更强调框架逻辑模型。

进入 20 世纪 90 年代，随着经济全球化的发展，企业的供需关系和市场竞争扩大到了全世界范围。因此，仅仅做到企业内部的信息集成还不够，必须要把信息集成延展到供应链的上、下游。ERP 系统扩展了管理范围，给出了新的结构，把生产活动与贯彻企业的供应链集成起来，有利于企业在全社会范围内利用供应链上的资源合作竞争。

ERP 系统包含了当今最新的信息技术，ERP 系统的推广过程也是信息技术在企业的推广、应用、扩散的过程，将极大地提高管理的效率。Kyung - Kwon Hong、Young - Gul Kim（2002）等分析了 ERP 系统的特点，并归纳了 ERP 的效益，认为 ERP 的实施使得企业变革并提高了效率，"所有的 ERP 系统集成企业应用一个中心数据库，跟踪成本和信息资源，控制服务水平和开销，并且提供一线员工作决策的信息，各个相关人员可以简易地查询。ERP 提供标准化的企业数据流，ERP 使得企业从根本上实施了变革，提高了效率。"①

二、ERP 的功能模块

ERP 是将企业资源进行整合集成，尤其是对物流、资金流和信息流进行的全面一体化管理的管理信息系统。下面，我们以典型的生产企业为例来介绍 ERP 的功能模块。

在生产企业中，一般的管理主要包括三方面的内容：生产控制（计划、制造）、物流管理（分销、采购、库存管理）和财务管理（会计核算、财务管理）。这三部分系统本身就是集成体，它们之间有相互的接口，能够很好地整合在一起来对企业进行管理。随着企业对人力资源的管理的重视，越来越多的 ERP 厂商将人力资源纳入 ERP 系统，并将其作为一个重要的组成部分。

由于各个厂家产品风格与侧重点不同，其 ERP 产品的模块结构也相差较大。但是，一般通行的 ERP 软件包括以下模块：

1. 财务管理模块

在企业中，清晰的财务管理是非常重要的。所以，它是 ERP 系统中不可或缺的一部分，同时，它和系统中的其他模块有相应的接口能够相互集成。比如，它将由生产活动、采购活动输入的信息自动计入财务模块生成总账和会计报表，取消了输入凭证的繁琐过程，几乎完全替代以往传统的手工操作。一般的 ERP 软件的财务管理模块分为会计核算与财务管理两个部分。

（1）会计核算

会计核算主要是记录、核算、反映和分析资金在企业活动中的变动过程及其结果，它由总账、应收账、应付账现金、固定资产、多币制等部分构成。

①总账模块。它的功能是处理记账凭证、登记输入日记账、一般明细账及总分类账，编制会计报表。它是整个会计核算的核心，应收账、应付账、固定资产核算、现金管理、工资核算、多币制等各模块都是以其为中心来相互传递信息的。

②应收账模块。它是指企业应收的由于商品赊欠而产生的正常客户欠款账。它包括发票管理、客户管理、付款管理、账龄分析等功能。它和客户订单、发票处理业务相联系，同时将各项事件自动生成记账凭证，导入总账。

---

① Kyung - Kwon Hong，Young - Gul Kim. The critical Successful Factors for ERP Implementation：an Organizational Fit Perspective. Information & Management，2002：25 -40.

③应付账模块。会计里的应付账是企业应付购货款账，它包括发票管理、供应商管理、支票管理、账龄分析等。它能够和采购模块、库存模块完全集成以替代过去繁琐的手工操作。

④现金管理模块。它主要是对现金流入流出的控制以及零用现金及银行存款的核算。它包括对硬币、纸币、支票、汇票和银行存款的管理，在 ERP 中提供票据维护、票据打印、付款维护、银行清单打印、付款查询、银行查询和支票查询等功能。此外，它还和应收账、应付账、总账等模块集成，自动产生凭证，输入总账。

⑤固定资产核算模块。它主要是完成对固定资产的增减变动以及折旧等有关基金计提和分配的核算工作。它能够帮助管理者对目前固定资产的现状有所了解，并能通过该模块提供的各种方法来管理资产以及进行相应的会计处理。它的具体功能有：登录固定资产卡片和明细账，计算折旧，编制报表以及自动编制转账凭证并转入总账。这一模块是和应付账、成本、总账模块集成的。

⑥多币制模块。这是为了适应当今企业的国际化经营而对外币结算业务的要求增多而产生的。多币制将企业整个财务系统的各项功能以各种币制来表示和结算，且客户订单、库存管理及采购管理等也能使用多币制进行交易管理。多币制和应收账、应付账、总账、客户订单、采购等各模块都有接口，可自动生成所需数据。

⑦工资核算模块。该模块将自动进行企业员工的工资结算、分配、核算以及各项相关经费的计提。它能够登录工资、打印工资清单及各类汇总报表，计算计提各项与工资有关的费用，自动做出凭证，导入总账。这一模块是和总账、成本模块集成的。

⑧成本模块。它将依据产品结构、工作中心、工序、采购等信息进行产品的各种成本计算，以便进行成本分析和规划，还能用标准成本法或平均成本法按地点维护成本。

（2）财务管理

财务管理的功能主要是基于会计核算的数据，再加以分析，从而进行相应的预测、管理和控制活动。它侧重于财务计划、控制、分析和预测。

财务计划是指根据前期财务分析做出下期的财务计划、预算等。

财务分析是提供查询功能和通过用户定义的差异数据图形显示进行财务绩效评估，账户分析等。

财务决策是财务管理的核心部分，中心内容是作出有关资金的决策，包括资金筹集、投放及资金管理。

2. 生产控制管理系统

这一部分是 ERP 系统的核心所在，它将企业的整个生产过程有机地结合在一起，使得企业能够降低库存，提高效率；同时各个原本分散的生产流程自动连接，也使得生产流程能够前后连贯地进行，而不会出现生产脱节，耽误生产交货时间。

生产控制管理是一个以计划为导向的先进的生产管理方法。企业先确定一个总的生产计划，再经过系统层层细分后，下达到各部门去执行，即生产部门按此生产、采购部门按此采购。

（1）主生产计划。主生产计划是根据生产计划预测和客户订单的输入来安排将来各生产周期中提供的产品种类和数量，它将生产计划转为产品计划，在平衡了物料和能力的需要后，精确到时间和数量的详细进度计划。它是企业在一段时期内的总活动安排，是一个稳定的计划，是由对生产计划、实际订单和历史销售分析得来的数据预测而产生的。

（2）物料需求计划。在主生产计划决定生产多少最终产品后，再根据物料清单，把整个企业要生产的产品数量转变为所需生产的零部件的数量，并对照现有的库存量，得到还需要加工多少、采购多少的最终数量，这些数据是企业所有部门真正实施计划的依据。

（3）能力需求计划。能力需求计划是在得出初步的物料之后，将所有工作中心的总工作负荷与工作中心的能力平衡后产生的详细工作计划，用以确定生成的物料需求计划是否是企业生产能力可行的需求计划。能力需求计划是一种短期的、当前实际应用的计划。

（4）车间控制。这是随时间变化的动态作业计划，是将作业分配到各个具体车间，再进行作业排序、作业管理和作业监控。

（5）制造标准。在编制过程中需要许多基本生产信息，这些基本信息就是制造标准，包括零件、产品结构、工序和工作中心，都用唯一的代码在计算机中识别，具体如下。

①零件代码。零件代码是对物料资源的管理，对每种物料给予唯一的代码识别。

②物料清单。物料清单是用来定义产品结构的技术文件，用来编制各种计划。

③工序编码。工序编码描述加工步骤及制造和装配产品的操作顺序，它包含加工工序顺序，指明各道工序的加工设备及所需要的额定工时和工资等级等。

④工作中心。工作中心是使用相同或相似工序的设备和劳动力组成的，从事生产进度安排、核算能力、计算成本的基本单位。

3. 物流管理

物流管理主要包括销售管理、库存管理和采购管理。

（1）销售管理。销售的管理是从产品的销售计划开始，对其销售的产品、销售地区、销售客户各种信息的管理和统计，并对销售数量、金额、利润、绩效、客户服务作出全面的分析。销售管理模块功能主要有以下三大功能。

①对于客户信息的管理和服务。它能建立一个客户信息档案，对其进行分类管理，进而对其进行针对性的客户服务，以达到最高效率地保留老客户、争取新客户。

②对于客户信息的管理和服务。销售订单是 ERP 的入口，所有的生产计划都是根据它下达并安排生产的。订单的管理贯穿了产品生产的整个流程，它包括：客户信用审核及查询（客户信用分级以审核订单交易）；产品库存查询（决定是否延期交货、分批发货或用代用品发货等）；产品报价（为客户做不同产品的报价）；订单输入、变更及跟踪（订单输入后，变更的修正及订单的跟踪分析）；交货期的确定及交货处理（决定交货期和发货事务安排）。

③对于销售的统计与分析。这时系统根据销售订单的完成情况，依据各种指标作出统计，比如客户分类统计、销售代理分类统计等，再根据这些统计结果来对企业实

际销售效果进行评价：销售统计（根据销售形式、产品、代理商、地区统计、销售人员、金额、数量来分别进行统计）；销售分析（包括对比目标、同期比较和订货发货分析来从数量、金额、利润及绩效等方面作相应的分析）和客户服务（客户投诉记录，原因分析）。

（2）库存控制。用来控制存储物料的数量，以保证稳定的物流支持正常的生产但又最小限度的占用资本。它是一种相关的、动态的、真实的库存控制系统，它能够满足相关部门的需求，随时间变化动态地调整库存，精确地反映库存现状。这一系统的功能又涉及：①为所有的物料建立库存，决定何时订货采购，同时作为交付采购部门采购、生产部门作生产计划的依据；②收到订购物料，经过质量检验入库，生产的产品也同样要经过检验入库；③收发料的日常业务处理工作。

（3）采购管理确定合理的定货量、优秀的供应商和保持最佳的安全储备。能够随时提供订购、验收的信息，跟踪和催促对外购买或委托外部加工的物料，保证货物及时到达。建立供应商档案，用最新的成本信息来调整库存的成本。具体有：①供应商信息查询（查询供应商的能力、信誉等）；②催货（对外购或委托加工的物料进行跟催）；③采购与委托加工统计（统计、建立档案、计算成本）；④价格分析（对原料价格分析、调整库存成本）。

3. 人力资源管理

以往的 ERP 系统基本上都是以生产制造及销售过程（供应链）为中心的。因此，长期以来一直把制造资源有关作为企业的核心资源来进行管理。但近年来，企业内部的人力资源开始越来越受到企业的关注，被视为企业的资源之本。在这种情况下，人力资源管理作为一个独立的模块，被加入到了 ERP 系统中来，和 ERP 中的财务、生产系统组成一个高效的、具有高度集成性的企业资源系统。它与传统方式下的人事管理有着根本的不同。

（1）人力资源的辅助决策

对企业人员、组织结构编制的多种方案，进行模拟比较和运行比较，并辅之以图形的直观评估，帮助管理者作出最终决策。

制定职务模型（包括职位要求、升迁路径和培训计划），根据担任该职位员工的资格和条件，系统会提出针对该职位员工的一系列培训建议；一旦机构改组或职位变动，系统会提出一系列的职位变动或升迁建议。

进行人力成本分析，可以对过去、现在、将来的人员成本作出分析及预测，并通过 ERP 集成环境，为企业成本分析提供依据。

（2）招聘管理

人才是企业最重要的资源。优秀的人才能保证企业持久的竞争力。招聘系统一般从以下几个方面提供支持：对招聘过程进行管理，优化招聘过程，减少工作量；对招聘的成本进行科学管理，从而降低招聘成本；为招聘人员的岗位提供辅助信息，并有效地帮助企业进行人才资源的挖掘。

（3）工资核算

根据公司跨地区、跨部门、跨工种的不同薪资结构及处理流程，制订与之相适应的薪资核算方法；与时间管理模块直接集成，能够及时更新，对员工的薪资核算动态化；通过与其他模块的集成，自动根据要求调整薪资结构及数据。

（4）工时管理

①根据本国或当地的日历，安排企业的运作时间以及劳动力的作息时间表。

②运用远程考勤系统，可以将员工的实际出勤状况记录到主系统中，并把与员工薪资、奖金有关的时间数据导入薪资系统和成本核算中。

（5）差旅核算

系统能够自动从差旅申请、差旅批准到差旅报销整个流程，并且通过集成环境将核算数据导进财务成本核算模块中去。

三、ERP 的实施过程

任何一个 ERP 要在企业获得成功，取得效益，关键在于 ERP 的实施和应用。据不完全统计，在我国所有应用 ERP 系统的企业中，存在三种情况：按期按预算成功实施系统集成的只占 10% ~20%，没有实现系统集成或实现部分集成的有 30% ~40%，而失败的却占 50%，并且在实施成功的 10% ~20% 中大多数为外资企业。① 这一事实说明：ERP 的实施情况已经成为制约 ERP 效益发挥的一大瓶颈因素。可见，企业 ERP 项目只有在一定的科学方法指导下，按照合理的步骤，才能够成功实现企业实施 ERP 的目标。

总结国内外众多 ERP 项目的实施经验和教训，一个典型的 ERP 实施进程主要包括以下几个阶段：

1. 前期工作（软件安装之前的阶段）

这个阶段非常重要，关系到项目的成败，但往往为实际操作所忽视。这个阶段的工作主要包括：

（1）领导层培训及 ERP 原理的培训。该培训主要对象是企业高层领导及以后 ERP 项目组人员，使他们掌握 ERP 的基本原理和管理思想。这是 ERP 成功应用的思想基础。只有企业的各级管理者和员工才是真正的使用者，才最了解企业的情况及需求，因此，只有他们理解了 ERP，才能判断企业需要什么样的 ERP 软件，才能更有效地实施和运用 ERP。

（2）企业诊断。由企业高层领导和 ERP 各项目组人员用 ERP 的思想对企业现行的管理业务流程和存在的问题进行评议和诊断，找出问题，寻求解决方案，用书面形式明确预期目标，并规定评价实现目标的标准。

（3）分析需求，确定目标。企业在准备应用 ERP 系统之前，还需要理智地进行立项分析：企业是不是到了该应用 ERP 系统的阶段？企业当前最迫切需要解决的问题是什么？ERP 系统能否解决这些问题？在财力上企业能不能支持 ERP 的实施？实施 ERP 的目的是什么？系统到底能够解决哪些问题，达到哪些目标？基础管理工作有没有理

① 李维刚，白瑗峥．管理学原理［M］．北京：清华大学出版社，2007.

顺？将分析的结果写成需求分析和投资效益分析正式书面报告，从而作出是否实施ERP项目的决策。

（4）软件类型。在选型过程中，首先要知己知彼。知己，就是要弄清楚自身企业的需求，即先对企业本身的需求进行细致的分析和充分的调研；知彼，就是要弄清楚ERP软件的管理思想和功能是否满足企业的需求。这两者相互交织进行，可以通过软件的管理思想找出企业现有的管理问题，对于企业一定的特殊需求进行软件的补充开发。此外，还要了解实施的环境，即国情（像财务会计法则等一些法令、法规等）、行业或者企业的特殊要求。

2. 实施准备阶段（包括数据和各种参数的准备和设置）

这一阶段要建立的项目组织和所需的一些静态数据可以在选定软件之前就着手准备和设置，要做这样几项工作：

（1）项目组织。ERP的实施是一个大型的系统工程，需要组织上的保证。如果项目组的组成人选不当、协调配合不好，将会直接影响项目的实施和成败。项目组织应该由三层组成，而每一层的组长都是上层的成员。

①领导小组。由企业的总经理或首席执行官牵头，并与系统相关的副总一起组成领导小组。领导小组主要负责人力资源的合理调配，如项目经理的任命，优秀人员的发现和启用等。

②项目实施小组。主要的、大量的ERP项目实施工作是由他们完成的。这个小组一般是由项目经理来领导，其他的成员应由企业主要业务部门或业务骨干组成。

③业务小组。这部分工作的好坏是ERP实施能不能贯彻到基层的关键所在。每个业务组必须有固定的人员针对业务处理中存在的问题，通过对ERP系统的掌握，寻求一种新的解决方案和运作方法，并用新的业务流程来验证，最后协同实施小组一起制定新的工作规则和准则，还包括基层单位的培训工作。

（2）数据准备。在实施ERP之前，要准备和录入一系列的基础数据，这些数据是在运用系统之前没有明确规定的，故需要做大量分析研究的工作。它包括一些产品、工艺、库存等信息，还包括了一些参数的设置，如系统安装调试所需信息、财务信息和需求信息等。

（3）系统安装调试。在人员、基础数据已经准备好的基础上，就可以将系统安装到企业中，并进行一系列的调试活动。

（4）软件原型测试。这是对软件功能的原型测试，也称计算机模拟。由于ERP系统是信息集成系统，所以在测试时，应当是全系统的测试，各个部门的人员都应该同时参与，这样才能理解各个数据、功能和流程之间相互的集成关系，找出不足的方面，提出解决企业管理问题的方案，以便接下来进行用户化或二次开发。

3. 模拟运行及用户化

（1）模拟运行及用户化。在基本掌握软件功能的基础上，将各种必要的数据录入系统，带着企业日常工作中经常遇到的问题，进行实战型模拟，提出解决方案。模拟可集中在机房进行，称之为会议室模拟。

（2）制定工作准则与工作规程。进行了一段时间的测试和模拟运行之后，针对实施中出现的问题，项目小组会提出一些相应的解决方案，在这个阶段就要将与之对应的工作准则和工作规程初步制定出来，并在以后的实践中不断完善。

（3）验收。在完成必要的用户化的工作、进入 ERP 系统正式运行之前还要经过企业最高领导的审批和验收通过，以确保 ERP 的实施质量。

4. 切换运行

根据企业的条件来决定应采取的步骤，可以对各模块一次性实施切换，也可以先实施一两个模块切换。在这个阶段，所有最终用户各自在自己的工作岗位上使用终端操作，处于真正使用状态，而不是集中在机房操作。手工管理与 ERP 科研短时并行使用，但时间不宜过长。

5. ERP 系统运行

一个新的系统被应用到企业后，实施的工作其实并没有完全结束，而是将转入到业绩评价和后期支持阶段。必要时对 ERP 实施的结果作一个小结和自我评价，以判断是否达到了最初的目标，在此基础上制订下一步的工作方向，同时还有许多维护工作、安全工作要做。

由于市场竞争形势的发展，企业新的需求将会不断提出，加之计算机技术的进步等因素都会对企业原有的 ERP 系统构成新的挑战，所以 ERP 系统必须通过自我业绩评价，制定下一步目标，再进行改进以不断地巩固和提高。

以上是对 ERP 的实施过程的简要介绍，这些阶段都是密切相关的，一个阶段没有做好，绝不可操之过急地进入下一个阶段。否则将前功尽弃，事倍功半。值得注意的是，在整个实施过程中，培训工作是贯穿始终的，而那些贯穿于实施准备、模拟运行及用户化、切换运行、新系统运行过程中的有关培训，如软件产品培训、硬件及系统员培训、程序员培训和持续扩大培训也都是直观重要的。只有员工对相关的 ERP 软件产品及所要求的硬件环境有了一定的了解，才能够保证 ERP 最终顺利实施和应用。

第五节 目标管理

一、目标管理的概念与特点

1. 目标管理的概念

目标管理（Management by Objectives，缩写为 MBO）是美国管理学家彼得·德鲁克（Peter F. Drucker）提出的。1954 年德鲁克在其所著的《管理实践》中首次提出了“目标管理和自我控制”的主张。他认为，“企业的使命和任务，必须转化为目标。”如果一个特定的范围没有目标，则这个领域的工作必然被忽视。因此管理者必须通过目标对下级进行管理，当组织最高层管理者确定了组织目标后，必须对其进行有效分解，转变为各个部门甚至每个人的分目标，而管理者根据分目标的完成情况对下级进行考核、评价和奖惩。德鲁克的主张在企业界和管理界产生了极大的影响，对形成和推广目标管理起到了积极的推动作用。我国 20 世纪 80 年代在一些大企业试行了目标管理的方法取得了良好成效。

目标管理是指组织的最高层领导根据组织的实际情况拟定组织的总体目标，再层层落实，要求下级各部门主管人员和各员工根据总体目标来确定具体的分目标，形成一个目标体系，并把目标最后的完成情况作为考察各部门或个人工作的依据。

2. 目标管理的特点

（1）目标管理是参与管理的一种形式。目标管理提倡民主、平等和参与的管理思想。它要求上级和下级一同参与目标的制定，首先确定出总目标，然后对总目标进行分解，逐级展开，通过上下协商，制定出各部门、各车间乃至每个员工的目标；用总目标指导各分目标，形成以总目标为中心的、上下左右紧密衔接和协调一致的目标体系。

（2）强调自我控制。德鲁克认为，员工愿意承担责任，愿意在工作中发挥自己的聪明才智和创造性。目标管理的主旨在于“自我控制的管理”，而不是以往的“压制性的管理”，它使管理人员能够控制自己的行为，极大地发挥自己的工作热情，促使人们尽力做好工作，而不仅仅是“过得去”就行了。

（3）利于下放权力。集权与分权是组织的基本矛盾之一，唯恐失去控制是阻碍大胆授权的主要原因之一。实行目标管理有利于促进上级的权力下放，使得在有效控制的前提下，下级充分发挥主观能动性，调动大家的想象力和创造力，从而增强组织的生机与活力。

（4）注重“成果第一”的方针。目标管理注重成果第一，看重实际贡献。采用传统的管理方法，在评价员工表现时，容易掺杂主观因素，而目标管理的应用避免了这一误区。实行目标管理后，将会有一套完整的目标考核体系，从而能够按员工的实际贡献大小如实评价一个人。

二、目标管理过程

1. 建立目标体系

实行目标管理，第一步就是要设立一套完整的目标体系。总目标的设定一般是由最高层开始的，然后由上而下逐级确定目标。总体目标体现了一个组织在一定时期内的各项工作的努力方向和目的，因此上下级的目标之间一定要一致，通常体现为“目的—手段”的关系，即上一级目标指导下一级目标的制订，下一级目标是实现上一级目标的支撑和保证。

如同其他计划工作一样，制定目标时，需要有明确的指导方针和指导思想。如果指导方针不明确，则下级主管人员就很难制订出合理的目标。此外，制定目标应当采取民主协商的方式，在一定的原则和框架下，鼓励下级员工积极制定分目标，通过上下级协商共同完成目标的制定。同时，在下级制定目标时，要使下级及员工明确职责，同时授予下级以相应的权力，充分调动他们的积极性。

2. 组织实施

目标体系一旦确定，其实施就依靠执行者的自我控制。主管人员应适当地放权，给予多方面的支持，使得下级有自由发挥的空间。目标管理重视结果，强调自我控制，但并不意味着主管人员放任不管。由于目标管理由上而下目标环环相扣，一旦一环失误，就会牵动全局。因此，在这一环节的管理，主管人员的管理应当主要表现在指导、协助、提出问题和创造良好的工作环境方面。

3. 评价和反馈

根据事先确定的目标，要进行定期检查，可以通过灵活的方式进行这一步骤，例如自检、互检和责成专门的部门进行检查等。检查的依据是事先确定的目标，而检查后的结果将是奖惩的依据，同时，检查后的结果应及时反馈。经过评价和反馈，就可以进入下一轮的循环过程。

三、对于目标管理的评价

任何事物都有两面性，既有优点又存在不足的地方，目标管理也不例外。

1. 目标管理的优点

（1）使组织的目标性加强，有效地提高了管理水平。目标管理法促使各级管理人员及员工根据企业的总体目标制订分目标，提高了行动的执行力。采用目标管理，由于责任、任务明确，因此常常会起到立竿见影的效果。

（2）有利于改进组织结构的职责分工。目标管理法要求尽可能把完成一项任务的成果和责任划归为一个职位或部门，这样使得我们发现组织的缺陷——授权不足与职责不清。

（3）激励员工不断进取。当目标管理成为组织的每个层次、每个部门和每个成员未来时期内要达到的目标时，目标就成为组织内成员们的内在激励。它有效地启发了自觉，调动组织内成员的主动性、积极性，提高了组织内的士气。

（4）有利于促进组织中意见交流和沟通了解。目标管理体现了共同协商的过程，从而促进了上下级意见的交流，促进了员工之间的沟通了解，改进了人际关系。

2. 目标管理的局限性

目标管理有很多优点，但在实际的操作中，它存在着一些不足的地方。

（1）目标难以设置。组织内的很多目标难以定量化、具体化；有些团队的工作在技术上无法分解；此外，真正可考核的目标是很难确定的，尤其是要让各级管理人员的目标达到“紧张”和“费力”程度，即“不跳够不到”、“跳一跳够得到”的合理程度是非常困难的。再加上组织环境的可变因素越来越多，变化越来越快，组织的内部活动日益复杂，使组织活动的不确定性越来越大。这些都使得组织的许多活动制订数量化目标是很困难的。

（2）目标短期化。大多数目标管理中的目标一般都是短期的：年度的、季度的、月度的等。由于组织外部环境存在的不确定性，各级管理人员难以做出长期目标，而短期目标易于分解，见效迅速，所以大多数目标管理的目标为短期目标。但是，这种强调短期目标而忽视长期目标的弊端在管理活动中是显而易见的，短期目标容易造成人们的短视行为，损害长期利益来换取短期目标的实现，长期下去将不利于组织的长远发展。

（3）缺乏灵活性。目标管理要取得成效，就必须保持目标的明确性和肯定性，如果目标经常改变，就是去了确定目标的意义。但是，事物总是在不断的变化中，未来存在着很多不确定的因素，随着环境的变化、事情的发展，这些不确定的因素必然要求对已有目标进行适当地修正。但是，由于目标是经过多方磋商确定的，要对其进行修正和制定过程的难度和进度几乎是一样的，结果很可能迫使管理人员不得不中途停止目标管理的进程。

总而言之，目标管理是管理体系中一种极为有效的管理方法。如果管理者能够清楚认识其局限性，充分利用优点，就能获得较佳的管理效果。

本章小结

计划是管理活动的起点，是管理的首要职能。处于各种组织中的各级管理者之所以要制订计划，是因为计划可以使组织的活动有条不紊地进行，同时减少变化的冲击，使浪费降至最低。科学的计划能使组织逐渐发展壮大，没有良好计划的组织将是无序无效率的，因而也不会取得长远发展。所以，计划是组织不可或缺的一个环节。

计划的可以通过一些技术来实现，常见的有运筹学方法、甘特图法、滚动计划法以及网络计划技术等。

战略是指为了实现组织的目标在整体上所做的规划，包括发展方向、行动方针和资源分配方案等。战略指明了一个企业的发展方向和发展重点以及资源分配的优先次序。企业战略的制定要建立在完善的战略分析的基础上，通过战略分析，可以清楚的认识企业的内外部环境，为制定适合企业发展的战略打下坚实的基础。

ERP 是建立在信息技术基础上，以系统化的管理思想，为企业决策层及员工提供决策运行手段的管理平台。ERP 的实施和应用对于 ERP 在企业获得成功起着非常关键的作用。企业 ERP 项目只有在一定的科学方法指导下，按照合理的步骤，才能够成功实现企业的实施 ERP 的目标。

目标管理是管理体系中一种极为有效的管理方法，它是组织的最高层领导根据组织的实际情况拟定组织的总体目标，再层层落实，要求下级各部门主管人员和各员工根据总体目标来确定具体的分目标，形成一个目标体系，并把目标最后的完成情况作为考察各部门或个人工作的依据。目标管理使组织的目标性加强，有利于改进组织结构的职责分工，并能激励员工不断进取，同时，还有利于促进组织中意见交流和沟通了解。但是，在实际操作中，它还存在一些不足，表现在目标难以设置，而且目标一般都是短期的且缺乏灵活性。

复习思考题

1. 如何理解计划的概念？
2. 计划有哪些基本类型？
3. 计划的基本程序是什么？

4. 滚动计划法的基本原理是什么？
5. 简述网络计划技术。
6. 什么是战略？
7. 什么是价值链？
8. 公司层战略和业务层战略有哪些主要形式？
9. ERP 是什么？ERP 的实施有哪些步骤？
10. 简述目标管理的过程。

案例分析

铱星计划：摩托罗拉的美妙幻想①

铱星计划是一个让许多摩托罗拉人兴奋不已的想法。革命性的想法从何而来？对于摩托罗拉的工程师巴里·伯蒂格来说，它来自于妻子在加勒比海度假时的抱怨，说她无法用手机联系到她的客户。回到家以后，巴里和摩托罗拉在亚利桑那州工作的卫星通信小组的另外两个工程师想到了一种铱星解决方案——由 66 颗近地卫星组成的星群，让用户从世界上任何地方都可以打电话。

自从 20 世纪 60 年代投入使用以来，通信卫星大都是在 22 000 英里（1 英里 = 1.609 千米）高度的轨道上运行的地球同步卫星。依靠这一高度的卫星意味着电话机要大，还伴有 1/4 秒的声音滞后。例如，美国通信卫星公司的 Planet 1 电话机重 4.5 磅（1 磅 =0.454 千克），和电脑差不多大。铱星的创意就在于使用一批近地卫星（大约 400 至 500 英里高度），因其离地球更近，电话机的体型可大大缩小，声音的滞后也近乎觉察不到。

这是个好的创意吗？尽管遭到伯蒂格顶头上司的否决，这一计划却得到了摩托罗拉总裁罗伯特·高尔文的青睐并给予了支持。对于罗伯特以及他的儿子克里斯·高尔文（后来成为他的继任人）来说，铱星计划是摩托罗拉技术高超的显示，具有巨大潜力，令人振奋，绝不可放弃。对于摩托罗拉的工程师们来说，建立铱星群的挑战是一次经典的“技术拉锯战”——50 多亿美元的代价终于让他们在 1998 年将铱星首次投入使用。

这一项目是在 1991 年正式启动的。当时，摩托罗拉投资 4 亿美元建立了铱星公司。这是一个单独的公司，摩托罗拉拥有 25% 的股份和董事会上 28 席中的 6 席。另外，摩托罗拉还作出了 7.5 亿美元的贷款承诺，并根据铱星要求再增加 3.5 亿的期权。就铱星来说，它最终与摩托罗拉签订了 66 亿美元的合约，其中 34 亿用于卫星的开发，29 亿用于维持公司正常运行。铱星则要为摩托罗拉建立卫星通信系统提供技术。

在铱星即将发射其首批卫星之时，爱德华·斯坦阿诺加入了董事会并担任首席执行官。在加入铱星以前，斯坦阿诺已为摩托罗拉工作了 23 年，其精明与刻薄广为人

① 资料来源：俞利军．中国营销传播网．2005 - 06 - 06.

知。对他来说，舍摩托罗拉而选择铱星意味着放弃与前者每年130万美元的合约，而选择每年50万底薪外加5年期7.5万股铱星的股份。一旦铱星赚钱的话，斯坦阿诺就会财源广进。

1998年11月1日，在进行了耗资1.8亿美元的广告宣传之后，铱星公司展开了它的通信卫星电话服务。开幕式上，美国副总统阿尔·戈尔用铱星打了第一通电话。电话机的价格是每部3 000美元，每分钟话费3~8美元，结果却令人沮丧。到1999年4月，公司还只有1万个用户。面对着微乎其微的收入和每月4 000万美元的贷款利息，公司陷入了巨大的压力之中。4月，就在公司宣布其季度财务报告的前两天，首席执行官斯坦阿诺辞职，宣称他与董事会在战略问题上发生了分歧。公司内部一位资深人员约翰·理查德森迅速接替斯坦阿诺成为临时首席执行官，但毁灭的阴影却已经笼罩了上来。

1999年6月，铱星解雇了15%的员工，甚至包括几位参与了公司营销战略规划的经理。8月，它的用户只上升到2万个，离贷款合同要求的52 000个相去甚远。1999年8月13日星期五，在拖欠了15亿美元贷款的两天之后，铱星提出了破产保护的申请。

有趣的是，1999年5月24日的《华盛顿邮报》上，铱星首席执行官约翰·理查德森还振振有辞："不用介绍一种产品就可以上市，我们为MBA案例提供了一个经典案例。首先我们创造了一项技术奇迹，然后我们就可以去想如何用它来赚钱了。"

对于铱星公司是否从一开始就注定要失败，至今还有不少争论。虽然许多内部人士在它破产之后仍对这一创新深信不疑，局外人却要谨慎得多，他们把铱星称作"摩托罗拉的美妙幻想"。

事实上，手机的发展大大削减了市场对铱星服务的需求。铱星知道它的电话相对于手机来说是太大了，也太贵了，于是他们不得不在手机服务无法到达的领域内谋求发展。由于有了这一限制，铱星把它的市场目标锁定在跨国商务人士身上，因为他们经常会去到手机服务无法到达的偏远地区。虽然这一市场计划的制订是在手机兴起之前，铱星也从未把服务目标从他们身上移开过。1998年，首席执行官斯坦阿诺就预言到1999年底，铱星将会有50万用户。

铱星的主要问题之一就是手机的普及之快超过了他们的预想。最后，手机已经无处不在。按照铱星复杂的科技，从构想到推广的时间是11年。在这期间，手机已经覆盖了几乎整个欧洲，甚至还进入了发展中国家如中国和巴西。简言之，铱星的市场目标只是一小部分人——商务旅行者——可他们的要求却日益被服务优越得多的手机所满足。

铱星的技术限制和它的设计扼杀了它的前途。由于铱星的技术是基于看得见的天线和轨道上的卫星，因此用户在车里、室内和市区的许多地方都无法使用电话。甚至在野外的用户还得把电话对准卫星方向来获取信号。正如一位高级商业顾问所说："你无法想象一个出差到曼谷的首席执行官走出大楼，走到街角，然后掏出一部3 000美元的电话来打。"就连摩托罗拉的前首席执行官乔治·费希尔在一次采访中也承认："无法做到小型，无法在室内使用绝非是我们的最初构想，无论是什么原因，它都大大损害了这一项目。”

此外，一些技术上的缺陷也无法弥补。铱星能够传输的数据量有限，而这对于商业人士来说这恰恰越来越重要。更令人头痛的是，在偏远地区必须找到一些特殊的太阳能设备才能给电池充电。这些限制让铱星在它锁定的长期出行的商业人士的市场上销售得十分艰难。

铱星电话的外形设计也不利于它的推广。1997 年 11 月，铱星的营销传播总监约翰·温多尔夫这样描绘他们的电话：“它可真大，大得吓人！以这样的产品加入竞争，我们一定会输。”然而直到一年以后，铱星推出的几乎还是当初的产品。这种手机虽然比美国卫星通信公司的 Planet 1 要小，但还是有砖头那么大。最终，它成了这个企业许多无法解决的问题中的一个。

【问题】

1. 铱星计划失败的主要原因是什么？
2. 你认为铱星计划是否是一个美妙幻想？
3. 铱星计划有可能起死回生吗？为什么？

第八章 组织

· 学习目标 ·

· 理解组织作用

· 掌握组织设计中应考虑的问题：依据、原则与方法

· 掌握管理幅度与管理层次的关系

· 了解常见组织形式的特点和适用情况

· 掌握组织结构整合中的正式组织与非正式组织、集权、分权与授权组织、直线与职能的关系、委员会的作用

· 理解组织变革的动力、内容、过程与关键因素

· 掌握人员配备工作的任务、依据与原则

· 理解管理人员选聘应考虑的问题

· 掌握人员考评的内容与方法

· 掌握人员培训的目标与方法

当今社会存在着各种各样的组织，例如，盈利性和非盈利性的。一个社会的进步和发展，各组织间的协调和配合是少不了的。在这样的配合中，各自的任务、责任与权限的确定过程就形成了具有不同的关系、共同的目标与任务的组织结构。在这个过程中，为了更有效地达到目标，组织起了重要的作用。

组织的作用是让组织的目标得以实现，例如，成长、获利、提升产品质量、保证服务、获取市场份额等。为此，组织根据自己的优劣势和自己的资源，确定自己的目标和战略方向。在实现目标的过程中，掌握政府政策信息、顾客信息、行业信息、产品信息、竞争对手信息等外部信息都是必要的。当环境在变化时，组织应适时进行产品变革、技术变革和组织变革。

第一节 组织结构的设计

一、组织结构的特征

组织结构即组织的基本架构，是一种制度性的安排。组织结构可以用复杂性、正规化和集权化三个基本特征来描述。

1. 复杂性

复杂性是指组织内部结构的分化程度。比如，若组织分工比较细，则该组织的复杂性就越高，这时，组织的部门会较多，组织单位的地理分布也会较分散，协调人员及其活动也就相应更困难。

2. 正规化

正规化是衡量组织的规范程度的标准之一。它主要指组织依靠制定的工作程序、规章制度、规则引导员工行为的程度。

3. 集权化

集权化是指组织在决策时正式权力在组织层次的集中程度。决策高度集中在组织的上层，问题由下而上传递给高级管理人员，由他们选择合适的行动方案，这时组织的集权化程度就较高；反之，一些组织授予下层人员更多决策权力时，组织的集权化程度就较低。

组织结构设计需要管理者的决策能力，管理者选择能够与组织战略和组织成员实现该战略所处的环境相适应的组织结构。但要注意两点：第一，战略和环境都会随时间而有所变化，组织设计也在随之调整和发展；第二，改变组织结构往往会发生偏差，因此需要不断摸索。

二、组织结构设计的依据

组织结构的设计，是为了合理组织管理人员的劳动，而需要管理的组织活动，总是在一定的环境中，在一定的资源约束下，并在组织总体战略的指导下进行的。组织设计应充分考虑这些因素的影响。另外，组织的规模及其所处阶段不同，也会对组织的结构形式提出相应的要求。

1. 组织结构与战略

在组织结构与战略的相互关系上，两者是相互联系的。一方面，战略的制定必须考虑企业组织结构的现实；另一方面，战略一旦制定，组织结构应作出相应的调整，以适应战略实施的要求。战略是实现组织目标的各种行动方案、方针和方向选择的总称。适应战略要求的组织结构，能够为战略的实施、为组织目标的实现，提供必要的前提。为了实现同一目标，组织可在多种战略中进行选择。

战略选择的不同，在两个方面影响组织的结构：一方面，不同的战略要求开展不同的业务活动，这对管理职务的设计产生直接的影响；另一方面，战略重点的改变，会引起组织工作重点的改变以及各部门与职务在组织中重要程度的改变，因此要求对各管理职务以及部门之间的关系作出相应的调整。

2. 组织结构与环境

组织外部环境会对组织内部结构产生一定程度的影响。这种影响可以反映在三个不同的层次上，即职务与部门设计层次、各部门关系层次、组织结构总体情况特征层次。这主要是由于组织作为整个社会大系统的一个组成部分，它与外部的其他社会子系统之间存在着各种各样的联系，所以，外部环境的变化必然会对组织结构的设计产生重要的影响。

3. 组织结构与技术

组织的活动需要借助一定的技术和反映一定技术水平的特殊手段来进行。技术以及技术设备的水平，不仅会影响组织活动的效率，而且也会对组织活动的内容划分、职务设置、工作人员的素质提出新的要求。如计算机的应用，使组织处理信息计算机化，极大地提高了组织的效率。

4. 规模与组织发展阶段

组织规模常常与组织的发展阶段相联系，随着组织的发展，组织活动的内容会日趋复杂，活动的规模会日益扩大，组织的结构也必须与之相适应，以满足这种变化的需要。

三、组织结构设计的原则

组织所处的环境、采用的技术、制定的战略、发展的规模等情况不同，所需的职务和部门及其相互关系也不同。组织结构设计的基本原则主要有以下几项：

1. 有效性原则

有效性原则是企业建立组织结构的基础，它要求企业的生产经营活动必须是有效率的。效率包括管理效率、工作效率、信息传递效率，企业组织结构的设置和完善，都必须以是否有利于目标的实现为衡量标准。

为保证组织结构的有效性，现代企业的组织结构要求：

（1）组织要满足战略的需要，确保战略目标的实现。

（2）对生产技术的适应性。根据企业的不同生产规模、生产类型、生产过程的连续性，生产技术的复杂程度，建立不同的组织结构与之适应。

（3）组织要精简高效。现代组织设计的发展趋势，一是小型化，即把大公司分成几个小的相对独立的部门或单位。小型化组织在适应市场环境变化、技术创新、节约沟通协调和决策方面的费用、推动内部竞争方面显示了明显的优越性。二是精简，精简才能达到高效。机构臃肿，人浮于事，是效率低下的重要原因。

（4）要重视行为科学的组织设计原则。行为科学的发展推动了管理的发展。行为科学很重视人的各种需求，重视非正式组织的作用，以信息沟通代替指挥监督。以此为原则，能够让组织运作更有效一些。

2. 统一指挥原则

统一指挥原则，是组织结构设计的重要原则，其实质是建立企业经营管理的合理纵向分工、设计合理的垂直组织机构。

统一指挥原则，要求下级只能有一个直接上级领导，受一个上级领导的直接指挥，上级不能越级指挥，下级也不能越过上级直接接受更高一级的领导。在统一指挥原则下，企业行政领导的参谋职能部门，只能通过直线部门布置其专业职能系统的工作。一般来说，组织内部的分工越细、越深入，统一指挥原则对于保证组织目标实现的作用就越重要。命令不统一，会使真正想做事的下属产生无所适从的感觉，也会给一些不想做事的下属以利用矛盾的机会。

统一指挥的优点表现在：①形成政策与行动的一致性；②使缺乏信息和技能的下

属少犯错误，以减少损失；③充分利用有特殊技能的专家；④有利于加强控制。

3. 合理的管理幅度原则

组织设计时必须着重考虑组织运行的有效性，即管理层次与管理幅度的问题。管理层次是指管理系统划分为多少等级，也就是说，最高决策者的命令传递到最基层所需要的级数。管理幅度是指一名领导人能够直接而有效地管理其下属的可能人数。管理层次决定组织的纵向结构，管理幅度则体现了组织的横向结构。管理幅度影响管理层次，它和管理层次成反比例。有效管理幅度受下列因素影响：①管理者和被管理者个人的性格气质、学识、才能，权力授予程度；②环境的特点，在多变的环境中的管理幅度和在比较稳定环境中的管理是不一样的；③管理工作内容的复杂性、工作地点的远近、工作相似程度以及新技术应用情况等客观因素。

一个管理者到底能够有效管理多少下属？怎么的管理幅度才算科学合理？古典管理学者、法国管理顾问格兰丘纳斯（Graicunas，1937）提出：在建立一种适当的控制幅度时，要考虑的一个重要因素是管理人员与下属间可能发生的潜在关系数。他认为上下级之间的关系有三类：①直接的单一关系；②直接的多数关系；③交叉的关系。例如，M 是管理者，A 和 B 是他的下属。第一类直接单一关系是 M 与 A 和 M 与 B，指管理者与其下属是一对一的关系。第二类直接多数关系是 M 与 A 交谈时 B 在场、M 与 B 交谈时 A 在场，指管理者与下属是群体间的关系。第三类交叉关系是 A 与 B 和 B 与 A 的关系，指下属人员间的相互关系。这样就形成了六种相互作用的关系。格兰丘纳斯对控制幅度问题采用了演绎推理法。他指出，在向经理汇报的人数以熟悉级数增加时，管理者和下属之间这几种相互的关系可以归纳成一个数学公式。以 n 代表下属人数，则各类关系的总数为：

$$C = n\left[2^{n-1}/2 + n - 1\right] \quad (8.1)$$

式中，C 为可能存在的联系总数；n 为直接向管理者汇报的下属数[①]。

根据这个公式推算，随着下属人数的增加，组织中相互关系的数目就快速地增长。如下属人数为 2 人，关系数目是 6 个；下属人数为 3 人，关系数目为 18 个；若下属人数有 12 人，则相互间潜在的关系数目就可以达到 24 708 个，以此公式换算，下属人数越多，关系数目也越多，管理就越复杂。这一数学分析揭示了两个道理：一是管理者和下属的关系是一个复杂的社会过程；二是管理者每增加一个下属，他和下属之间潜在的相互影响的关系数量将以几何级数增长。

4. 责权对等原则

一个职位所承担的责任就叫职责，而组织机构中的不同位置就是不同的职位，是组织纵向分工与横向分工的结合点。职权是指一定职位上，在其职务范围内，为完成其责任所应具有的权力。权责的关系是组织中必须衡量的一组关系。实践证明，权责不对应，会对管理组织的效能产生损害。实际上在管理组织中，有时会存在着权责分离，如有权无责、有责无权、权大责小、责大权小等。实践证明，权责不对应，会对

---

① V. A. Graicunas. Relationships in Organization// Luther Gulick, Lindall F. Urwick. Papers on the Science of Administration. New York: Columbia University, Instiute of Public Administration, 1937: 183 - 187.

管理组织的效能产生损害。有权无责、权大责小容易产生瞎指挥、滥用权力的官僚主义；有责无权、责大权小会严重挫伤工作人员的积极性。两者都会使组织失去活力。责权对等主要靠科学的组织设计，要深入研究管理体制和组织结构，建立起一套完整的岗位职务和相应的组织法规体系：在管理组织运行过程中，要解决好授权问题；在落实任务时，应当使责任权力相对应，防止责权分离而破坏系统的效能。

5. 集权和分权相结合的原则

集权就是把权力让小部分人去行使，分权的做法却正好相反。在组织中，要适当进行集权和分权，将必要的权力保留在总公司，一般权力尽量下放。但是，在一个组织里面没有完全的集权，也没有完全的分权，所谓的集权和分权只是相对而言的。

6. 协调的原则

协调原则是指管理组织中职位与职责的具体任务的协调。协调使组织中的摩擦较少，具体而言：不同职位的职能要协调，不同职位的任务也要协调，如部门之间的横向协调。横向协调可以采取建立健全规章制度，将相近部门组合成系统，设立综合管理机构等形式。充分利用非正式沟通，是加强横向联系的有效形式。

四、组织结构设计的方法

1. 企业组织结构职能设计法

职能型组织结构的设计是按职能分工设计组织结构的，例如，市场部、设计部、采购部、生产部、质量部、财务部等。在职能型组织结构中，同类工作被划分在同一个部门，工作计划和费用预算也按部门制定。

传统制造业的组织结构大都是职能型组织结构。企业整体工作被分解给不同的部门，部门再把工作分解给内部的不同员工来完成。例如，市场部门经过调研并论证后，将新产品需求报告交给产品开发部，产品开发部将新产品样品交给生产部小批量生产，生产部将新产品交给销售部试销，销售部将用户签订的合同交于生产部组织生产，生产所需要的原材料由采购部购进，产品生产出来后由储运部负责交付用户，财务部则负责向供应商付款，向用户收取货款。整个企业的工作被分解到各个部门，形成传统的组织职能结构。

2. 企业组织结构矩阵设计法

矩阵型组织结构的设计是按职能分工和产品（项目）任务设计组织结构的，例如，市场部、设计部、采购部、质量部、财务部等职能部门和产品（项目）A 组、产品（项目）B 组、产品（项目）C 组等。在矩阵型组织结构中，业务活动按产品（项目）组划分，工作计划和费用预算也按产品（项目）组制定。大部分员工既属于某个项目组，又属于某个职能部门。在完成一个特定的项目后，回到本职能部门，新任务出现后，又被分派到项目组中。他们同时接受项目经理和职能部门经理的双重领导。

3. 企业组织结构流程设计法

现代企业管理实践认为分工不再是组织结构设计的逻辑起点、企业所从事的具体业务活动是组织结构设计的基石，任何业务活动都表现为一系列实际的业务流程。业务流程是组织结构设计的逻辑起点。

在企业拥有或者可以配置相应的资源时，企业做事情的方法表现为流程。企业价值、目标、资源配置与流程的关系是：企业价值、目标决定流程的方向，企业资源即组织资源（人、价值、思维、能力、结构）和技术资源（材料、设备、信息）是业务流程运行的支撑力量。既然如此，那么组织结构的设计应当以企业的业务流程为依据。现代组织要打破职能和分工的局限，把业务流程作为组织结构设计的基准。组织结构的职责、权限和相互关系的有序安排，实质上就是流程运行的人力资源的合理安排。

流程型组织结构是一种以顾客为中心，以业务流程为核心，业务流程的运行与顾客的需求密切相关，对顾客的需求和意见能够快速响应。流程型组织结构是面向业务流程的组织结构，通过对业务流程的整体设计，业务工作被流程集成，这样就消除了流程瓶颈，使流程无间断连续运行，实现流程的整体优化、进而实现组织结构的整体优化，实现组织质量、服务、成本和服务效率优化。由于业绩评价以业务流程目标为主，组织关注企业业务流程运行质量、整体计划和控制集中，直接体现企业经营的关键指标和实现企业价值。

第二节　组织结构类型

组织结构是随着社会的发展而发展的，目前常用的组织结构有直线型、职能型、直线职能型、直线职能参谋型、事业部制、矩阵制、虚拟组织、簇群组织等形式。当然，各类组织结构没有优劣之分，不同的环境、不同的企业、不同的管理者，都有其适宜的组织结构。下面我们从组织的发展过程来介绍几种企业组织结构的基本形式。

一、直线型组织结构

直线型组织结构（见图8.1）是组织发展初期的一种最早最简单的结构模式。这种组织结构至今仍有存在的价值。

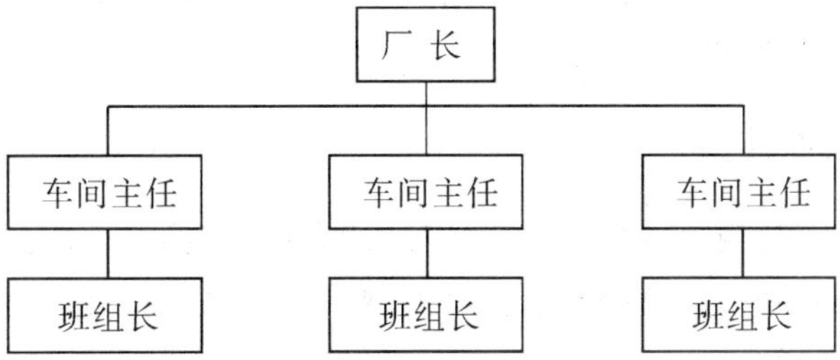

图8.1　直线型组织结构示意图

直线型的特点是：组织中各种职位均按垂直系统直线排列，因而机构简单，权力集中，命令统一，决策迅速。在组织中，上下级和同级之间相互关系明确，职权从下到上逐级增高，各级组织的数目由下到上逐渐减少。在这种组织结构中，每一级主管人员都不设参谋机构，直接指挥下级。这种组织结构的优点是：结构简单，管理人员少，职责权力明确。但不足之处是：它要求各级主管人员必须具有多方面的管理业务知识和技能。由于各项业务工作都由领导者亲自处理，容易使他们陷入繁琐的日常行政事务中，影响对企业长期发展战略的思考，不利于有效的决策。所以这种组织结构一般只适应于小规模的组织。

二、职能型组织结构

职能型组织结构（见图8.2）的特点是采用专业分工的管理者代替直线制的全能管理者，在组织内部设立职能部门，各职能机构在自己的业务范围内，有权向下级下达命令和指示，直接指挥企业的生产经营活动，各级负责人除了服从上级行政领导的指挥外，还要服从上级职能部门在其专业领域的指挥。

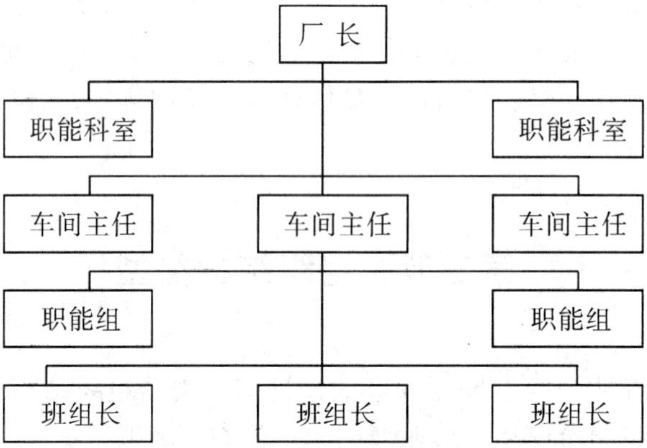

图8.2 职能型组织结构示意图

充分发挥专业管理机构的作用是职能型组织结构的一个很大的优点，该组织结构是适应现代企业管理工作较复杂的专业分工的需要而演变出来的一种组织结构。职能机构的作用若得到充分发挥，可以弥补各级人员管理能力的不足。不过，职能型组织的缺点是：不利于集中统一指挥，容易使一个下级会受到几个上级的领导，不利于明确划分各级行政负责人和职能科室的职责权限，从而导致可能因各个部门之间的要求相互矛盾，使下级不知听谁的指挥和命令。

三、直线职能型组织结构

直线职能型组织结构（见图8.3）是对职能型结构的一种改进，是以直线型为基础，在各级行政领导之下，设置相应的职能部门，即在保持直线型组织统一指挥的原则下，增加了参谋机构。

直线职能型组织结构综合了直线型和职能型的优点，它的特点是只有各级行政负责人才具有对下级进行指挥和下达命令的权力，而各级职能机构只是作为行政负责人的参谋发挥作用，对下级只起到业务指导作用。

直线职能型的优点，既保证了集中统一指挥，又能发挥各种专家业务管理的作用，适应企业管理比较复杂、细致的特点。它的缺点是各职能单位自成体系，不重视信息的横向沟通，工作容易重复，职能单位之间可能出现矛盾和不协调，造成效率不高，

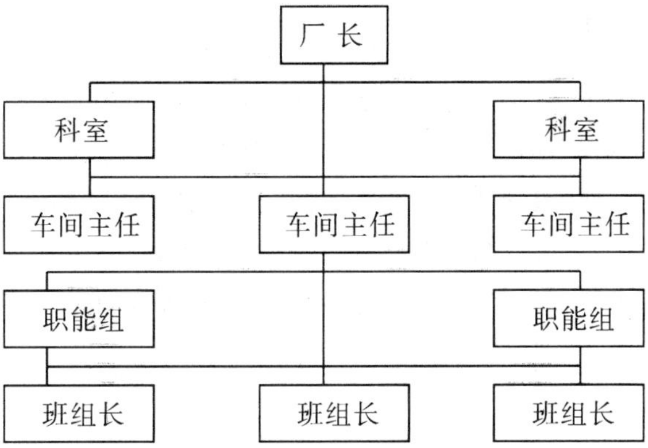

图 8.3　直线职能型组织结构示意图

对企业生产经营活动产生不利影响。如果授权职能部门权力过大，容易干扰直线指挥命令系统，这种组织形式目前被我国绝大多数企业采用。

四、直线职能参谋型

这是一种在直线职能制的基础上发展起来的组织结构形式。在这种组织结构形式中，直线人员进行指挥领导，参谋人员除了为直线人员的决策提供各种帮助外，还受直线人员的委托而拥有职能职权。这种组织结构形式如图 8.4 所示。

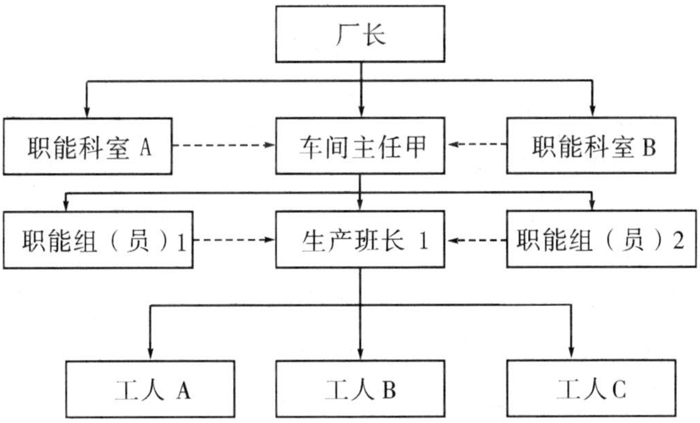

图 8.4　直线职能参谋型组织结构示意图

这种组织结构形式除了能保持直线职能制的优点外，还有利于发挥职能部门的参谋助理作用，使企业的高层管理者能摆脱日常事务，集中精力进行企业重大问题的经营决策。但运用这种组织结构形式时，如果授权不明确的话，会由于职能职权的运用而造成多头指挥现象。

总而言之，传统的组织结构形式是一种集权的组织结构形式，它有利于加强组织的集中领导和控制，但它对外部环境的适应能力比较差。

五、事业部制组织结构

事业部制的组织结构形式（如图8.5）在国外较大规模的企业中已普遍采用，国内也有不少企业开始采用。其优点是：第一，集中决策，分散经营。总公司负责研究制定各种政策，不管日常行政事务，各事业部根据总公司政策负责具体生产经营活动。每个事业部有自己的直线职能组织机构。第二，把企业生产经营活动按产品或地区分为许多事业部或分公司，在总公司的领导下，每个事业部或分公司都是独立核算、自负盈亏的利润中心。

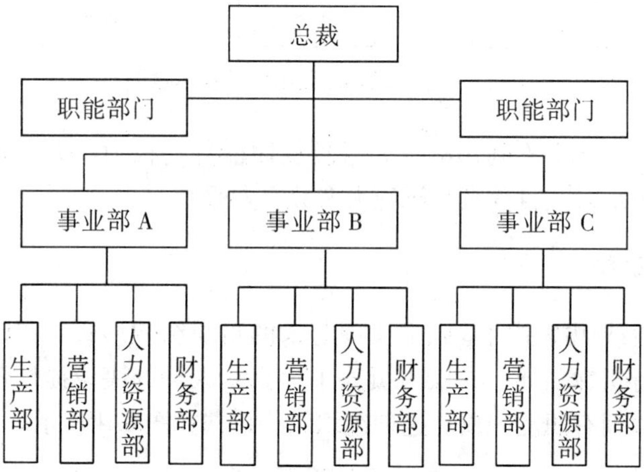

图 8.5　事业部制组织结构示意图

采用事业部制组织结构的优点是：第一，事业部制是企业经营活动的分权体制，它拥有足够的权力进行生产经营活动，而公司的总经理则可能摆脱日常例行事务，从事长期的规划，扩大外部联系，提高高层经营决策和经营管理水平；第二，可以提高中层经营管理者的积极性和责任心；第三，有利于事业部迅速根据外部环境的变化和市场的需求作出经营决策；第四，产品事业部作为利润中心，对其生产经营成果易于进行明确评价；第五，事业部有利于人力资源的开发和培养。

事业部制组织结构的不足是：对事业部一级的管理人员水平要求较高。每个事业部都相当于一个单独的企业，事业部经理只有熟悉全面业务和管理知识才能胜任工作。另外，集权与分权关系比较敏感，一旦处理不当，可能削弱整个组织的协调性。

六、矩阵制组织结构

矩阵制组织结构（如图8.6）在直线职能型垂直形态组织系统的基础上，再增加一种横向的领导系统。为了完成某一项目，由各职能部门抽调人员组成项目经理部，该项目经理部包括了完成项目所必需的各类专业人员。当项目完成后，各类人员另派用场，此项目经理部不复存在。

矩阵制组织结构的优点是：机构的设置和人员安排比较灵活，有较强的应变性；有助于提高组织内各项资源的利用率；在新产品的开发研制中，有利于技术进步，有

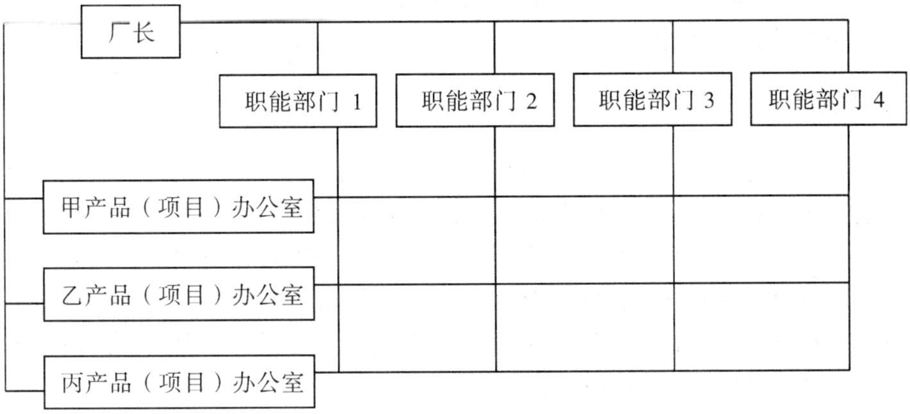

图 8.6　矩阵制组织结构示意图

利于协调条块关系。矩阵制组织结构的缺点是：成员不固定在一个位置，有时责任心不强，人员受双重领导，出了问题，有时责任会不明确。

七、虚拟组织

虚拟组织（如图8.7）又称虚拟企业、网络企业、动态联盟企业、网络组织、网络结构等。虚拟组织是一种目前流行的组织设计形式，它可使管理人员面对新技术、新环境显示出极大的灵活应对性。其实，所谓虚拟企业就是指的那种以计算机信息网络系统为联系工具，以知识共享、信息共享为基础而组建的动态的企业群体。

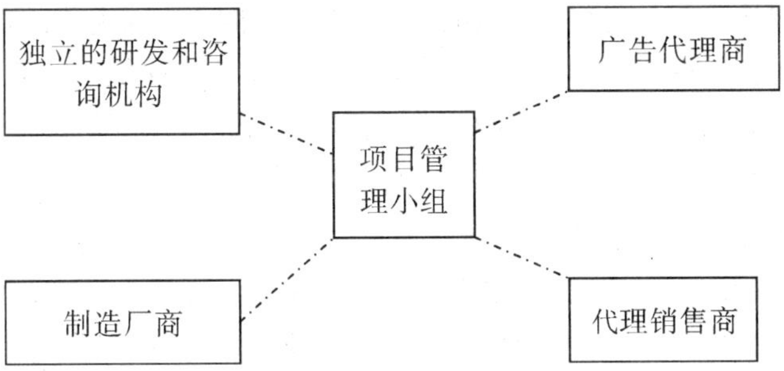

图 8.7　虚拟组织结构示意图

虚拟组织的优点是：组织结构具有更大的灵活性和柔性，以项目为中心的合作可以更好地结合市场需求来整合各项资源，而且容易操作，网络中的各个价值链部分也随时可以根据市场需求的变动情况增加、调整和撤并；另外，这种组织结构简单、精练，由于组织中的大多数活动都实现了外包，而这些活动更多的是靠电子商务来协调处理的，组织结构可以进一步扁平化，效率也更高了。

虚拟组织的缺点是：可控性太差。这种组织的有效运作是靠与独立的供应商广泛而密切的合作来实现的，由于存在着道德风险和逆向选择性，一旦组织所依存的外部资源出现问题，如质量问题、提价问题、及时交货问题等，组织将陷于非常被动的境地。另外，外部合作组织都是临时的，如果网络中的某一合作单位因故退出且不可替代，组织将面临解体的危险。同时由于项目是临时的，员工随时都有被解雇的可能，因而，员工的组织忠诚度也比较低。

八、簇群组织

簇群组织（如图 8. 8）的特点是将公司的员工组合成一个个 20 ~ 50 人的簇群，每个簇群包括不同专业的人才，他们紧密结合，通过团队全力负责一个业务计划或主理一种产品的生产经营。簇群组织的基本单位是一个自我管理型的团队，这是一种新型的横向型组织的基本单位。自我管理型团队，也称自我指导团队，其员工拥有不同的专业技能，轮换工作，生产整个产品或提供整个服务，接管管理的任务，比如工作和假期安排、订购原材料、雇用新成员等。

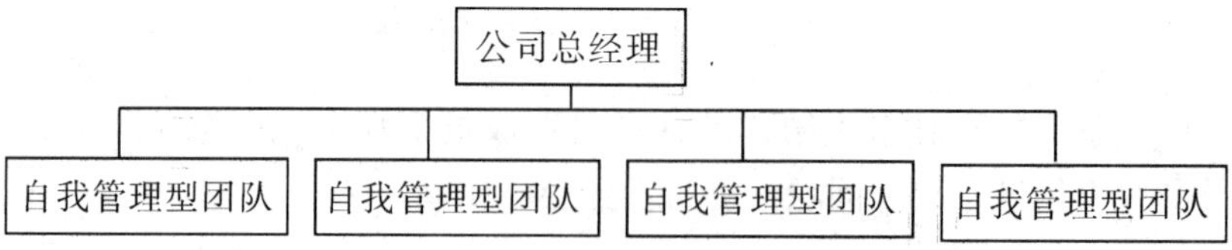

图 8. 8　簇群组织结构示意图

在设计这种簇群组织中的自我管理型团队时，有以下一些要点可以参考：

（1）这种团队需要被授权，他们在授权下，能够针对不同的任务，自主地获取比如原材料、信息、设备、机器以及供应品等资源。

（2）自我管理型团队的人员构成必须是有不同专长的人，但在组建的团队中，需要通过培训等方式消除部门之间、职能之间、科目之间、专业之间的障碍。不同的成员具备很多的技能，这样，他们可以完成别人的工作，从而能够保证组织任务的完成。

（3）中层管理人员往往在这样的组织中不存在，管理人员往往提供的是类似后勤的工作，团队以集体的名义进行决策和领导，多项任务会有一个员工来承担。

（4）自我管理型团队在授权的情况下具备自主决策的能力，团队成员因此可以根据所面临的环境制定方案、决定优先次序、支配资金、协调与其他部门或团队的有关活动。总体来说，这样的团队必须拥有自主权以处理一些完成任务所必需的活动。

但是，这种组织结构形式对员工的要求很高，员工之间的搭配与领导的素质至关重要。

第三节　组织结构的整合

一、正式组织与非正式组织

组织设计的目的是为了建立合理的组织机构，规范组织成员在活动中的关系。组织设计的结果是形成所谓的正式组织。这种组织有明确的目标、任务、机构、职能以及由此而决定的成员之间的责权关系，对个人具有某种程度的强制性。正式组织具有目的性、正规性、稳定性的特征。合理健康的正式组织无疑为组织活动的效率提供了重要保证。

但是无论组织设计的理论如何完善，设计人员如何努力，人们都无法规范组织成员在活动中的所有联系，都无法将所有这些联系纳入正式的组织结构系统。在几乎任何社会经济单位中，都存在着非正式组织。自从美国的管理学家梅奥在霍桑实验中提出了“非正式组织”这个概念后，管理者们开始注意到它的存在，并对此进行了深入的研究。研究发现，非正式组织的存在也对组织目标的实现有着不可忽视的影响。

正式组织是为了有效地实现组织目标而规定组织成员之间职责范围和相互关系的一种结构。正式组织是经过组织程序设立的，并具有明确的目标，组织行动以实现目标为出发点，组织的管理者通过方针、政策、规则、制度来约束和协调组织成员的行为。

非正式组织是人们在共同工作或活动中由于抱有共同的社会感情和爱好，以共同的利益和需要为基础而自发形成的群体。非正式组织以成员的思想感情为纽带，组织中不存在成文的规则或制度，组织成员也具有很大的不稳定性。

1. 非正式组织形成的原因

促使非正式组织形成的原因有多种。大致可以归纳为：价值观较为一致，容易产生共同语言；志愿理想比较一致；追求共同事业、共同理想；兴趣爱好相近，经常在一起活动；有类似的经历或现实境况，有共同的生活体验；存在社会交往因素，如师徒关系、同乡关系、同学关系等。

非正式组织形成的基础是共同的爱好和为实现个人单独不能实现的目标而进行的联合。管理者了解非正式组织形成的原因有助于其在处理管理问题上充分认识到非正式组织的存在，避免与之对立，并在领导与指挥下属人员时加以利用。

2. 非正式组织的特征

非正式组织是人类社会发展过程中的必然产物。非正式组织是未经正式筹划而由人们在交往中自发形成的一种个人关系和社会关系的网络。在非正式组织中，成员之间的关系是一种自然的人际关系，是由于日常接触、感情交融、情趣相投或价值取向相近而发生联系。

非正式组织具有如下基本特征：

（1）自发性

非正式组织中共同的个人行动虽然有时也能达成某种共同的结果，但人们并不是本着有意识的共同目的参与活动的。他们由于自然的人际关系而自发地产生交互行为，由此形成一种未经刻意安排的组织状态。

（2）内聚性

非正式组织虽然没有严格的规章制度来约束其成员的行为，但它通过成员的团体意识、团体固有的规范和压力以及非正式领导者的说明和影响作用而将人们团结在一起，并产生很强的内在凝聚力。

（3）不稳定性

由于非正式组织是自发产生、自由结合而成的，因此呈现出不稳定性。它可以随着人员的变动或新的人际关系的出现而发生变化，从而使内部结构表现出动态的特征。

（4）信息沟通灵活

非正式组织成员之间信息传播迅速，成员对信息反应往往有很大相似性，但由于感情的作用，使非正式组织中的成员看问题容易出现片面性，信息的传播由于缺乏全面调查、了解，也容易失真。

3. 正确处理正式组织与非正式组织的关系

（1）非正式组织的影响作用

非正式组织的存在及其活动既可对正式组织目标的实现起到积极的促进作用，也可能产生消极的影响。非正式组织的积极作用表现在它可以为员工提供正式组织中很难得到的心理满足，创造一种更加和谐、融洽的人际关系，提高员工的相互合作精神，最终改变正式组织的工作情况。

非正式组织的消极作用在于如果非正式组织的目标与整个组织的目标发生冲突，则可能对正式组织的工作产生极为不利的影响。非正式组织因为要求成员行为一致性的压力，可能会束缚其成员的个人发展。此外，非正式组织的压力还会影响到正式组织的变革进程，造成组织创新的惰性。

（2）对待非正式组织的策略

由于非正式组织的存在是一个客观的、自然的现象，也由于非正式组织对正式组织具有正负两方面的作用，所以，管理者不能采取简单的禁止或取缔态度，而应对它加以妥善的管理。也就是因势利导，善于最大限度地发挥非正式组织的积极作用，克服消极作用。

一方面，管理者必须认识到正式组织目标的实现，要求有效利用非正式组织的积极作用。为此，管理者必须正视非正式组织存在的客观必然性和必要性，允许并鼓励非正式组织的存在，并为非正式组织的形成提供条件，并努力使之与正式组织相符合。

另一方面，考虑到非正式组织可能具有的不利影响，管理者需要通过建立、宣传正确的组织文化，以影响与改变非正式组织的行为规范，从而更好地引导非正式组织作出积极的贡献。

二、直线与参谋

1. 直线和参谋的关系和矛盾

（1）直线和参谋的关系

直线职权是某项职务或某部门所拥有的发布命令及执行决策的权力，也就是通常所说的指挥权。直线职权关系的特征是：上级发布指挥命令，下级必须贯彻执行，不准自行其是；下级对自己的直线上级负责，并报告工作。

参谋职权是某项职务或某部门所拥有的服务、辅助性的权力，包括咨询、建议等。参谋职权的特征是：它不能向其他部门或人员发布命令，只能影响他人或集体的行为，如出主意、提建议、作指导，主要起咨询作用；它只在职责范围内执行参谋职能，为整个组织或某个部门提供咨询服务，发挥助手的作用。

由此可见，直线掌握的是命令和指挥的职权，而参谋则是协助和顾问的职权。参谋的职责是建议而不是指挥，他们的建议只有被直线采纳后作出决定，并通过命令向下发布指示时才有效。因此，直线和参谋是“参谋建议、直线命令”的关系。

（2）直线人员和参谋人员的矛盾

在组织结构的实际运行中，直线人员和参谋人员之间经常产生矛盾冲突，双方互有意见或不满。直线人员认为有了参谋人员以后，意味着遇事要和参谋人员商量，听取他们的意见，这是一种很大的潜在削弱直线职权的危险；直线人员认为参谋人员不了解实际的全面情况，只站在自己专业的立场上观察分析问题，缺乏整体的、全局的眼光；直线人员认为参谋人员的各种建议接二连三，各项建议各执一词，互相无法兼容；直线人员认为参谋人员只提建议，既不负责执行，又不承担责任。

参谋人员认为直线人员无视参谋人员的重要作用，把他们看得无足轻重；参谋人员认为直线人员缺乏敢于突破的创新精神，排斥新思想和新观念；参谋人员认为发生工作失误时，直线人员总是指责是由于参谋人员所提建议不当所致，以此推卸责任；参谋人员认为直线人员没有提供足够的条件，而要求又过于苛刻。

2. 直线和参谋关系的协调

正确处理直线与参谋的关系，充分发挥参谋人员的合理作用，是组织设计和运行中有效地发挥各方面力量协同作用的一项重要内容。

（1）明确直线和参谋的职责界限。无论是直线人员还是参谋人员都应认识到，组织中设置参谋职位、利用参谋人员的专业知识是管理现代组织的复杂活动所必需的。但是，直线和参谋的职员、权限以及工作目的是不同的。直线人员需要制定决策，安排所辖部门的活动，并对活动的结果负责；而参谋人员则是在直线人员的决策过程中，进行研究，提供建议，指明不同方案可能得到的不同结果。同时，应通过规范化的文件作出明文规定，以便直线人员和参谋人员能各司其职、各负其责，形成有秩序的管理。

（2）注意倾听参谋人员的意见。在组织管理活动中，直线人员如果认为设置参谋人员是必要的，那么就应当承认参谋人员提出的建议，对有效地做好工作和实现组织目标是有益的，而不是对直线权力的削弱、干扰和侵犯。另外，可以建立一些适当的强制性制度，规定直线人员必须同参谋人员共同商量，以保证他们的建议能够得到有效的采用。

（3）随时向参谋人员提供有关信息。参谋人员提供的建议不全或有误，除了自身业务水平外，在不了解、不掌握情况的条件下，任何优秀的参谋人员都不可能提供确切的意见。因此，必须向参谋人员提供必要的工作条件，特别是有关的信息情报，使他们能及时地了解直线部门的活动进展情况，从而提出有用的建议。

（4）努力提高参谋人员的水平。如果参谋人员提出的建议含糊不清，甚至作出了错误的结论。这样不仅不能给直线人员带来帮助，而且还会影响组织正常运行。因此，参谋人员应努力提高自己的工作水平，尽可能向直线人员提供全面的建议和有效的帮助。

（5）创造相互合作的良好氛围。组织中人与人之间的友好合作关系对减少矛盾冲突起着重要的作用。组织目标的实现是组织中直线人员和参谋人员友好合作的共同基础，应反复强调双方在实现组织目标中的相互依赖性，彼此互相谅解，坦诚相见，忠诚合作，求同存异，为组织目标的实现而共同努力。

三、集权、分权与授权

1. 集权与分权

集权与分权是职权集中与分散的趋势问题。所谓分权，就是在组织中将决策的权限分配给中下层组织单位的一种倾向。分权的对立面就是集权，即决策权主要集中在高层领导手中或由某一上级部门掌握与控制，下级部门只能依据上级的决定和指示执行。

在组织管理中，集权和分权是相对的。作为一个组织，为了充分发挥集体力量，有效地实现共同目标，必然要在内部进行分工。这就要求在组织内部进行分权，由组织领导层把部分决策权授予下级组织和部门的管理者，由他们行使这些权力，自主地解决某些问题，从而完成分配给他们的相应工作。如果什么事都要由高层管理者来决定和指挥，也就无法发挥组织分工协作的优越性。另外，任何组织为了保证共同目标的实现，必然要求保证组织行动的统一性。因此一定程度上的集权对于任何组织来说都是必要的。一个组织如果一切问题都由下属自行解决，那么代表组织整体活动的职权将不复存在，这样就势必造成组织的解体，形成无组织的局面。由此可见，没有绝对的集权，也没有绝对的分权。

（1）衡量分权程度的标志

①决策的数量。组织中较低管理层次作出决策的数目或频度，数目或频度越大则分权程度就越高。②决策的范围。组织中较低层次决策的范围越广，涉及的职能越多，分权程度越高。③决策的重要性。组织中较低层次作出的决策涉及的费用越多，则分权程度越高。④决策的审核。上级对组织中较低层次做出的审核程度越低，这个组织的分权程度越大。如果做出决策后还必须报上级批准，则分权的程度就越小。

一个组织分权程度的高低，并没有绝对的结论。分权程度低，也即集权程度高，主要好处是便于从整个组织目标出发处理问题，避免局部利益行为，可使组织的有限资源得到更有效的利用，并有助于确保组织政策和行动的一致性，提高组织控制力。过分集权的主要弊端是可能降低决策的质量和速度，影响组织的应变能力，不利于调动下属的积极性和主动性，阻碍信息交流，同时高层管理人员经常陷于日常事务之中也难以集中精力处理重大问题。分权程度提高，虽然可以克服集权的弊端，但相应地也丧失了集权的好处。因此，集权和分权如何平衡，企业应根据具体情况来确定。如组织规模大、地理分布广、经营领域宽的企业，宜实行分权化管理。经营环境稳定、生产技术性强的企业则倾向于采取集权化的管理方式。

（2）影响集权和分权的主要因素

①组织的规模。组织规模扩大后，授权管理反不如分权管理有效和经济。组织规模越大，要解决的向题就越多。由于高层管理人员的时间和所拥有的信息有限，为了防止组织反应迟钝、决策缓慢，他们就必然会把更多的决策权授予下级管理人员，形成较多的分权。②职责和决策的重要性。所涉及的工作或决策越重要，与此相关的权

力越可能集中在上层。③组织文化。分权的程度，常与该组织的创建过程有关，基本上是从内部发展起来的或独资创办的组织，常表现出明显的集权化倾向。另外，一个组织中的管理者对自己的下属充分信任，多采用分权形式。④下级管理人员的素质。分权需要组织具有素质良好的中下层管理人员，如果下级管理人员经验丰富、训练有素则可较多的分权；反之，人才素质不高，会限制职权的分散。⑤控制的需要。分权不可失去有效的控制。最高主管在将决策权下授时，必须同时保持对下属的工作和绩效的控制。如果分权危及到组织的生存与目标的实现，那么分权将被禁止。为了避免组织的瓦解，必须在分权的同时加强控制。控制技术的改进，将有助于管理的分权化。

为保证组织的运行，必须处理好集权和分权的关系。一般来说，技术越发展，社会化程度越高，分工合作越细密，就越需要集中统一指挥和管理，以利于组织内各部门各方面的协调配合。但是集权过多，会造成组织的适应性差和多变性的特点，因此，又要实行局部管理职权的分散。

2. 授权

所谓授权，就是领导者为了避免事必躬亲和有效地进行管理控制，将其权力的一部分授予下属，并以此作为下属完成任务所必需的客观手段。授权的整个过程应包括所预期的结果、为完成任务而分授职权、明确责任三个相互联系的部分。授权者必须要求得到职权的人对所完成的任务负责。所有授权都可由授权者收回。

（1）授权的原则

为了有效地达到组织目标，使授权更为有效，应该遵守授权的指导原则。授权的原则主要有以下几个：①以责定权，权责对等；②分层次授权，不破坏等级界限；③统一指挥，但不越级指挥，不包办属于下级职权范围、应由下级负责处理的事务；④授权不授责，即授权后上级仍应对下级工作成绩承担领导责任；⑤主要权力不能下放，实行统一领导、分级管理原则；⑥授权是动态的，可视主客观条件变化而调整，可授可收回。

授权是一种艺术。要使授权适当，领导者需有正确的态度：①对自己的下级要信任，愿意放手让他们去干，并给予鼓励和支持；②善于接受下级的意见，发挥他们的创造性；③允许下级犯错误，主动承担责任，并耐心帮助总结经验教训，避免重犯；④建立和利用广泛的控制，促使下级运用好接受的职权，完成规定的任务、目标和计划。

（2）授权的方式

职权的分授可以是详细的，也可以是概略的，可以用书面形式，也可以用非书面形式，关键是应该做到授权的明确性。如果授权的范围不明确，被授权的管理者就难以明确自己的责任和任务。

针对工作的重要性、管理水平和下属工作能力的不同情况，可以采用充分授权、不充分授权、弹性授权和制约授权等方式。

①充分授权。充分授权，是指在下达任务的同时、允许下属自己决定行动方案，并自行创造所需要的一切条件，若行动失败，自行总结经验教训后，再次采取行动。一般对工作重要性较低，工作完成与否不至于导致全局失败的结果；系统管理水平较

高，下属各子系统间协调配合较好者；权责易于明确制约者；下属的工作积极性较高，能力较强者，可以采取充分授权的方式。充分授权能极大地发挥下属的积极性、主动性和创造性，并能减轻主管的工作负担，凡具备充分授权条件的都应尽量采用。

②不充分授权。不充分授权可根据不充分程度，分为几种情况：了解问题，把事实先告诉上级，由上级决定做什么；提出所有解决问题的方案，由上级来决定选择何种方案；提出一套完整的行动计划，送给上级批核；让上级知道打算做什么，待上级同意后才开始行动；采取行动，让上级知道在干什么，也让上级知道事情的结果。当不充分授权时，上级与下属双方应在事前就明确采用何种方式，以避免出现无法挽回的局面。

③弹性授权。弹性授权是指动态授权，在完成一件任务的不同阶段采取不同的授权方式。对于复杂的任务，或对下属的能力、水平无充分把握时；对于环境条件多变时，宜采取弹性授权。弹性授权是充分授权及不充分授权中几个形式的交替使用，可以先不充分授权，视工作进展而逐步放权；也可以先授权试行，工作进展不顺利时再考虑不充分授权。但弹性授权需要在改变授权方式时对下属解释清楚，以免引起管理混乱和不必要的误解。

④制约授权。制约授权是指把某项任务的职权分解，授予两个或两个以上的子系统，使子系统之间产生相互制约作用而避免出现失误。当工作极为重要或工作容易出现疏漏时，不宜采用充分授权，而领导管理幅度大，管理任务重，无足够的精力实施不充分授权，或领导本人专业知识不足，无法实施不充分授权时，可采用制约授权的方式。

四、委员会管理

委员会是一种以集体决策为主要特征的组织形式，其主要目的就是为了实行集体管理。委员会为综合各种知识，促进信息沟通，加强各级管理人员之间的协调，发挥着重要的作用。

1. 委员会的优点

在管理实践中，委员会之所以被广泛应用，主要是它具有以下优点：

（1）提高决策的正确性。首先，通过集体讨论和研究，可以产生更多的设想和方案，可供选择的方案数量越多，被选方案的正确度和满意度就可能提高；其次，通过集体讨论和研究，能够听取更多的意见，更全面深入地了解事实，并运用更多专业知识来作出判断，可以避免仅凭主管人员个人的知识和经验可能造成的决策错误。

（2）加强各种职能的协调。在现代组织中，各职能部门之间的活动相互影响，相互依存，而组织目标的实现有赖于这些不同职能部门的共同努力，所以，组织中常通过建立由主要职能部门主管组成的执行委员会或管理委员会来协调不同部门的活动，来组织信息的交流，通过委员会的定期或不定期会议，使得各个部门的主管交换信息，了解关系部门的工作计划、存在的问题以及相互要求，可以减少摩擦、提高效率，从而加强各职能部门的配合和协调。

（3）防止权力过于集中。委员会作出的决策一般都是对组织发展方向有至关重大的决策。通过集体讨论和研究，不仅可以防止权力过于集中于高层主管，避免个人或少数人的独断专行、以权谋私等弊端，而且可以在委员会成员之间起到相互制约的作用。

（4）综合各方利益的要求。委员会的运用，往往是为了使组织内的不同利益团体能够派出自己的代表，反映自己的要求。委员会的集体讨论和协商，能够比较充分地综合考虑各方的利益，从而有利于实现组织整体上的统一和团结，同时也向各个方面强调了对集体决定的认同感和责任感。同时，它也使得整体的决定和意向很快传播到组织的各个角落，并为大家所理解，从而有利于集体决策的有效贯彻执行。

（5）有利于主管人员的成长。委员会的运用，使下级主管和组织成员在决策参与与计划制订中更好合作。另外，通过委员会，下级人员能够了解到其他主管人员及整个组织所面临的问题，从而对整个组织活动有大致的了解，有利于提高其整体管理能力。上级主管人员也可以在委员会中考评下级人员的能力，以作为未来选拔的依据。

2. 委员会的局限性

由于委员会组成的特殊性，即需要在大多数成员意见基本一致的情况下才能作出决策，所以不可避免地存在一些局限性。

（1）决策的妥协与折中。在委员会中，各方代表来自不完全相同的利益团体，当意见存在分歧时，往往是互不相让，议而不决。为了使大家都能同意，有时不得不采取折中的方法。这样做出的决策与其说是集体讨论的结果，不如说是在各种利益冲突中妥协和折中的产物，从而大大降低了决策的质量。

（2）权力和责任的分离。委员会是以集体决定、集体负责为主要特征的。因此，当就某一问题提出建议或作出判断时，这一决策权实际上也就分散到整个委员会之中。委员会的决策可能反映了每个人的意见，但并未反映任何人的所有意见，而任何人都不会愿意对那些只代表了自己部分利益和观点的决策及其行动负完全的责任。

（3）耗费时间和成本高。委员会为了得到大体一致的意见，制定出各方面基本上都能接受的决策，往往需要经过反复讨论和协商，甚至是长时间的争论不休。这既要花费很多的资金，又会造成时间的延误，而在稍纵即逝的机遇面前，这种延误可能会使组织付出极大的代价。

3. 提高委员会的工作效率

如何有效发挥委员会这种集体决策组织形式的积极作用，对于组织的正常运行是非常重要的。在实际运用过程中，应注意以下几方面的要点：

（1）明确委员会的职权范围。首先，委员会的权限究竟是决策，还是咨询服务，必须加以明确。其次，不要让委员会讨论一些琐碎、繁杂、具体的日常小事，作那些无关紧要的决策，应该让委员会去解决关系组织战略性、方向性的大问题。

（2）确定适当的规模。委员会的规模必须适宜，要根据委员会的工作目的和任务性质来确定。一方面，委员会要有相应的规模，以便集思广益和容纳为完成任务所需要的各种人员；另一方面，委员会规模又不宜太大，以免影响沟通效果和成本的增加。

（3）认真选择合格的委员。委员的素质，对于委员会工作的成效起到根本性的作用。委员应具有较强的分析能力、理解能力、归纳能力和表达能力，有冷静的头脑，善于和其他人共同工作。委员还必须特别具有全局的观点，而不是把委员的资格看作是维护狭隘利益的手段。只有这样，委员会才会有较高的工作效率，才能保证履行职责。

（4）发挥委员会主席的作用。委员会主席的组织能力对委员会的工作成效关系重大。会前的充分准备和巧妙地掌握会议是委员会主席的两项关键工作。会前要制订详细的工作计划，选择恰当的会议主题，安排好议事日程，还要考虑到讨论中可能出现的分歧和打算采取的应对办法。在讨论过程中，委员会主席既不能把自己的观点强加于委员会，也不能阻挠自由讨论。同时，也能从总体的角度出发，综合各种意见，提出能够代表多方利益，从而易于被大部分成员所接受的新观点。

第四节　组织变革

现代企业组织是一个开放系统，必须随着内外环境的变化而适时地调整自己的目标、组织结构和各种规章制度，以求得更加充分地运用人力、物力、财力和信息资源。这种调整就是变革，变革的目的是为了发展。

当今世界处于急剧的变化之中，反映到企业就是现代企业组织变革比以前速度更快、周期更短、范围更广、内容更加深刻和彻底。一个组织要能够长期生存、发展、壮大，就必须根据外部环境及内部条件的变化而适时地调整其目标与组织结构，这样才能更好地适应组织内外条件变化的要求。组织变革实际是而且也应该是组织发展过程中一项经常性的活动。

一、组织变革的动力

组织变革，就是综合运用组织和行为科学的理论，研究群体结构、岗位职权和组织再设计等问题，通过组织内部的调整使之适应内外环境变化的过程。组织需要变革的主要原因可以归纳为两个方面：

1. 组织外部环境的变化

组织是从属于社会大环境系统中的一个子系统，因此它不能控制外部环境，而只能主动适应外部环境。外部环境变化中，最主要的有以下几个方面会导致组织变革：科学技术进步，国家有关法律、法规的颁布与修订，国家宏观经济调控手段的改变，国家产业政策的调整与产业结构的优化，国际、国内经济形式的变化，国内政治形势及政治制度的变化，国际外交形势及本国外交政策的变化，国际、国内市场需求的变化及市场竞争的激烈程度的加剧。

2. 组织内部条件的变化

传统的组织结构存在明显不足，管理技术条件改变，管理人员的调整与管理水平的提高，组织运行政策与目标的改革，组织规模的扩张与业务的迅速发展，组织成员对工作的期望与个人价值观念的变化等，这一切都会影响到组织目标、结构及权力等的调整和修正，从而引起组织的变革。如当汽车制造厂的产品单一并且规模较小时，它往往实行的是集权型的直线职能制组织结构，而当产品品种增多，市场变化加快，且生产批量急剧扩大时，这时直线职能制组织结构显然就不适应了，必须建立分权型的事业部制，这是结构上的一种质的改变。

一些管理学家通过深入研究，认为当组织出现下列征兆之一时就表明该组织需要变革：决策的形成过于缓慢或时常作出错误的决策，以致贻误良机；分工不合理、职位系统不清晰而造成的上下左右职责关系不明确，工作互相干扰；机构臃肿、人浮于事，办事手续烦琐，效率低下；本位主义严重，部门间协调困难，不能形成有效的协作系统；组织的主要功能已无效率或得不到正常的发挥；组织缺少创新，停滞不前等。

二、组织变革的内容

组织变革具有互动性和系统性，组织中的任何一个因素改变，都会带来其他因素的变化。然而，就某一阶段而言，由于环境情况各不相同，变革的内容和侧重点也有所不同。综合而言，组织变革过程的主要因素包括人员、结构、任务和技术，具体内容如下。

1. 人员的变革

人员的变革是指员工在态度、技能、期望、认知和行为上的改变。组织发展虽然包括各种变革，但是人员是主要的因素，人既可能是推动变革的力量也可能是反对变革的力量。变革的主要任务是组织成员之间在权力和利益等资源方面的重新分配。要想顺利实现这种分配，组织必须注重员工的参与，注重改善人际关系并提高实际沟通的质量。

2. 对结构的变革

结构的变革包括权力关系、协调机制、集权程度、职务与工作再设计等其他结构参数的变化。管理者的任务就是要对如何选择组织设计模式、如何制订工作计划、如何授予权力以及授权程度等一系列行动作出决策。现实中，管理者应该根据实际情况灵活改变其中的某些要素组成。

3. 对技术与任务的变革

技术与任务的变革包括对作业流程与方法的重新设计、修正和组合，包括更换机器设备，采用新工艺、新技术和新方法等。由于产业竞争的加剧和科技的不断创新，管理者应能与当今的信息革命相联系，注重在流程再造中利用最先进的计算机技术进行一系列的技术改造。同时，组织还需要对其各个部门或各个层级的工作任务进行重新组合，如工作任务的丰富化、工作范围的扩大化等。

三、组织变革的过程

为了使组织的变革富有成效，必须确定组织变革的程序。组织变革的程序包括以下四步。

1. 确定问题

当组织出现无效率时，首先应确定问题本质是什么，然后才能解决问题。管理人员应分析组织无效率是否由于组织本身引起的？是暂时、偶然的现象，还是经常的现象？若确定是由于组织本身引起的无效率，就应进行组织诊断，确定问题的实质。

2. 组织诊断，制定变革方案

在组织诊断过程中，要大量地搜集组织的外部环境、内部条件、发展趋势等方面的信息资料，通过对组织的现状与期望的状态进行对比分析，探明组织的问题、发现差距、明确变革的紧迫性。当问题确定后，组织可采取一些专门方法来进行诊断。如下是几种常用的方法：①组织问卷。组织问卷可根据问题的性质设计，对组织结构、人员安排、工作责任、沟通交往、职权关系等内容进行调查，了解问题的实质。②职位说明书。通过职位说明书了解各职位的工作、权限、职责以及组织关系。③组织团。通过组织团了解组织的职权关系。④组织手册。通过组织手册，了解组织的目标、政策、职权关系等。

在此基础上制定几个可行的变革方案，以供决策者选择。

3. 选择较优方案，进行组织变革

在制定变革方案的任务完成之后，对备选方案进行分析、比较论证，从中选择一个较优的变革方案并付诸实施。在比较方案时，要充分占有信息，选择变革成本小而收获大的方案。在实施方案时，要依据变革的深入程度、困难程度、影响程度以及员工的接受程度、参与程度等来制订具体的实施计划。对于战略性变革，还要进行局部试点，在总结完善的基础上再推广之。

4. 变革的效果评估

根据变革实施后的结果，进行评估。管理者必须对变革的过程和结果进行总结和评价，总结经验教训，评价实施结果，并及时向有关部门反馈新的信息。如果变革的效果达到预期目的，则应继续巩固已有成果。如果没有达到预期结果，则应进一步分析原因，采取其他的改革措施进行组织变革。

四、组织变革的关键因素

1. 变革中个体的阻力

（1）利益上的影响。变革从结果上看可能会威胁到某些人的利益，如机构的撤并、管理层级的扁平等都会给组织成员造成压力和紧张感。过去熟悉的职业环境已形成，而变革要求人们调整不合理的或落后的知识结构，更新过去的管理观念、工作方式等，这些新要求都可能会使员工面临着失去某些权利的威胁。

（2）心理上的影响。变革意味着要承担一定的风险。对未来不确定性的担忧、对失败风险的惧怕、对绩效差距拉大的恐慌以及对公平竞争环境的担忧，都可能造成人们心理上的倾斜，进而产生心理上的变革阻力。另外，平均主义思想、厌恶风险的保守心理、因循守旧的习惯心理等也都会阻碍或抵制变革。

2. 变革中团体的阻力

（1）组织结构变动的影响。组织结构变革可能会打破过去固有的管理层级和职能机构，并采取新的措施对责权利重新作出调整和安排，这就必然要触及某些团体的利益和权力。如果变革与这些团体的目标不一致，团体就会采取抵制和不合作的态度，以维护原状。

（2）人际关系调整的影响。组织变革意味着组织固有的关系结构的改变，组织成员之间的关系也随之需要调整。非正式团体的存在使得这种新旧关系的调整需要有一个较长过程。在这种新的关系结构未被确立之前，组织成员之间很难磨合一致，一旦发生利益冲突就会对变革的目标和结果产生怀疑和动摇，特别是一部分能力有限的员工将在变革中处于相对不利的地位。随着利益差距的拉大，这些人必然会对组织的变革产生抵触情绪。

3. 消除组织变革阻力的管理对策

消除组织变革阻力的方法有：

（1）教育和沟通。通过与员工进行沟通教育，让他们了解变革的理由，会使变革的阻力减小。

（2）参与。下属很难抵制他们自己参与作出的变革决策，在变革决策之前，应把持反对意见的人吸引到决策过程中来，如果参与者具有一定的专业知识，能为决策作出贡献，那么，他们的参与就可以减少阻力，并提高变革决策的质量。

（3）促进与支持。变革推动者可以通过提供一系列支持性措施来减少阻力。

（4）谈判。变革的推动者处理变革的潜在阻力的另一方法是，以某些有价值的东西换取阻力的减少。当变革的阻力非常强大时，谈判可能是一种必要的策略。

（5）操纵和收买。操纵是指隐含的影响力，收买是一种包括了操作与参与的形式。

（6）强制。即直接对抵制者实施威胁和压力。

第五节 人力资源管理

一、人员配备的任务、依据与原则

1. 人员配备的含义及任务

组织最为重要的资源是那些能为组织提供劳动、才能、创造力与发展动力的人，因此管理者最关键的一项工作就是选拔、培训、发展那些能帮助组织实现其目标的人，即人员配备工作。

所谓人员配备是指管理者在人力资源规划的指导下，根据工作分析的结果，对所需人员进行恰当而有效的选拔、考评和培训，并创造条件推动其发展的管理活动。其目的是配备合适的人员去充实组织中的各项职位，保证组织活动的有效开展，进而实现组织的预定目标。

配备合适的人员说明人员配备一方面是满足组织的需要，为每个岗位配备适当的人；另一方面也是需要考虑组织成员个人的特点、爱好和需要，为每个人安排适当的工作。因此，人员配备需要从两个角度考虑。其一是考虑组织的需要，使组织中每个岗位、每项活动都有合格的人员，从而使组织系统能有效合理的运转。同时，通过恰当的人员配备工作，稳住人心，留住人才，维持组织成员对组织的忠诚。其二是考虑组织成员的需要，通过人员配备使每个人的知识和能力得到公正的评价、承认和运用，工作的要求与员工自身的能力相符。同时也应注意组织成员的培训与开发，不断发展组织成员的知识和能力，不断提高他们的素质。

2. 人员配备的系统方法

系统的方法贯穿于学习研究管理学的始终，人员配备也不例外，图 8.9 表明了人员配备的系统方法。

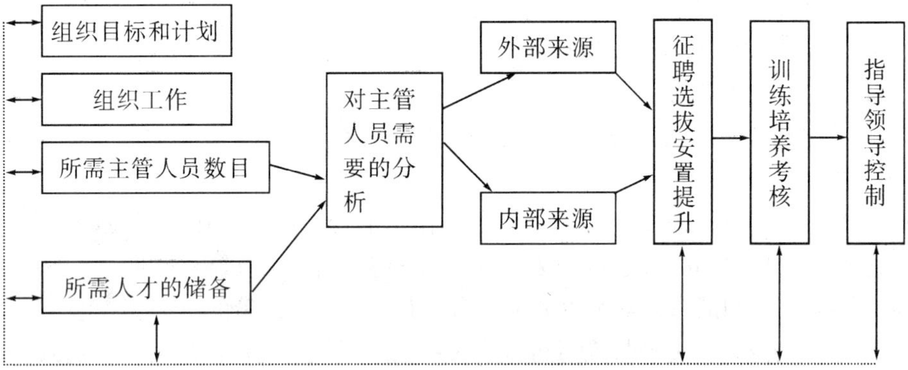

图 8.9　人员配备的系统方法示意图

组织目标和计划是组织结构设计的依据，现有的预期的组织结构，决定了所需主管人员的数目和种类。通过对主管人员的需求分析，在征聘、选拔、安置和提升的过程中，利用外部的和内部的人才来源，同时还要对主管人员进行考核、训练和培养。适当的人员配备有助于做好指导和领导工作，同样，选拔优秀的主管人员也会促进控制工作。人员配备要求采取开放的系统方法，这种方法要在组织内部贯彻，反过来又和外部环境有关。企业内部因素应予以重视，没有适当的报酬，就不能保证吸引住优秀主管人员。外部环境也不容忽视；否则，就会阻碍组织正常发展。可见，人员配备的系统方法把人员配备与管理的其他职能有机地联系成一体。

3. 人员配备的原则

人员配备是管理者的重要工作之一，其成效直接影响组织的生存和发展，在人员配备的工作中，不能任由管理者随心所欲、任意发挥，而是必须采用一些科学的方法，遵循原则。

（1）明确要求原则

由于人员配备的目的是以合适的人员去充实组织结构中所设立的各项职务，开展活动，完成组织的各项任务。如果职务要求不明确，人员配备就缺乏依据，不能做到因事设人，充分发挥员工的特长，也就不能量才录用，人尽其才，才尽其用。如果职务要求不明确，也无法评价员工在组织中担任特定职务的相对重要性，无法衡量其取得的成绩，也无法对员工进行有针对性的培训。

（2）公开竞争原则

遵循公开竞争原则，空缺的职务对任何人都是开放的。公开竞争无论对组织内部或外部的人都一视同仁，机会均等。将招聘的种类、数量、条件、要求、方法等公布，进行公开招聘，形成社会舆论，造成竞争局面，达到广招人才的目的。在甄选过程中公平竞争，完全凭借候选人本身的能力和条件，根据候选人的考核成绩，择优录用。只有坚持这条原则，才能广揽人才，选贤任能，为组织引进或为各个岗位配备最合适的人员。

（3）用人之长原则

人员配备是需要挑选个人的知识、技能、特点、潜质等与职务的要求相适应，即人事相宜的最佳人选。每个人都有其长处，也有其短处。因此挑选最佳人选并不是寻找各方面都完美无缺的人，而是相对于某个特定职务来看候选人的长处适合职务的人。人们只有处在最能发挥其长处的职位上，才能干得出色，组织才能获得最大的收益。

（4）动态平衡原则

处于动态环境中的组织在不断发展，组织中成员的能力和知识也在不断扩展。因此人事相宜也是处于变化之中，达到动态平衡。组织中的人员需要适当地、合理地流动，使能力得到发展，并且让有能力的员工承担更大的责任，使表现平平、不符合职务需要的人从事力所能及的工作，真正达到最合理地使用人员。

二、管理人员的选聘

1. 管理人员的来源

管理人员的选聘是组织吸收与获取人才的过程，是获得优秀管理人员的保证，选聘实际上包括两个相对独立的过程，即招募和甄选。人员招募是选聘系统中的一个重要环节，其目的在于吸引更多的人来应聘，使组织有更大的人员选择余地，以获得具有合适资格人选的过程。根据招募对象的来源不同，我们可将管理人员招募分为内部招募与外部招募。

（1）内部招募

内部招募是指当组织中出现管理职位空缺，人力资源管理部门采取积极的态度首先从组织内部中寻找、挑选合适的人员填补空缺。

作为填补组织中由于发展或伤老病退而空缺的管理职务的主要方式，内部招募具有以下优点：①为组织内部员工提供发展的机会，增加了组织对内部员工的信任感，这有利于激励内部员工，有利于员工职业生涯发展，有利于稳定员工队伍，调动员工的积极性。②为组织节约大量的费用，如广告费用、招聘人员与应聘人员的差旅费、被录用人员的生活安置费、培训费等。③简化选聘程序，为组织节约了时间，省去了许多不必要的培训项目（如职前培训、基本技能培训等），减少了组织因职位空缺而造成的间接损失（如岗位闲置等待、效率降低等）。④由于对内部员工有较为充分的了解，使得被选择的人员更加可靠，提高了选聘工作的质量。

内部招募虽然有许多优点，但它的缺点也较明显，主要表现在：①人员选择的范围比较小，往往不能满足组织的需要，尤其是当组织在创业初期或快速发展的时期，或是需要特殊人才（如高级技术人员、高级管理人员）时，仅有内部招募是不够的，必须借助组织外的劳动力市场，采用外部招募的方式来获得所需的人员。②易引起同事的不满。在若干个内部候选人中提升一个管理人员，可能会引起落选者的不满，不利于被提拔者开展工作。③可能造成“近亲繁殖”的现象。从内部招募的管理人员往往易使管理人员习惯组织内一脉相承的做法，不易带来新的观念。

（2）外部招募

外部招募是指组织从外部得到组织需要的管理人员。外部招募可以通过广告、就业服务机构、学校、组织内部成员推荐等途径来进行。外部招募也有优缺点。

外部招募的优点主要表现在：①人选来源广泛。可以有较广泛的来源以满足组织的需要，组织有更大的选择余地，有可能选聘到一流的人才。②能够为组织带来新鲜血液。来自外部的管理人员可以为组织带来新的管理方法与经验，给组织带来较多的创新机会。③可以避免组织内没有被提拔的管理人员的积极性受到破坏，避免因嫉妒心理造成组织成员之间的不团结，从而影响管理工作的有效性。

但是与内部招募相同的是外部招募也存在其局限性，主要表现在：①组织对外来管理人员的情况缺少深入了解，不容易对外来管理人员作出客观公正的评价，因此，组织可能会聘用一些不符合要求的管理人员，对组织造成极大的危害。②外来管理人员对组织的内部情况不够了解，在组织中缺乏一定的人事基础，往往需要有一个熟悉的过程。③会对内部人员造成打击。如果组织中有能胜任的人未被选用，从外部招募会使他们感到不公平，从而挫伤工作的积极性，影响他们的士气，使他们对自己在组织中的前途失去信心。

2. 管理人员选聘的标准

无论是外部招募还是内部招募，为了确保管理人员符合工作的要求，必须在管理人员的选聘过程中引入竞争机制。通过竞争，可以使组织筛选出最合适的管理人员。因此在管理人员甄选时首先要确定根据哪些标准来进行选聘。不同管理层次的管理者虽然具体管理业务的工作是不同的，但是其本质是相同的，可以将管理人员甄选的标准分为两个方面，即管理者的技能和管理者的个人特点。

（1）管理者的技能。管理者需要多种技能将管理工作做好。技能是来源于知识、信息、实践和资质的特殊能力。管理学者卡茨在《哈佛商业评论》上发表了一篇名为《能干的管理人员应具有的技能》的论文，提出了管理者的三种基本的技能——技术技能、人际关系技能和概念技能[①]。他认为所有的管理人员都需要这三种技能。

技术技能是指完成涉及一定方法和流程的具体任务的能力，是管理人员完成其工作所需的能力。大多数人都拥有一整套技术技能去完成日常工作生活中的活动。如财务人员、医生或者工程师在他们各自的领域或专业中都需要技术技能。管理人员必须具备技术技能。

人际关系技能是管理者与他人友好协作的能力。因为管理者必须与其他人接触，所以他们必须开发与周围人有效沟通的能力。人际关系技能具体表现为与他人融洽相处，时常激励别人，并能有效地与他人沟通。对成功的管理者而言，与不同类型的人相处愉快并交换信息的能力是不可缺少的，管理人员必须非常重视改进与其同事、下级和上级的人际关系。

① 卡茨．能干的管理人员应具有的技能//哈佛管理论文集．孟光裕，译．北京：中国社会科学出版社，1985.

概念技能涉及管理者认识复杂动态问题，发现影响问题的许多冲突因素并为组织和相关者的利益去解决问题的能力。简而言之，是与他人协作并整合整个组织利益和活动的能力。当管理者考虑企业的整体战略和目标时，考虑组织各个部分的相互关系和企业在外部环境中的角色时，管理者就要应用概念技能。一个管理者必须具备将组织视为一个整体的能力，而不能单纯从本部门的角度进行决策。

卡茨认为，尽管有效的经营管理都必须具备这些技能，但在不同的管理层次上，这些技能的相对重要程度是不一样的，如图 8.10 所示。

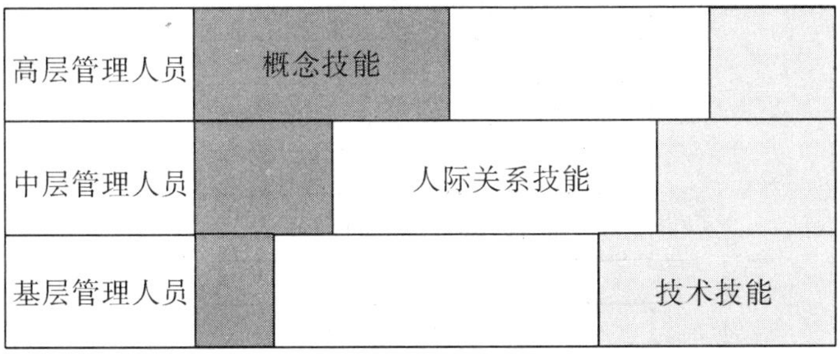

图 8.10 不同技能的相对重要程度

在基层管理中，技术技能是最重要的，但其重要程度随管理层次的上升而下降，概念技能的重要程度随管理层次的升高而增大。在全部管理层次上人际关系技能都是很重要的。

(2) 管理者的个人特点。有效的管理者除了应具有各种不同的才能外，也需要具有一些重要的个人特点，包括管理的愿望、正直的品质、沟通的能力和过去的经验。

管理愿望是指管理人员希望从事管理工作的主观要求。成功的管理者需要具有从事管理工作、影响他人以及通过与下属的共同努力取得成就的强烈管理愿望。而强烈的管理愿望是建立在对环境的细致分析，对管理工作性质的透彻理解和对自己能力充分自信的基础上的。只有对管理工作有强烈的愿望，才能将全部才能充分发挥，真正成为合格的管理人员。

正直的品质是对每个组织成员的要求。由于管理人员在工作过程中拥有职权，因此对管理人员尤其要求是道德高尚，值得信赖的。管理者的正直包括在钱财方面和与他人相处中要诚实，能够努力使上司了解真实情况，举止行为符合道德标准。管理人员如果缺乏正直的品质就可能导致组织内部成员人心涣散。

管理人员需要具有能通过书面报告、信件、谈话和讨论等进行沟通的能力。只有通过沟通，才能与组织中的成员进行交流，而组织成员之间的相互理解是成功组织共同的特征。管理人员需要通过正确地、恰如其分地运用“听”、“说”技巧，正确理解上级的意图，同时准确地表达自己的思想，布置下属的工作，协调他们的工作，达到管理的目的。并且随着管理人员在组织中的层次不断上升，跨组织交往越来越多，甚至需要同组织外部的人员交往，因此对沟通能力的要求也就随之提高。

甄选管理人员的另一个重要个人特点是其过去的管理经验。这可能是对管理人员今后工作表现的最可靠的预报材料。尤其在聘用高级管理人员时，对过去的工作成就的衡量就更为重要。

3. 管理人员的选聘程序

人员的选聘是指组织为了发展的需要，根据人力资源规划和工作的数量与质量要求，吸收管理人员的过程。

管理人员的选聘是一个复杂、完整而又连续的程序化操作过程。一般来讲，管理人员的选聘包括以下几个步骤，如图 8. 11 所示。

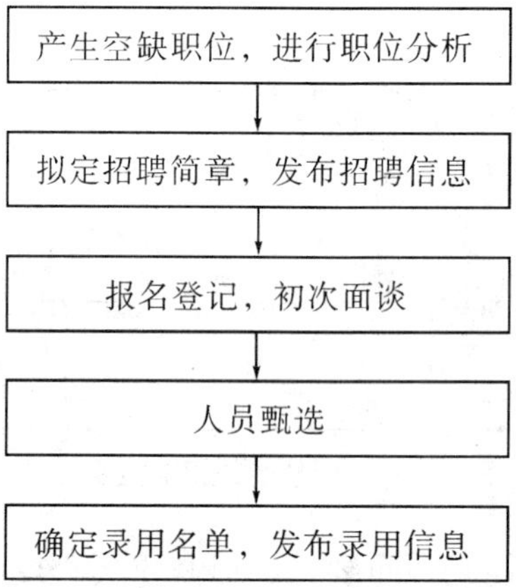

图 8. 11　人员选聘程序

（1）产生空缺职位，进行职位分析

管理人员选聘的需要是由于空缺管理职位产生的，而空缺职位产生的原因主要包括：①组织的壮大和业务的发展；②组织调动，原岗位人员调离；③原岗位人员离退休或死亡；④原岗位人员因各种原因辞职或被解雇；⑤其他原因。

产生空缺职位，必须先进行职位分析，确定人员标准，才能实施人员以后步骤的选聘工作。

（2）拟定招聘简章和发布招聘信息

通常招聘简章的基本内容包括：①标题，如“招聘”、“诚聘”和“××单位诚聘”等；②简介招聘公司或企业的性质和经营范围等基本情况；③招聘职位、人数和招聘对象的条件；④应聘时间、地点、邮编、联系电话和联系人；⑤落款，如“××有限责任公司”等。

一份优秀的招聘简章应该充分显示组织对人才的吸引和组织自身的魅力。招聘简章制作有一定的技巧，它既有一定的格式，又较随意，可别出心裁地创造，突出自己的特色，引起人们注意。一般说来，它的基本要求是：①语言简明清晰；②招聘对象的条件一目了然；③措辞既要实事求是，又要热情洋溢，表现出对人才的渴求和应有的尊重；拟定招聘简章之后，就要向社会发布招聘信息。发布招聘信息的方法很多，常用于发布信息的广告媒介有：电台、电视、报纸、杂志、互联网络等。

（3）报名登记和初次面谈

在这一阶段主要包括三项工作：

①初步面谈。这主要是对应聘者进行初步了解，如工作经历、兴趣爱好等，并从中初步了解其工作能力和求职动机。进行这种谈话时，管理者往往根据事先拟定的谈话提纲提出问题，而求职者根据问题进行回答。

②审核有关证件。招聘一般都要应聘者有一定文凭，毕业证是首要审核的证件。同时由于招聘职位不同，要求也不同，要审核的证件也就不同，除毕业证以外，还有英语等级证书、计算机等级证书、会计证、报关证等其他有关证件。

③报名登记。通过上面两步工作，对初步有资格应聘者，应让其填写“应聘人员登记表”。应聘人员登记表设计要完整，要能全面反映出有关对应聘者的了解和评价信息，但同时不要把表设计得冗长不堪，否则既浪费了求职者的时间，又使管理者陷入一大堆庞杂繁乱的材料之中，抓不住核心素质和条件。

（4）人员甄选

人员甄选是指从对应聘者的资格审查开始，经过用人部门与人力资源部门共同的初选、面试、考试、体检、个人资料核实，到选拔出合适人选的过程。人员甄选是招聘工作中关键的一步，也是招聘工作中技术性最强的一步，因而难度也最大。其目的就是从应聘者中选出能胜任工作的优秀人才，保证招聘的质量。在人员甄选中要求将个人特征同工作岗位的特征有机地结合起来，达到个人/岗位相匹配，从而获得理想的人力资源管理后果。

（5）确定录用名单，发布录用信息

此阶段的任务是把多种考核和测验结果组合起来，进行综合评价，从中择优选取录用名单。确定录用名单是一项严肃的工作，是关系到招聘工作成败的关键，必须坚持原则，认真对待，防止主观武断。录用必须以对应聘者全面考核的结论为依据，依靠集体力量，由招聘小组集体讨论核定，避免主观偏见，防止不正之风的干扰。如果一个人不以全面考核的结论为录用依据，就会全盘断送整个招聘的客观性和科学性。

在确定录用名单之后，下面的工作就是要通知应聘者是否被录用。对于未录用的应聘者，招聘单位应予辞谢。这样做有利于维护企业的良好形象和声誉，能够体现对未录用者应有的尊重。

4. 管理人员的选聘方法

管理人员甄选的方法很多，但是归纳起来主要有三种类型，即笔试、面试和测评。

（1）笔试。笔试是利用求职者文字的表达方式，来了解所需的事实与资料，从根本上说它是一种衡量的程序。笔试在人才测评实践中发挥着重要的作用，它主要用于测评人的智力、知识、能力和发展倾向，形式上表现为“纸笔作答”，特别适合大面积、大规模的测评，可以进行公平竞争，择优汰劣。但是对求职者的工作意愿和动机水平很难通过笔试来了解。

（2）面试。面试是双向选择的一个重要手段，是供需双方通过正式交谈，达到组织能够客观了解应聘者的业务知识水平、外貌风度、工作经验、求职动机、语言表达能力、反应能力、个人修养、逻辑思维能力等信息；应聘者能够了解到更全面的组织信息，并了解到自己在组织的发展前途，能将个人期望与现实情况进行比较，组织提供的职位是否与个人兴趣相符等。面试是管理人员甄选过程中非常重要的一步。

（3）测评，也叫测试，是在面试的基础上进一步对应聘者进行了解的一种手段。通过测评还可以消除面试过程中主考官的主观因素对面试的干扰，增加招聘者的公平竞争。验证应聘者的能力与潜力，剔除应聘者资料和面试中一些“伪信息”，提高录用决策的正确性。测评分为心理测评和智能测评。如果说智能测试是对应聘者现有能力的测试的话，那么，心理测试更注重对应聘者潜力的测试。

三、人员的考核

1. 人员考核的目的和作用

考核在人力资源开发与管理中具有十分重要的作用，其具体表现如下：

（1）人员考核是人员任用的依据。人员任用的标准是德才兼备，人员任用的原则是因事择人、用人所长、容人之短，通过考核可以检查人员任用是否科学合理。所谓考核，就是对人员的政治素质、思想素质、心理素质、知识素质、业务素质等进行评价，并在此基础上对人员的能力和专长进行推断。

（2）人员考核是决定人员调配和职务升降的依据。人员调配之前，必须了解人员使用的状况，人事配合的程度，其手段是人员考核。人员职务的晋升和降低也必须有足够的依据。通过全面、严格的考核，发现一些人的素质和能力已超过所在职位的要求，则可晋升；发现另一些人的素质和能力已不能达到现职的要求，则应降低其职位；发现还有一些人用非所长，或其素质和能力已发生了跨职务的变化，则可进行横向调动。

（3）人员考核是进行人员培训的依据。人员培训是人力资源开发的基本手段，但培训应有针对性，要针对岗位要求与人员素质差异进行培训，否则就会造成财力浪费。

（4）人员考核是确定劳动报酬的依据。准确地衡量劳动的数量和质量，是实行按劳分配的前提。没有考核，报酬就没有依据；没有考核结果为依据的报酬，不是真正的劳动报酬。

（5）人员考核是对员工进行激励的手段。奖励和惩罚是激励的主要内容，奖罚分明是劳动人事管理的基本原则。要做到奖罚分明。就必须要科学、严格地进行考核，以考核效果为依据，肯定成绩，找出不足，指明努力的方向，使广大员工保持旺盛的工作热情，出色地完成组织目标。

2. 管理人员考核的内容

人员考核的对象、目的和范围复杂多样，因此考核内容也比较复杂。考什么，即考核内容，这是考评首先须明白的问题。管理与业务活动行为的结果是考核的主要对象。管理人员考评最基本的目的是考核管理人员对组织的贡献，或对组织成员的价值进行评价。其主要内容包括：

（1）工作成绩。绩效考核的出发点是管理人员的工作岗位，是对管理人员担当管理工作的结果或履行管理职务的工作结果的评价。对员工的工作完成情况，即工作成绩的评价是公平的，才具有可比性。所以，工作成绩是考核的重点所在，也是考核的中心。而评价、考核工作成绩的项目或指标可从工作数量、工作质量、工作的速度、工作准确性等方面去衡量。

（2）工作能力。工作能力在本质上是指管理人员顺利完成某项管理活动所必备的，并影响活动效率的、稳定的个性特征，是指管理人员担当工作需具备的知识、经验与技能。能力与业绩有显著的差异。业绩是外在，能力是内在的。一般来说，能力包括必备的知识、专业技能、一般技能等。与能力测评不同，考评能力是考核管理人员在工作中发挥出来的能力，考核管理人员在工作过程中显示出来的能力，根据标准或要求，确定他的能力发挥得如何，对应于所担任的工作、职务，能力是大还是小，是强还是弱等作出评定。

（3）工作态度。管理人员的工作态度对工作业绩影响很大，任何组织都不能容忍缺乏干劲，缺乏热情的员工，甚至是懒汉的存在。工作能力强的人，如果工作态度不好，不努力工作，工作业绩也可能低。工作态度是工作能力向工作业绩转换的“中介”。所以考核中必须包括工作态度。

3. 人员考核的方式与方法

（1）考核方式

①自我考评。自我考评就是主管人员根据组织的要求定期对自己的工作情况进行评价。这种评价结果可用来作为上级对其评价的参考。这种形式有利于主管人员自觉地培养和提高自己的政治素质、业务水平和管理能力。不足之处在于主管人员由于担心上级主管人员不能客观地评价自己，有时会过多地谈论自己所取得的进步，而较少涉及自己的不足。

②上级考评。这是一种最常见的考评方式。如果这上级是主管人员的直接上级，则这种考评会比较正确客观。这是由于主管人员的直接上级与其联系较多，他不仅可依据主管人员的自我考评和群众考评等文字记录对主管人员作出评价，而且可根据他对主管人员平时经常性观察这种“无形考评”对主管人员作出评价。如果这上级不是主管人员的直接上级，则这种考评的准确性就较差。

③群众考评。这里指的群众可以是主管人员本人，亦可是非主管人员；可以是同级主管人员，也可以是下属主管人员，但绝不包括上级主管人员。这种形式的优点在于彼此间接触较多，了解较深，所作的评价较为客观可信。不足之处在于主管人员的人缘的好坏在其中起了很大的作用。

（2）考评的方法

考评的方法有很多，例如考试法、成绩记录法、对比法等。在实际考评过程中，只有多种方法相结合，才能取得比较满意的效果。这里，我们介绍一些方法。

①考试法。考试法分笔试、口试两种，是目前在各级各类组织中广泛应用的考评方法。笔试包括四个基本步骤：第一，公布考试范围；第二，考前复习、准备；第三，组织考试；第四，评分、公布成绩。笔试方法简便易行，主要是考评主管人员对知识的掌握程度和理论水平，但它却难以测出一个人的实际才能以及创造才能和应变能力。因此，笔试方法常常与口试方法配合进行。口试可分为“问题式口试”、“漫谈式口试”和“适应性口试”。“问题式口试”着重了解的是主管人员的知识水平；“漫谈式口试”着重了解其潜在能力；“适应性口试”则是有意提出一些极端性问题，以观察主管人员的思维能力、应变能力以及处理棘手问题的能力。

②成绩记录法。这是一种以主管人员的工作成绩记录为基础的考评方法。通常的做法是，发一种统一的成绩记录卡，按月或周记录被考评者的工作成绩，记录卡上的内容主要是与被考评者业务有关的项目，它常常与目标管理结合在一起。

③对比法。这是一种相对考评的办法，其基本步骤是：a. 事先规定好考评的具体项目；b. 将同一级主管人员编成一组：c. 按事先规定的考评项目，一一考核、比较，胜者得1分，负者得0分；d. 计算每个人的得分数；e. 按优劣顺序排出名次。

四、人员培训

人员培训是企业人力资源开发与管理的一个重要内容。从员工个人来看，人员培训可以帮助员工充分发挥和利用人力资源潜能，不断学习新的技能，积累新的经验，更大程度地实现其自身价值，提高工作满意度，增强对企业的归属感和责任感。另外，外在的压力也让员工不断提高工作质量、技术、技能等，增强他们适应社会的能力。从企业来看，对员工的培训是企业应尽的责任，有效的培训可以减少事故，降低成本，提高工作效率和经济效益，从而增加企业的市场竞争能力。

1. 人员培训的作用

培训的作用主要体现在：①培训可以提高员工的知识和技能，使其以较少的失误和浪费得到更多的产出，而且员工技能水平的提高会使岗位充实，最终使个人和组织均能受益；②培训是极为有效地促进观念转变的方法，改变对工作、技术、同事、顾客的态度；③培训对雇员周转率产生积极的影响，当实施裁员和招聘计划时，对该替换的员工进行再培训将降低这类计划的实施成本；④培训还具有激励作用，当员工被送去参加培训时，他们会有一种受到认可的感觉，从而主动掌握新技能，增强培训效果；⑤通过培训，传达与企业文化相关的价值观，使员工对企业宗旨和目标有更好的理解，培养员工对组织的认同。

通过以上分析可以看到，培训计划一方面为组织服务，为提高生产而进行；另一方面培训也能使员工提高技能，开发潜力，增加对工作的满意度，以更好地实现组织目标。

一般来说，培训可划分成五个层次：

第一个层次是知识更新；

第二个层次是能力培养，这就是我们通常意义上所理解的培训；

第三个层次是思维变革，着重培养员工的创造性和革新性；

第四个层次是观念转化，帮助员工抛弃陈旧的思想观念；

第五个层次是心理调整，这是培训的最高境界，它着重研究个体心理，通过培训手段改变员工的自我认识，从而协调员工与工作、员工与公司的关系，也就是培养员工的适应性。

2. 人员培训的内容

（1）职前培训

职前培训是使新聘人员熟悉和适应工作环境的过程。它的目标是使新职员进入工作岗位之前完成自身的社会化，并掌握必要的工作技能。在职前培训上花费较多的时间、精力、财力、物力是值得的，因为新员工的最初印象、感受和得到的教育是决定性的，对他们未来的工作行为和生活态度会产生极大的影响。由于新员工来自不同途径，进行职前培训，不但要使一些其他单位来的人员熟悉新的环境和工作，适应新的要求，还要解决好大学毕业生们的一些特殊问题，如培养他们的理论联系实际、学以致用的实际工作能力，培养他们的合作精神等，使他们真正成为合格的组织成员。

职前培训的任务是使新来者了解企业的文化、价值、传统、政策、标准、规范和未来趋向，了解企业对他们的期望和要求；职前培训还要解决新员工的社交问题，消除障碍，提供机会，使他们了解其工作气氛、与同事和上司交往的方式等；最后，职前教育还要通过示范教育和实际操作使新员工学会基本的工作技能，学会解决工作中的有关技术问题。值得注意的是职前培训不要只图形式，走过场，不讲实效。

（2）培训和再教育

随着科技进步，社会经济环境随时都在发生变化，产业结构需要不断进行调整，有的人面临失业不得不改换职业，有的人员需要补充新的知识和技能。对于各个企业来说，必须承担培训和再教育的任务。所谓培训和再教育，就是根据对职业技能和产业结构变化引起的就业趋势进行的预测，有针对性地选择培训，改进员工的知识、技能、观念和工作行为，从而适应社会的发展，顺应就业的趋势，从而提高企业经济效益，保证企业的生存和发展。

培训和再教育的过程，其开始阶段应是对培训的需求进行综合评估，确定培训要达到的目标和培训哪些人及培训的内容。设计的目标必须有一定的难度和富于挑战性，使受训完成目标后，受训人员会产生成就感。目标确定之后，便是制订和实施培训方案，这里要注意，给所有愿意接受培训的人以平等机会，使不同性别、年龄的人平等接受和完成培训项目。培训开始之后，要注意对受训者的目标激励。要把理想行为和成功标准明确地告诉他们，并设计许多阶段性的目标和测验，以加强受训者的自信心。培训者应强调自己对受训者的高期望值，这样可以激励受训者涣发他们的创造性。培训时，要多采用榜样示范来加强技能学习的效果，使学员产生对榜样的认同感，学习和模仿榜样的行为，从而加快培训速度。培训应包括学员的实践，培训者要引导学员积极将所学知识和技能付诸实践，学以致用。培训过程除包括学习知识、技能和实践环节外，还应随时反馈学员的学习进展情况。反馈就是关注学员的情况，重视他们的成就和不足，及时表扬优异者，鞭策后进者。经常用的培训方法包括：信息传播（包括讲课、函授等）、模拟练习（如案例学习、角色扮演等）和上岗操作（包括学徒、上岗练习等）。

（3）职业教育

职业教育就是使企业职员了解本职业的特点和意义，培养他们的职业自豪感和职业道德意识，强化他们做好本职工作，为社会、为人民、为自己服务的思想。职业教育是贯穿在职前培训和日常及再教育的过程之中。由于社会的发展形成行业分工和人们各种需要的满足要求产生多种职业。各种职业内容各异，但都是服务于国家和人类社会的整体和长期目标，最终都是为满足人们的各种需要，都有其价值和意义。职业自豪感是企业文化的重要内容。它可以极大地鼓舞企业员工的士气，唤起崇高的服务意识和高昂的工作热情。

3. 人员培训的方法

（1）理论培训——学习某一学科的基本理论及其新进展，了解新兴学科或有针对性地进行讨论，有助于人员较深入地了解有关学科的基本理论和发展状况，提高人员的理论水平。

（2）职务轮换——就是使各级人员在不同部门的不同主管职位或非主管工作上轮流工作，以使其全面了解整个组织的不同工作内容，得到各种经验，为其今后在更高层次上任职打好基础。在主管职位间轮换的优点是：受训主管人员可以开阔主管视野，了解各部门的特点和相互关系，培养全面综合能力；同时，可以考查其实际工作能力和适应能力。在非主管工作间轮换的优点是：通过轮训，主管人员对组织内的各类业务活动有了直接的感性认识，密切了与基层主管之间的关系，为今后在主管岗位从事管理工作打下基础。

（3）提升——指从较低层次提高到较高层次，包括有计划提升和临时提升两种。①有计划的提升是主管人员按计划的途径，经过锻炼，由低层到较高层次的主管位置。这种有计划的提升，不仅主管人员知道，受训者个人也知道，其目的在于重点培养有发展前途的主管人员。②临时提升指当主管人员由于某种临时原因，出现空缺职务时，组织指定下级主管人员为其代理人。对代理人而言，这是一种很好的实践机会，组织也可以借机考察其潜能。

（4）在“副职”上培训——受训人员通过对上级主管人员工作的密切观察，了解和学习其工作的主要内容及处理各种问题时的不同方法。在副职上接受培训的主管人员，有的仅限于观察主管人员如何行事，有的则被授予一定的权限。这里的“副职”可以是组织原来一直就有的永久性的职务，也可以是原来没有的特为培训而设置的临时性职务。

（5）集体研讨会——指各有关人员在一起对某些问题进行讨论或决策的会议，可以是定期会议，也可以是针对某一问题的研讨会。

（6）参观考察——组织主管人员亲临先进的单位或部门，学习先进思想和方法。

（7）辅导——对下级主管人员的帮助和引导。

本章小结

组织工作是管理的基本职能之一。在计划工作之后，如何去有效地使工作目标顺利实现，就是组织职能的范畴了。也就是说，必须设计和维持一种组织结构，使工作目标得以具体地安排和落实。这就要把达到组织工作目标而从事的各项活动进行分类，划分出若干个管理层次，并把监督每一类工作或活动所必需的职权授予各个管理层次、各部门的主管人员以及规定上下左右的关系。此外，根据组织内外要素的变化，不断对组织结构作出调整和变革，以确保组织目标的实现。

在组织的结构设计中要依据战略、技术、环境以及组织的发展阶段等因素来考虑。

根据企业组织结构的发展现状，本书分别介绍了几种组织结构。组织的整合部分主要介绍了集权、授权与分权，非正式组织与正式组织，直线与参谋以及委员会的相关知识。

复习思考题

1. 组织结构的基本特征是什么？
2. 组织设计的依据和原则有哪些？
3. 什么是管理幅度和管理层次？影响管理幅度的主要因素有哪些？
4. 组织变革的动力有哪些？
5. 简述事业部组织结构的优缺点。
6. 衡量集权与分权的标志是什么？
7. 直线和参谋之间的矛盾有哪些？应如何解决这种矛盾？
8. 集权和分权的特点是什么？

第九章　领导

·本章学习目标·

·掌握领导的定义及早期的领导理论
·注意行为理论的几种研究成果
·熟悉管理方格论、三维度理论
·熟悉并掌握几种权变理论的具体内容
·了解最新领导理论
·重点掌握领导与激励中的几种典型的激励理论
·理解沟通中的容易出现的问题
·掌握领导与沟通的技能
·理解领导能力的分类以及评估的方式

领导是管理的重要组织职能之一，对组织的资源配置起着重要的作用。通过领导能够让它们有效地运作起来，一个组织要生存和发展，就需要领导。判断一个领导者是否成功，是否有效，取决于在他领导之下所取得的活动成果，这也是体现一个领导者成功与否的标志。同时，领导也是一个人对其他的人施加影响的过程，在任何的一个组织中都需要领导，通过领导对下属施加影响，使下属心甘情愿、满怀热诚地为实现组织的目标奋斗。这也就反映出“领导”在很大程度上也是一种艺术。

第一节　领导理论的概述

一、领导的含义

“什么是领导?”在管理学中，恐怕没有几个术语像“领导”的定义这样不统一，有多少位管理学家，就有多少个“领导”的定义。在管理学的文献中，有多种关于领导的定义，有的把“领导”定义为一种统治形式——其下属或多或少愿意接收另一个人的指挥和控制；有的把“领导”定义为是解决问题的初始行为；有的把“领导”定义为是对制定和完成企业目标的各种活动施加影响的过程；有的把“领导”定义为是一个指挥部下的过程；有的把“领导”定义为是一个动态的过程，该过程是领导者个人品质、追随者个人品质和某种特定环境的函数。为了有效的领导，领导者需要对他的影响进行实地的了解，对不同的情况采取不同的措施，也就是管理学中常提到的

“权变管理”。

重温一下行为科学学派对“领导”的定义，可以发现第二次世界大战后行为科学理论的贡献。加里·尤克尔（Gary A. Yukl）在《组织中的领导》一书中把“领导”定义为“个人的特征”、“个人的行为”、“对别人产生影响”、“相互影响模式”、“不同角度的关系”、“一项管理阶层的工作”等。虽然各个定义有所不同，但是有一个共同的特征：“领导是一个影响别人的过程。”这也包括了各权威学者都同意的一个方面，即领导是某种施加合法影响的过程。

二、领导理论的分类

1. 早期的领导理论

到20世纪初，研究者才开始对领导进行实证研究。早期的领导理论关注领导者（特征理论）以及领导与下属的相互作用（行为理论）。下面我们将进一步认识这些观点以加深对“领导”的理解和认识。

（1）特质理论

人们能否通过研究一些领导者与被领导者之间的不同特质来甄选领导者呢？实证研究得出的结论是：几乎不可能。但个别研究发现三项基本特性范围，即才智、联系技巧、评估能力，这里也表现出领导者与被领导者有所不同的地方。

加里·尤克尔在1989年提出存在六种因素，它们之间相互作用，并左右着领导的有效性，这六种因素如下：①领导的特性和能力，包括生理特点、精力、个性、知识和技术。②领导的权利，包括地位权、奖赏权、凝聚力、专家权利、个人权利。③领导人的实际行动，指领导人的行为与下属之间的关系。④影响因素，包括组织的实质、下属的技能和努力以及领导人与下属之间的关系等，还包括支撑服务体系的性质，以及领导人可获得的其他资源。⑤状态变量，这里同时涉及内部和外部变量，如经济、政治和社会力量以及技术和下属的需求、价值观和个性等。⑥组织文化，这是一个不容忽视的因素，它在近期和长期内都会起作用。

20世纪二三十年代有关领导的研究主要关注领导者的特质，也就是那些能够把领导者从非领导者中区别开来的个性特点。这些研究旨在分离出一种或几种领导者具备而非领导者不具备的特质。人们对各种各样的特质进行研究，如体型、外貌、社会阶层、情绪稳定性、说话流畅性、社会交往能力等。尽管研究者付出了相当大的努力，但是结果表明，不可能有这样一套特质总能把领导者与非领导者区分开来。但是，通过这些研究得出有六项特质与有效的领导有关，它们是：内在驱动力、正直与诚实、领导愿望、自信、智慧、工作相关知识。

后来的研究者纷纷认定，仅仅依靠特质并不能够充分解释有效的领导，完全基于特质的解释忽视了领导者与下属的相关关系以及情景因素，具备恰当的特质只能使个体更有可能成为有效的领导人。因此，20世纪40年代末至20世纪60年代中叶，有关领导的研究集中在探讨领导者偏好的行为风格上。研究者想知道，有效的领导在“做”上，也就是在行为方面，有哪些独特之处。

（2）行为理论

研究者对行为理论的研究寄予了厚望，不仅希望它能够在领导本质方面提供更明确的答案，而且，如果特质研究成功，就为我们提供了选择“正确”的人来承担组织中的正式领导职位理论提供依据。如果行为理论研究成功，我们则可以把人培养成为领导者。相关的理论研究有：

①艾奥瓦大学（University of Iowa）的研究，其研究主要探索了三种领导维度。

独裁型风格。它指的是这样的领导者：他们倾向于集权管理，采用命令的方式告知下属使用什么样的工作方法，作出决策，限制员工参与。

民主型风格。它指的是他们倾向于在决策时考虑员工的利益，实施授权管理，鼓励员工参与有关工作方法与工作目标的决策，把反馈当成指导员工工作的机会。

放任型风格。它指的是领导者给员工或群体充分的自由，让他们自己作出决策，并按照他们认为合适的做法完成工作。

研究结果似乎表明，民主型风格更有利于良好的工作质量和工作数量。但不能说最有效的领导风格这一问题已有了定论，显然问题不是想像的那样简单。再后来的有关独裁型和民主型的研究得到结果是不一致的。有时民主型风格比独裁型风格会带来更高的工作绩效，但另一时候，民主型风格导致的工作绩效更低或两者之间没有区别。总体来说，相比专制型领导者，民主型领导者所领导的群体中，下属有更高的满意度。

②俄亥俄州立大学（Ohio State University）的研究，该理论来自于1945年俄亥俄州立大学的一组研究人员开始对领导问题进行的广泛调查。该项研究确定了领导者行为当中两个重要的维度：结构维度和关怀维度。因此，有人将其称为“二维度理论”。

结构维度是指领导者更愿意界定和构建自己与下属的角色，以实现组织目标。它包括设立工作、工作关系和目标的行为。高结构特点的领导者向小组成员分派具体工作、工作关系和目标的行为，要求员工保持一定的绩效标准，并强调工作的最后期限。领导者的这种建立规章的行为是领导者规定自己与组织其他成员的关系，并建立明确的组织类型、信息渠道和程序方法。这类领导行为以工作为中心，因此，这种行为的特点，反映了领导者推动组织成员去实现组织目标的努力。

关怀维度，指的是领导者尊重和关心下属的看法与情感，更愿意建立相互信任的工作关系。高关怀特点是领导者帮助下属解决个人问题，关心下属的生活等。这种关系是建立在以人为中心的基础之上的，包括强调组织成员的个人需求、建立良好的人际关系与和谐的组织气氛等。这种行为的特点，反映了领导者帮助组织成员实现个人目标的努力。事实上，在很大程度上，领导者不仅努力促使组织的目标实现，与下属保持相互信任的工作关系，而且他们的行为已使他们站在群体之外。

③管理方格论。众所周知的界定作风的研究方法之一，就是管理方格。这个概念是由美国得克萨斯大学罗伯特·布莱克（Robert R. Black）和简·莫顿（Jane S. Mouton）提出的，这是一种研究企业领导方式及其有效的理论，它主要避免了在企业管理的领导工作中趋于极端的方式。他们指出，可以采取使两者在不同程度上互助结合的多种领导方式。用一种表格来表示这些不同的领导方式，指出什么是最有效的领导方式，并设计出一项培训人员学习方格论、掌握最佳领导方式的方案。这种管理

方格将每一种维度分为九种程度，总共 81 种组合方式和 81 种具体的领导方式。如图 9.1 所示。

图 9.1 管理方格

资料来源：Robert R. Black，Jane S. Mouton. The Managerial Grid. Houston Texas：Gulf Publishing，1964.

管理方格论倡导用方格图表示和研究领导方式。他们认为，在企业管理的领导工作中往往出现一些极端的方式，或者以生产为中心，或者以人为中心；又或以 X 理论为依据而强调监督，或者以 Y 理论为依据而强调互信。为克服以往各种领导方式理论中的“非此即彼”的绝对化观点，他们指出：在对生产关心的领导和对人关心的领导之间，可以使用两者在不同程度上互相结合的多种领导方式。为此，设计了一张纵轴和横轴各九等分的方格图，纵轴和横轴分别表示企业领导者对人和生产的关心程度。第 1 格表示关心程度最小，第 9 格表示关心程度最大。全图共 81 个小方格，分别表示“对生产的关心”和“对人的关心”这两个基本因素以不同比例结合的领导方式。领导者的风格可能落在任意一格上，不过这里这对其中的五种类型重点说明，它们是：贫乏型管理（1，1）；任务型管理（9，1）；中庸之道型管理（5，5）；乡村俱乐部型管理（1，9）；团队型管理（9，9）。

在五种的管理风格中，研究者得出结论，团队型管理（9，9）工作效果最佳。遗憾的是，管理方格只是对领导风格这一概念提供了框架，并未回答如何使管理者成为有效的领导者这一问题，而且，也没有证据支持团队管理风格在所有的情景下都是最有效的。

④威廉·雷定（William J. Reddin）的三维度理论。20 世纪 70 年代，美国管理学家威廉·雷定将二维度理论演进到三维度理论。他所分的三维度是：任务导向（Task Oriented）；关系导向（Relationships Oriented）；领导效能（Leadership Effectiveness）。与管理方格论中对人的关心和对生产（工作）的关心维度相似，雷定把领导方式简要地分为四种，如图 9.2 所示。

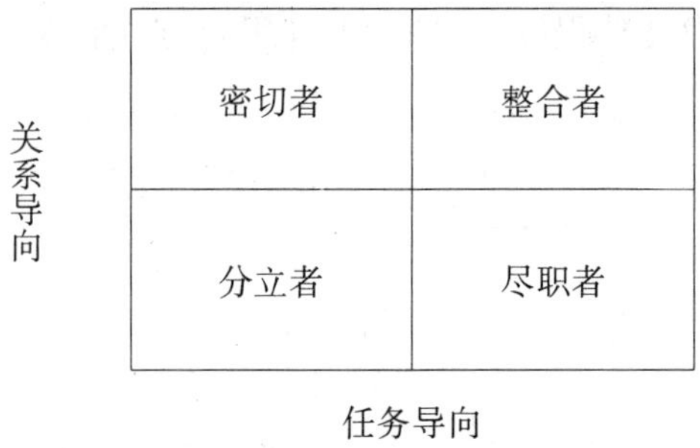

图9.2　三维度理论图

在这几种分类中，密切者（Related）是指这种领导重视人际关系，但不重视工作和任务，只要能使群体和睦相处，关系融洽，时间和效率均属次要；分立者（Separated）是指这种领导既不重视工作，也不重视人际关系，与下属人员似乎各不相干，一切照规定行事，不考虑个人差异和创新；尽职者（Dedicated）是指这种领导一心只想完成任务，铁面无私、秉公办事；整合者（Integrated）是指这种领导兼顾群体需求及任务完成，能通过群体合作实现目标。

2. 权变领导理论

对于权变领导，我们将介绍四种权变理论：弗雷德·费德勒（Fred Fiedler）模型，赫赛-布兰查德（Hersery-Blanchard）的情景理论，领导者参与模型，路径—目标理论。在每一个模型中，首先考察领导风格与情境的界定，然后试图回答"如果—那么"之间的相依关系。

（1）费德勒权变理论

权变理论认为不存在一种"普遍适用"的领导方式，领导工作强烈地受到领导者客观环境的影响。或者说，领导和领导者是某种既定环境的产物，即：

$$S = f(L, F, E) \tag{9.1}$$

在上式中，S代表领导方式，L代表领导者特征，F代表追随者的特征，E代表环境，即领导方式是领导者特征、追随者特征和环境的函数。

领导者的特征主要指领导者的个人品质、价值观和工作经历。追随者的特征是追随者的个人品质、能力等。环境主要是指工作特征、组织文化、文化影响、心理等。该模型认为各种领导方式都可以在一定环境内有效，这种环境是多种外部环境与内部因素的综合作用体。

费德勒将权变理论具体化为三个方面：职位权力、任务权力、任务结构和上下级关系。所谓的职务权力是指领导者所处的职位具有的权威和权力的大小，或者说领导的法定权、强制权、奖励权的大小。权力越大，群体成员遵从指导的程度越高，领导的环境也就越好；反之，则越差。任务结构是指任务的明确程度和部下对这些任务的负责程度。如果这些任务越明确，而且部下责任心越强，则领导环境越好；反之，则越差。上下级关系是指下属乐于追随的程度。如果下级对上级越尊重，并且乐于追随，则上下级关系越好，领导环境也越好；反之，则越差。

费德勒设计了一种问卷来测定领导者的领导方式。该问卷的主要内容是询问领导者对最不与自己合作的同事（LPC）的评价。如果领导者对这种同事的评价大多用敌意的词语，则该领导趋向于工作任务型的领导方式（低 LPC 型）；如果评价大多用善意的词语，则该领导趋向于人际关系型的领导方式（高 LPC 型）。费德勒认为环境的好坏对领导的目标有重大影响。对低 LPC 型领导来说，比较重视工作任务的完成。如果环境较差，他将首先保证完成任务；当环境较好时，任务能够完成，这时他的目标将是搞好人际关系。对高 LPC 型领导来说，比较重视人际关系。如果环境较差，他将首先将人际关系放在首位；如果环境较好时，人际关系也比较融洽，这时他将追求完成工作任务。

（2）情景领导理论

在管理开发顾问中，由保罗·赫赛（Paul Hersey）和肯尼斯·布兰查德（Kenneth Blanchard）开发了一个备受推崇的模型，称为情景领导理论（Situational Leadership Theory，SLT），也有的称为是领导生命周期理论。这是一个关注下属准备状态的权变理论。赫赛和布兰查德认为，成功的领导是通过选择恰当的领导方式而实现的，选择的过程依据下属的成熟度水平而定。在领导的有效性方面对下属的重视反映了这样一个事实：下属可能接纳也可能拒绝领导者。无论领导者怎么做，其效果都取决于下属的活动。然而这一重要维度的价值却被众多领导理论所忽视或低估。根据赫赛和布兰查德的解释，成熟度（readiness）指的是：个体能够并愿意完成某项具体任务的程度。

情景领导理论使用的两个领导维度与费德勒的分类相同：任务行为和关系行为。然而赫赛和布兰查德更向前迈进了一步，他们认为每一维度有低和高两个水平，从而组合成领导风格，描述如下：

告知（高任务、低关系）：领导者界定角色，明确告诉下属该干什么、怎么干以及何时何地去干。

推销（高任务、高关系）：领导者同时提供指示性行为与支持性行为。

参与（低任务、高关系）：领导者与下属共同决策，领导者的主要角色是提供便利条件与沟通渠道。

授权（低任务、低关系）：领导者提供极少的指示性行为或支持性行为。

模型定义的下属成熟度的四个阶段：

R_1：这些人对于承担某项工作任务既无能力又不情愿，他们既不胜任工作又不能被信任。

R_2：这些人缺乏能力，但愿意从事必要的工作任务。他们有积极性，但目前尚缺乏足够的技能。

R_3：这些人有能力却不愿意干领导者希望他们做的工作。

R_4：这些人既有能力又愿意干领导者希望他们做的工作。

情景领导理论着重强调的是，领导者与下属的关系如何，如同家长与孩子的关系。当孩子越来越成熟并能够承担责任时，家长需要逐渐放松控制。领导者对员工也是同样的做法，当下属的成熟度越来越高时，领导者不但要不断降低对他们活动的控制，还要不断减少关系行为。领导的情景理论指出，如果下属既无能又不愿意承担一项任务，领导者需要提供清晰和具体的指令（告知）；如果下属没有能力但有意愿，则领导者既要表现出高度的任务取向以弥补下属能力的缺陷，又要表现出高关系取向以使下属“领会”领导者的意图（推销）；如果下属有能力但无意愿，则领导者需要运用支持参与风格（参与）；如果下属既有意愿又有能力，则领导者不需要做太多的工作（授权）。

情景领导理论具有直觉上的感染力。它承认下属的重要性，而且“领导者可以弥补下属能力和动机方面的欠缺”的观点也有其逻辑基础。

（3）领导参与模型

由维克多·弗罗姆（Victor Vroom）和菲利普·耶顿（Philip Yetton）开发的领导参与模型（Leader Participation Model），指出了领导行为和决策参与之间的关系。模型指出领导者的行为必须加以调整以适应任务的结构，任务的结构可能是常规的、非常规的，或介于两者之间的某种形式。弗罗姆和耶顿的模型十分规范，根据不同的情景类型，给领导者提供了一系列应该遵循的规则或规范，以确定领导者在决策中的参与类型和参与程度。

虽然相关研究不断为有效的领导者风格增加新观点和新见解，却仍然反映了决策如何作出以及由谁作出的过程，但在这五种领导风格的阐述上却有一定变化。在领导者确定哪种领导风格最有效时，又增加了一些有关决策方面的权变因素。这些因素在具体的环境中可能表现出来（“H”代表“高”），也可能没有表现出来（“L”代表“低”）：决策的显著性、承诺的重要性、领导者的专业化、承诺的可能性、群体的支持性、群体的专业化、团队实力。

弗罗姆和耶顿定义的领导参与模型中的领导风格分为：裁决（领导者独自作出决策，以宣布或说服方式告知群体成员）；个别磋商（领导者与个别群体成员交流问题，从而获得他们的建议，并在此基础上作出的决策）；推动和促进（领导者通过议会形式向群体告知问题所在，领导者扮演助推器的作用，明确具体的问题并规定决策的问题）；授权（领导者让群体做出决策，但要求在规定的限制条件内完成）。

（4）路径—目标理论

路径—目标理论是由罗伯特·豪斯（Robert House）发展的一种领导权变理论。该理论认为，领导者的工作是帮助下属达到他们的目标，并提供必要的指导和支持，以确保各自的目标与群体或者组织的总体目标一致。“路径—目标”的概念来自这样的观念，即有效的领导者能够明确指出实现工作目标的方式以帮助下属，并为他们清除各种障碍和危险，从而使下属的相关工作容易进行。

根据路径—目标理论，领导者的行为被下属接受的程度，取决于下属是将这种行为视为获得当前满足的源泉，还是作为未来满足的手段。领导者行为的激励作用在于：使下属的需要的满足取决于有效的工作绩效，提供完成绩效所必需的辅导、指导、支持和奖励。为考察这些陈述，豪斯确定了四种领导行为：指导型领导者让下属知道他对他们的期望是什么以及他们完成工作的时间安排，并对如何完成任务给予具体指导，这种领导类型与俄亥俄州立大学的结构维度相似；支持型领导十分友善，表现出对下属需要的关怀，它与俄亥俄州立大学的关怀维度相似；参与型领导者则与下属共同磋商，并在决策之前充分考虑他们的建议；成就向导型的领导者设定富有挑战性的目标，并期望下属发挥出自己的最佳水平。与费德勒的领导方式学说不同的是，豪斯认为领导者是灵活的，同一领导者可以根据不同的情景表现出任何一种领导风格。

路径—目标理论提出了两类情景变量作为领导行为—结果关系的中间变量，即环境因素（任务结构、正式权力系统和工作群体）和下属的个人特点（控制点、经验和知觉能力）。控制点是指个体对环境变换影响自身行为的认识程度。根据这种认识程度的大小，控制点分为内向控制和外向控制两种。内向控制点则是说明个体充分相信自我行为主导未来而不是环境控制未来的观念，外向控制点则是说明个体把自我行为的结果归于环境影响的观念。依此，下属分为内向控制点和外向控制点两种类型。环境因素和下属个人特点决定着领导行为的选择。这一理论指出，当环境因素与领导者行为相比重复或领导者行为与下属特点不一致时，效果皆不佳。在路径—目标理论基础上可以引申出一些假设：与高结构化和设计规范的任务相比，当任务不明或压力过大时，指示型领导会带来更高的满意度；当下属从事结构化任务时，支持型领导会导致高工作绩效和满意度；对高智商或经验丰富的下属来说，指示型领导可能被视为累赘或者是多余；组织中的正式职权关系越明确、越官僚化，领导者越应展现支持行为，减低指示型行为；当群体内部存在着实质的冲突时，指示型领导会带来更高的员工满意度；内控型下属对参与型领导风格更为满意，外控型下属对指示型领导风格更为满意；当任务结构不明时，成就取向型领导风格将会提高下属的预期水平，使他们相信通过努力可以提高绩效水平。

对这些假设进行检验的研究总体来说得到了令人振奋的结果，尽管不是每一项研究均得到支持性结果，但是大多数研究支持了该理论背后的逻辑基础。也就是说，当领导者可以弥补员工或工作环境方面的不足时，会对员工的工作绩效和满意度产生积极的影响。但是，如果任务本身已经十分明确或员工已经具备能力和经验处理它们时，领导者还要花时间进行解释和说明，则下属会把这种指示性行为视为累赘、多余、甚至是侵犯。

3. 领导理论的最新观点

（1）事务型领导与变革型领导

他们鼓励下属为了组织利益而超越自身利益，并能对下属产生超乎寻常的深远影响。他们关注每一个下属的兴趣所在与发展需要；他们帮助下属用新视角看待老问题，从而改变了下属对问题的看法；他们能够激励、调动和鼓舞下属为实现群体目标付出更大的努力。

（2）魅力型领导

帕特·法拉（Pat Farrach）提出魅力型领导理论（Charismatic Leadership Theory），指出魅力型领导就是“基于对一个人的超凡神圣、英雄主义或者模范性品质的热爱以及由他揭示或者颁布的规范性形态或者命令的权威”。他将这种魅力（Charisma）定义为“存在于个体身上的一种品质，超出了普通人的品质标准，因而会被认为是超自然所赐、超凡的力量，或者至少是一种与众不同的力量与品质”。这些品质普通人难以企及，往往被视为超凡神圣和具有模范性质，或者至少他们会将具有这种魅力品质的人视为领袖。由于这种魅力超出了人们的正常生活，所以它难以用理性、美学或者别的观点加以解释。

三、领导的作用

在带领、引导和鼓舞部下为实现组织目标而努力的过程中，领导者发挥着指挥、协调、和激励三个方面的作用。

1. 指挥作用

在集体活动中，需要的是头脑清晰、胸怀全局，能高瞻远瞩、运筹帷幄的领导者来帮助人们认清所处的环境和形势，指明活动的目标和达到目标的途径。特别是在环境具有很大的不确定性的条件下，领导指挥作用发挥的效果是最为明显的。

2. 协调作用

协调作用包括内部协调作用和外部协调作用。在许多人协同工作的集体活动中，即使有了明确的目标，也会因各人的才能、理解能力、工作态度等不同，加上各种外部因素的干扰，人们相互之间在思想上发生各种分歧、行动上出现偏离目标的情况是不可避免的。同时协调外部关系，维护组织利益，树立企业形象，对企业发展有非常重要的促进作用。

3. 激励作用

现代社会，人们工作大都是为谋生，尽管人们有积极工作的愿望和热情，但是未必能自动地长久保持下去。引导职工努力朝向同一目标，协调这些职工在不同时空的贡献，激发职工的工作热情，使他们在企业经营活动中保持高昂的士气、激发自己的激情，全身心投入到工作中，为组织目标的实现提供动力支持。

4. 构建管理框架体系，酝酿企业文化

领导能够构建和维持一个良好的组织管理框架，促进和提高企业组织的运转水平。合理的组织结构，严密的管理制度和鼓励员工积极向上的激励政策、评价、报酬体系是保证企业正常运行的基本条件。领导者能够创造和形成一种适合本企业特点和追求的文化氛围，能够对组织硬性的规则和程序进行补充。能使员工之间形成融洽的员工关系，能够使企业各组成部分达到高度整合。

四、领导艺术

领导者的工作效率和效果在很大程度上取决于他们的领导艺术。领导艺术是一门博大精深的学问。

1. 做领导的本职工作

领导者有条不紊地办事是一种艺术。领导者必须明白，凡是下属可以做的事，都应该授权让他们去做，领导者只应该做领导应做的事。领导的事包括决策、用人、指挥、协调和激励。这些都是大事，是领导者应该做的，但绝对不是说都应该由单位的最高领导人来做，而应该分清轻、重、缓、急、主、次、先、后，授权每一级去管本级应该管的事。企业的最高领导应该抓重中之重，也就是要学会放权，学会相信自己的下属，领导者才能腾出更多时间去进行思索和筹划。

2. 善于倾听下属的意见

领导者在行使指挥和协调的职能时，必须把自己的想法、感受和决策等信息传递给被领导者，才能影响领导者的行为。同时，为了进行有效的领导，领导者也需要了解被领导者的反应、感受和困难。这种双向的信息传递十分重要。交流信息可以通过正式的文件、报告、书信、会议、电话和非正式的面对面会谈等方式进行。其中，面对面的个别交谈是深入了解下属的较好方式，因为通过交谈不仅可以了解到更多、更详细的情况。有些领导者在同下级谈话时，往往同时批阅文件，左顾右盼，精力不集中，不耐烦，其结果不仅不能了解对方的思想，反而会伤害对方的自尊，失去下属对自己的尊重和信任，甚至还会造成冲突和隔阂。所以，领导者必须掌握善于同下属交谈，倾听下属意见的艺术。领导者在倾听时应注意：

（1）即使你不相信对方的话，或者对谈的问题毫无兴趣，在对方说话时，也必须悉心倾听，善加分析。

（2）要仔细观察对方说话时的神态，捉摸对方没有说出的意思。

（3）谈话一开始，就要让对方把话说完，不要随意插话，打断对方的思路，岔开对方的话题，也不要迫不及待地解释、质问和申辩。对方找你谈话是要谈他的感受，领导者倾听下属意见的目的在于了解对方的想法，而不是摆出“权威”的架势去说服、教育对方，打通对方的思想。对方讲的是否有道理，是否符合事实，可以留待以后研究。

（4）如果你希望对某一点多了解些，可以将对方的意见改成疑问句简单重复一遍，这将鼓励对方作进一步的解释和说明。

（5）如果对方诚恳地希望听到你的意见，你必须抓住要领，态度诚恳地就实质性问题作出简明扼要的回答，帮助他拨开心灵上的云雾，解开思想上的疙瘩，对谈话的重大原则问题或应该由上级主管处理的问题，领导者应实事求是地告诉对方，这些问题是自己不能单独处理的，需要研究后才能答复。

（6）领导者必须控制自己的情绪，不能感情用事，对方说的内容，领导者可能同意，可能怀疑，甚至不满和反感，但是，不管领导者自己的观点和情感如何，都必须加以控制，始终保持冷静的态度，让对方畅所欲言。仅此一点，就会使对方感到领导在注意他的意见，在彼此沟通思想感情。至于是非曲直，可以留待以后再谈，或留待对方冷静后自己去判断。

3. 争取众人的信任和合作

领导者不能只依靠自己手中的权力，还必须取得同事和下属的信任和合作。有些领导者往往只会自己埋头苦干，不善于争取别人的信任和合作；也有个别人只想利用手中的权力来使副手和下属慑服，而较少考虑如何取得他们的支持。领导者和被领导者之间的关系不应该只是一种刻板和冷漠的上下级关系，而应当建立起真诚合作的关系。

（1）平易近人。由于中国传统思想的影响，在一些人的头脑中不自觉地残留着“官贵民贱”的意识，认为当官以后，总比一般的人高出一等。所以领导者必须自觉地消除这种意识，在与同事和下属相处中，要注意礼貌，主动向对方表示尊重和友好；

在办事时要多用商量的口吻，多听取和采纳对方意见中的合理部分；要勇于承认和改正自己的缺点、错误；不要轻易发脾气、耍态度、训斥人，也不要讲无原则的话，更不能随便表态、许诺。

（2）信任对方。在分工授权以后，领导者对下属不要再三关照叮嘱，更不要随便插手干预，使对方感到你对他的能力有所怀疑。相反，领导者要用实际行动使下属感到你对他是信任的，感到自己对集体是重要的。这样，下属就会主动加强同领导者的合作。如果领导者能在授权的同时，主动征求并采纳下属对工作的意见，使下属感到领导对他的器重，这将有利于增进相互的友谊和合作。如果领导者让自己的副手或下属长期感到被忽视，不能发挥作用，则必将招致他们的不满和怨恨。

（3）关心他人。领导要在生活上、工作上等多方面关心他人，要为下属提高思想业务水平创造条件，要为下属解决生活上的困难，不怕受麻烦；要吃苦在前，享乐在后，在经济利益和荣誉面前一定要想到他人。

（4）做自己时间的主人。领导要科学地组织管理工作，合理地分层授权，把大量的工作分给副手、助手、下属去做，以摆脱繁琐事物的纠缠，腾出时间来做真正应该由自己做的事。

第二节　领导与激励

管理学的本质就是通过影响他人的能力，激励人们为组织提供有益贡献的工作热情，去实现管理者为组织制定的目标。在管理的领导职能中，领导者方面描述的是管理者如何指挥和协调部下为实现目标而努力的过程。为了完成管理工作，领导者的重要工作是要了解、预测和控制一个人，在什么时候可能进行什么动作，同时要了解是什么动机或需求能在某一特定时间唤起某个动作。因为人的活动，就是要满足需求、实现某种动机的活动。

一、激励动机与对象

激励（motivation），在管理学的教科书中，常常和动机联系在一起。美国管理学家斯蒂芬·罗宾斯（Stephen P. Robbins）把动机定义为个体通过高水平的努力而实现组织目标的愿望，而这种努力又能满足个体的某些需要。因此，无论是激励还是动机，都包括三个关键要素：努力、组织目标和需要。一般而言，动机是诱发、活跃、推动并指导和引导行为指向一定目标的心理过程。

努力要素是强度或内驱力指标。一个受到激励的个体会更勤奋地工作，但是，如果这种努力不指向有利于组织的方向，则高的努力水平未必会产生令人满意的工作业绩。因此，对于努力因素我们不仅要考虑它的强度还要考虑它的质量。

从激励的定义可以看出，激励是一个适用于各种动机、欲望、希望以及其他相类似的力量的一个通用术语。因此，激励的对象主要是指人，或者准确地说，是在某特定的组织范围中的员工或者领导对象。正确地认识激励的对象，有助于体现领导的管理职能，从激励的内涵看，意味着组织中的领导者应该从行为科学和心理学的基础出发，认识员工的组织贡献行为，也就是要认识到人的行为是由动机决定的，而动机则是由需要引起的。动机产生以后，人们就会寻找满足需要的目标，而目标一旦确定，就会进行满足需要的活动。从需要到目标，人的行为过程是一个周而复始、不断进行、不断升华的循环。通过认识激励的对象，可以认识到，需要是人类行为的基础，不同的需要在不同的条件下会诱发不同的行为。

二、早期的激励理论

早期的激励理论包括：亚伯拉罕·马斯洛（Abraham Maslow）的需求层次理论、道格拉斯·麦格雷戈（Douglas McGregor）的 X 理论和 Y 理论、弗雷德里克·赫茨伯格（Frederick Herberg）的双因素理论。在以后的发展中，出现了对这些理论更多的有说服力的解释，但对于学习管理学的人们仍需要了解它们，原因在于：它们是最早的激励理论模型，它们是当今各种理论成长的基础，实践中的管理者经常使用这些理论和术语解释员工的动机。

1. 马斯洛的需求层次理论

该理论是由美国社会心理学家马斯洛提出，因此以他的名字命名。需求层次试图回答这样的问题：决定人行为的尚未得到满足的需要是些什么内容？在著名的霍桑试验中，梅奥（Mayo）等研究人员就以工厂为研究对象，希望能找到提高工人劳动生产率的手段。结果发现，工人劳动积极性的提高在很大程度上取决于他们所处的环境，既有车间又有厂外的社会环境。个体的需求是逐级上升的，当一种需要得到满足后，下一个层次就会成为主导需要，如图 9. 3 所示。

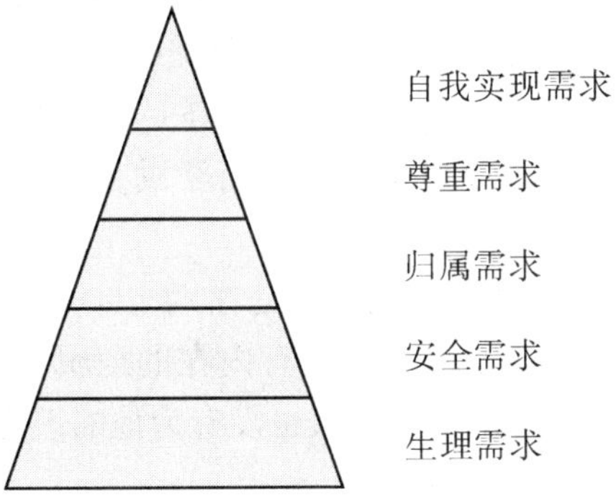

图 9. 3 需求层次图

如图该模式的理论基点包括：

（1）生理需求。生理需求处于需要层次的最底层，这是人类最基本的需要。如果生理需求不能得到满足，人类就难以生存。这类需求包括吃饭、穿衣、居住、睡眠等。

（2）安全需求。安全需求是指人类在社会活动中，对安全的生理和精神的需要，或不受到威胁的需要，包括自己保护自己免受生理和情绪伤害的需要。在组织情景中，这一需要体现在为员工工作场所的安全保护以及对附加的安全福利的要求。比如，人身安全指疾病、灾祸、社会治安、环境污染等；精神安全的需求指不必为失业、经济压力担忧；心理安全指不受严酷监督、不遭受不公正待遇；工作环境安全指工作环境舒适无害。

（3）归属需求。当一个人的安全需求得到满足之后，他就不再担心物质幸福了。这时候，归属或认可的需要就成为影响他行为的主要激励因素。归属或认可需要的范围十分的广泛，如希望朋友之间、同事之间关系融洽或保持友谊和忠诚的良好关系，希望得到他人的友情，希望成为某一团体的一员并互相照顾和关心。许多的管理者都知道人有这方面的需求，但有时错误地认为这种需要会对组织构成威胁，担心下属需要会成为实现组织目标的障碍。事实上，当归属需要得不到满足时，一个人才会敌视、反对、破坏组织的目标。

（4）尊重需求。在归属需求得到满足后，尊重需求才能成为行为的激励因素。尊重需求指的是自尊和名誉方面的需要。与个人自尊有关的需要，如对自信、独立、成就、信心、知识等的需要；与个人的名誉有关的需要，如对地位、认可、赞赏、被人尊重等的需要。根据马斯洛的说法，人一旦满足了归属需求，一般就会要求自尊和被别人所尊重。

（5）自我实现需求。这是需求的最高层次，指的是一个人的能力发挥到极限，即最大限度地发挥个人的潜力并能有所成就。这是实现个人理想和抱负的需要。马斯洛认为工业组织提供给雇员满足自我实现需要的机会十分有限，使得人的这种潜在需要处于冬眠状态，难有充分表现的机会。自我实现需要之所以被剥夺，是因为其他低层次的需要尚未获得满足，不得不全力争取。

职工的需求是多方面的，多种需求在职工的需求体系中处于不同层次地位。未满足的需求是激励行为的基本动力，当低层次的需求得到满足后，人们会转而追求满足更高层次的需求。高层次需求对职工行为的激励作用更为强大、持久。需求层次理论的价值在于，管理者可以根据五种基本需求对职工的多种需求加以归类和确认，然后针对未满足的或正在追求的需求提供诱因，进行激励，同时更加注重高层次需求的激励作用。

马斯洛的理论得到了普遍的认可，特别是在六七十年代很受一线管理者的欢迎，主要原因是该理论简单明了、易于理解、具有内在的逻辑性。不过从总体上说，这一理论尚未得到实证研究的检验，马斯洛本人也没有为他的理论提供实验证据。

2. 双因素理论

美国心理学家赫茨伯格于 1959 年提出双因素理论（激励—保健理论），他的观点是：个人与工作的关系是最基本的出发点，因为个人对工作的态度将决定着正在执行的任务的成功与失败。赫茨伯格和他的助手们在美国对 200 名工程师、会计师进行了调查访问，访问主要围绕两个问题：在工作中，哪些事项是让他们感到满意的，并估计这种积极情绪持续多长时间；哪些事项是让他们感到不满意的，并估计这种消极情绪持续多长时间。通过对回答材料的分析，着手研究哪些事情使人们在工作中感到快乐和满足，哪些造成不愉快和不满意。他要求人们在具体情景下详细描述他们认为工作中特别好或者特别差的内容，并把调查的结果分类。结果发现，人们对于工作感到满意和不满意的因素是完全不一样的。

调查的结果表明，使职工感到满意的是属于工作本身或工作内容方面的，使职工感到不满的都是属于工作环境或工作方面的。前者定义是激励因素，后者叫作保健因素。人们对工作感到满意和对工作感到不满意的内容里完全不相同的因素，从而使赫茨伯格对传统的观点，即满意的对立面是不满意，作出了修正，并认为两类明显不同的因素是完全不同的连续统一体：满意的对立面是没有满意，而不是不满意；不满意的对立面是没有不满意，而不是满意。赫茨伯格的理论提出影响工作的因素分为保健因素和激励因素两种。

（1）保健因素。保健因素的满足对职工产生的效果类似于卫生保健对身体健康的作用。保健从人的环境中消除有害健康的事物，它不能直接提高健康水平，但有预防疾病的效果。它不是治疗性的，而是预防性的。有些工作条件不具备时，会引起雇员的不满意。然而，具备这些条件，并不能使雇员受到巨大的激励，赫茨伯格称这些因素是保健因素，因为这些因素可以使满足保持在合理的水平上。赫茨伯格还发现员工感到不满意的因素都属于工作环境和工作方面的外部因素，如福利、工资、地位、安全保障等。当这些因素恶化到人们认为不可以接收的水平时，就会产生对工作的不满意。但是，当人们认为这些因素很好时，它只是消除了不满意，并不会导致积极的态度，这就形成了某种不是满意、又不是不满意的中性态度。

（2）激励因素。那些能够带来积极态度、满意和激励作用的因素就叫做激励因素，有些工作环境可以构成很大程度的激励和工作的满足。然而，如果不具备这些环境，也不会构成很大的不满足。他总结出六个属于满意的因素，如赏识、成就感、承认、负有较大责任、具有挑战性的工作、个人发展等。如果这些因素具备了，就能对人们产生更大的激励，由此赫茨伯格认为传统的激励假设，如工资刺激、人际关系的改善、提供良好的工作条件等，都不会产生更大的激励，他们只能消除不满意，防止产生问题。管理的重点是找到激励因素，但也要重视保健因素的作用。

总之，缺乏保健因素会使人产生很大的不满足感，但有了它们，也不会使人产生巨大的激励。具备激励因素时，他们能产生巨大的激励作用和满足感，但在缺乏时，也不会使人产生更大的不满足感。

3. X 理论和 Y 理论

麦格雷戈以他所提出的有关人性的两类假设著称：X 理论和 Y 理论。将人分成两类完全不同的类型，一种是消极的，另一种则是积极的。

麦格雷戈把对人本性的传统假设概括为 X 理论，假设如下：

（1）一般的人天性厌恶工作，因此只要有可能就一定逃避工作。

（2）由于有这种厌恶工作的特性，所以对大多数人来说，都必须通过强迫、控制、指挥和惩罚的威胁，才能使他们作出足够的努力来实现组织目标。

（3）一般人宁可受人指挥，也不会主动要求承担责任，并且胸无大志。

同时把对人本性的假设概括为 Y 理论，假设如下：

（1）人在工作中无论是在体力还是在脑力方面的支出，都像在游戏或休息一样自然。

（2）人能主动承担责任，为实现目标而在工作时能实行自我管理和自我控制。

（3）人具有丰富的想象力和创造力，但一般只得到部分发挥，如果把奖励与组织目标联系起来，它能充分发挥人的智力潜能。

（4）对员工应该充分信任，给予他们权力，让其承担一定的责任，采取参与制。

该理论在需求层次理论的框架下进行解释效果最佳，X 理论假设较低级层次的需要支配着个人行为，Y 理论则假设较高层次的需要支配个人行为。麦格雷戈坚信 Y 理论的假设比 X 理论更有效。因此，他倡导实行员工参与决策，为员工提供具有挑战性和责任感的工作，建立良好的群体关系，认为通过这些手段可以极大地调动员工的工作积极性。但遗憾的是，并无研究证据证实哪一种假设更为有效，也无证据表明接受 Y 理论假设并改变行为的做法更能有效地调动员工积极性。

三、当代的激励理论

当代的激励理论不像前面介绍的那些理论，不是比较成熟的激励理论，也非广为人知的理论。在大量的研究证据的支持下，当代的激励理论也在逐渐地发展成熟。它主要包括：目标设定理论、强化理论、期望理论、公平理论等。

1. 目标设定理论

目标设定理论是一种重要的激励因素，目标设定认为，适当地设定目标并妥善地管理工作进展，能够有效地激励员工，提高工作表现。

目标设定理论通过以下途径提高工作效率：

（1）设定困难的目标能使员工更加努力地工作。当他们意识到要完成困难的目标时，便会尽力地工作；相反，假设他们认为所设定的目标很容易达到，他们会失去工作的动力。

（2）设定目标能使下级清楚上级对他们的要求，把精力和时间用在正确的方向上。

（3）设定目标可以延长下级的工作持久力，进而改善他们的工作表现。长时间地努力工作容易使人感到疲倦，产生放弃的念头，设定了目标可以使人知道距离完工还有多远，在知道距离目标不远的时候，人们不会轻易放弃以往的努力。

（4）目标使人更仔细地选择完成工作的方法，在工作进行前做出详细的计划，工作表现自然会比在没有目标和计划的情况下要好。

在设定目标的时候需要注意的问题有：

（1）目标的设定要适中，不能太难或太简单，不能使人丧失信心或者觉得没有挑战性。

（2）目标必须明确，最好能够清楚地衡量目标是否能达到，这些有利于绩效的评估。

（3）要注意工作的过程中应当向下级提供反馈，因为反馈可以使下属知道自己的工作进度以及离目标还有多远。

（4）必须使员工投入到实现目标的努力之中，下级接受了目标并不表示他会投入其中，但假如达到目标可以得到奖赏，或者上级适当地利用职权和惩罚，都可使下级努力地争取达到设定的目标。

但是，目标的设定是否要求上下级一起协商，根据实际的情况提出合适的目标？还是上级决定？都无一个硬性的标准，只能依据具体的情况灵活的解决。

2. 强化理论

这种理论的主要观点是对激励进行针对性地刺激，只注重结果，不重视激励的内容和过程。该理论是由美国的心理学家斯金纳（B. F. Skinner）提出，他认为人的行为是其所受刺激的函数。如果这种刺激是有利的，则会重复出现；如果对他不利，则这种行为就会减弱甚至消失。据此，他将强化理论分为正强化和负强化两类。

（1）正强化。所谓正强化就是奖励那些符合组织目标的行为，以使这些行为得到进一步加强，从而有利于组织目标的实现。正强化的刺激不仅包括奖金、物质奖励，还包括晋升、许诺、工作关系的改善等。为了使强化达到预期的效果，还必须注意实施不同的强化方式。有时正强化是连续的、固定的正强化。有时强化是间断的，时间和数量都是不固定的，从而使每次强化都能起到较大的效果。

（2）负强化。所谓的负强化就是惩罚那些不符合组织目标的行为，以使这些行为削弱甚至消失，从而保证目标的实现不受干扰。实际上，不进行正强化也是一种负强化。同样，负强化也包含减少奖励、批评、降级等。事实上，实施负强化的方式与正强化有所差异，应以连续负强化为主，即每一次不符合组织的行为都应予以负强化，消除人们的侥幸心理，减少甚至消除这种行为出现的可能性。

强化理论的关键在于它不考虑诸如目标、期望、需要等因素，只关注个体采取某种行动后会带来什么后果。

3. 期望理论

迄今为止，在员工激励方面最全面、最广为接受的是美国心理学家弗鲁姆（V. Vroom）在20世纪60年代提出的期望理论。该理论认为，只有当人们预测到某一行为能给个人带来吸引力的结果时，个人才会采取特定的行动。它对于组织通常出现的这样一种情况给予了解释：组织中不同的人对同样的奖励表现出不同的态度。期望理论解释了激励取决于个体对完成工作任务以及接收预期奖赏能力的期望。

这一理论的研究认为，个体对待工作的态度依赖于对下列三种联系的判断：

（1）努力或期望与绩效的联系：个体感到通过一定程度的努力可以达到某种工作绩效的可能性。

（2）手段或绩效与奖赏联系：个体对于达到理想工作表现后可得到各种报酬的预期。

（3）个人目标或奖励的吸引力：影响员工花在工作上的努力因素是他们对各种奖赏的价值观。

期望理论预测员工付出的努力是由这三项因素共同决定的，而且这三项因素缺一不可。期望理论有助于解释为什么许多的个体在工作中没有受到激励而只求得过且过。领导者小心处理这三项因素，便可以有效提高下属工作的动力，积极争取提高良好的表现。在员工对达到良好的工作表现的预期方面，上司可以聘请有能力完成工作的人；个体工作前，向他们提供培训；在工作时，提供足够的支持。在提高回报的预期方面，领导者要做到以工作表现来分配各种报酬，并向员工清楚解释各种回报的原则和方法，做到分配报酬时公正不阿；领导者应尽量了解员工的不同需求，尽量向他们提供他们认为重要的回报。

总之，期望理论的关键是了解目标以及努力与绩效、绩效与奖励、奖励与个人目标满足之间的关系。作为一个权变的模型，期望理论认识到，不存在一种普遍的原则来解释所有人的激励机制。个体希望获得满足的需求并不能保证这个人自己认为高绩效必然带来这些的满足。

4. 公平理论

公平这一概念指的是，与其他以类似方式工作行为的人相比，个体是否得到了同等对待。该理论是由斯达西·亚当斯（J. Stacey Adams）在20世纪50年代提出的。他提出，一个人对自己所得的报酬是否满意，并非只看绝对值，更重要的是看相对值，即个人的报酬与贡献的比率，并进行社会比较（横向）或历史比较（纵向）。如果个人的比率与他人的比率相等，则认为是公平合理，从而感到满意，就会激发动力，积极工作；如果个人的比率比他人的比率低，或比本人历史比率低，就会认为不公平、不合理，影响工作积极性。

当员工感到不公平时，可能会采取的措施有：曲解自己或他人的付出或所得，采取某种行为使他人的付出或所得发生改变，改变自己的付出所得，选择不同的参照对象进行比较，离职或离开工作的单位。

公平理论在解释员工激励问题上十分有效，但也并不是说毫无缺陷。这一理论中也存在一些问题以待解决，比如，如何界定自己的付出与所得？参考对象如何选择？尽管存在诸多的问题，但公平理论不失为一个颇具影响力且被众多研究证据支持的理论。

四、领导对员工的激励

总结一些前人的研究结果，以下是一些对员工激励的建议以及需要注意的问题。认清个体的差异，领导者需要认清个人在需要、态度、个性及其他重要的个人变量上各不相同；对员工进行人与工作的匹配，只有个体与工作合理匹配时才能够起到激励作用。

运用合适的目标，对员工设置合适的目标，并对他们完成情况进行及时的反馈，根据反馈情况调整激励方式、方法；无论目标是否达到，如果员工自己认为无法实现目标，他们就会降低努力程度，领导者必须保证员工充满自信，让他们感到只要努力，就可以实现自己的目标，从而努力完成组织目标；领导者要实行个别化激励，要充分了解员工的差异并对他们实施个别化激励，对有的人实行加薪，有的实行表扬，有的提供理想工作任务；对个体的激励要实行奖励与绩效挂钩，领导者要想办法增加奖励的透明度，充分发挥它的激励作用；永远不能忽视金钱激励的作用，实际情况决定了在现阶段，金钱激励还是处于一个重要的地位。

第三节 领导与沟通

对领导者来说，有效的沟通是不容忽视的，这是因为管理者所做的每件事中都包含着沟通。管理者没有信息就不可能作出决策，而信息只能通过沟通得到。一旦作出了决策，还需要进行沟通；否则，将不会有人知道一项决策已作出。从根本上说，沟通是关于如何使领导方式和激励行为保持一致的问题，也是领导者与下属感情联络的重要工具，而信息沟通在领导者行使领导职能时起到了非常重要的作用。

一、沟通的原理及过程

1. 沟通的原理

沟通是指理解的信息或思想在两个或两个以上人群中的传递或交换的过程，目的是激励或影响人的行为。在很大程度上，组织的整个管理者工作都和沟通有关。在组织内部，有员工之间的交流、员工与工作团队之间的交流、工作团队之间的交流；在组织外部，有组织与客户之间的交流、组织之间的交流。进入20世纪90年代以后，随着信息手段的现代化和经济活动的全球化，企业已经不太能采取一般的纵向整合方式扩大企业的边界了。企业的盈利区间开始向企业之间的关系领域移动，即企业间的关系及其基础上的网络形式正在与企业纯粹的市场交易关系共存，因而沟通中重要的是信息的沟通。

信息沟通对发挥组织内部各个职能部门的作用，将各职能部门连接成整体是至关紧要的，具体来说，组织需要信息沟通是为了：

（1）确定和传播企业的目标；

（2）制订实现目标的计划；

（3）以最有效的方式组织人力和其他资源；

（4）选拔、评价和培养组织的成员；

领导者通过信息沟通了解顾客的需要、供应商的状况、股东的要求、政府的政策以及其他利益相关者的期望，而组织的信息沟通都起到了很重要的作用。

2. 信息沟通的过程

沟通发生之前，必须存在一个意图，我们称之为要被传递的信息。它在发送者与接受者之间传递，信息首先被转化为信号形式（编码），然后通过媒介传递至接受者，由接受者将收到的信号再转译过来（解码），这样，要传递的意义或信息就从一个人那里传给了另一个人。图9.4描述了沟通的过程。

信息在两者之间的传递是通过下述几个方面进行的：

（1）信息的发送者，也是信息沟通过程的起点。发送者首先要确定希望传送的意念或思想是什么。然后还需要将传送的意念用某种方式表达出来，即将意念转换成符号信息，这个过程称为“编码”。编码的方式很多，如文字、语言、图标和动作等。编码者在选择编码时所用的符号必须是接受者熟悉的符号编码。

（2）信息的传递。这指的是在沟通的过程中传送给接受者的消息或情报，是通过

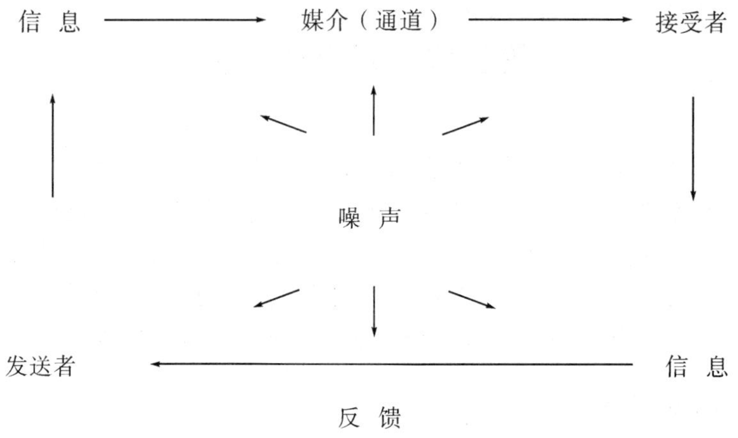

图 9.4 人际沟通过程

一条连接发送者和接受者的渠道传递的。传递信息的媒介可以是书面的，也可以是各种设备，如电话、电报、计算机、传真机等。发送者也可同时采取两种或两种以上的媒介传递信息，在选择媒介的时候需要注意信息的重要性、是否有文字记录、是否需要及时得到反馈。

（3）接受者接受这些符号，可以根据这些符号选择相应的接收方式。

（4）接受者将这些符号译为具有特定含义的信息。由于发送者翻译和传递能力的差异以及接受者接受和翻译水平的不同，信息的内容和含义经常被曲解。

（5）噪声干扰。由于噪声干扰的存在，以致造成沟通的障碍而影响沟通的效果，信息沟通过程中的每一步都有可能发生噪声。噪声不仅会干扰组织信息的传递，也会在传递过程中扭曲信息。

（6）反馈。它是对检验信息沟通的效能来说是必不可少的。如果没有反馈信息的证实，我们可能永远无法确定信息是否得到了有效的编码、传递、解码和理解。当发送者发出了信息而没有收到任何反馈，可能表示接受者没有收到信息，或者出于某种理由而不愿作出反应。无论是哪种情况，发送者都必须有所警戒。

从上述信息沟通的过程可以看出，信息沟通要经过许多环节，每一个环节都有可能发生“噪声”，干扰信息的传递，对沟通中出现的问题如果不加以防范或解决，则沟通的效果便会受到严重影响。

3. 组织中的沟通

对组织沟通的研究得出：组织沟通包括人际沟通，团队沟通，正式与非正式沟通，沟通网络。

（1）人际沟通。它是组织沟通最普遍的形式，指的是在组织中的个体如何将个体目标和组织目标相联系的过程。每个组织是由不同的个体所组成，由于他们各自能力、对利益的需求是不同的，所以对组织目标的理解、所感受的信息也不同，这使得个体的目标可能偏移组织的总目标，甚至完全背道而驰。为保证组织上下一心，顺利完成组织的目标，沟通在组织中成了最基本的协调工作。同时，人际沟通也是由人的自利行为的客观性和多样性决定的。

（2）团队沟通，指的是组织中以工作团队为基础单位，进行信息交流和传递的方式。工作团队随着组织内外环境的变化，在当代社会这中越来越重视沟通。团队是两个或两个以上相互作用和协作以便完成组织预定的某项特别目标单位，有时也被称为“群体”，这两个词经常能够互换。

团队沟通对组织的意义在于，在高度竞争的全球环境中，组织应用群体或团队解决复杂问题。当团队活动复杂而且难度大时，所有成员都应该在一种分权的结构中共享信息，以便解决问题，由此，便需要各个方向上的自由沟通。

（3）正式与非正式沟通，组织中的沟通经常分为正式和非正式沟通。所谓的正式沟通（Formal Communication），是指按照规定的指挥链或者作为工作的一部分进行沟通。如员工向领导者将某一问题提交和上报时，也是一种正式的沟通。任何发生于组织既定的工作场所的沟通，都可称为正式沟通。非正式沟通（Informal Communication）指不由组织的层级结构限定的沟通，比如，在一起吃工作餐的时候，员工和领导者交流就属于非正式沟通。但要注意，未经管理层批准并不意味着非正式沟通不存在，员工之间建立了朋友关系后，会经常沟通。非正式沟通提供了另一种通常更快速和有效的沟通渠道，其起到的作用表现在：促进员工与领导者的交流，有利于改进组织的绩效。

（4）组织沟通的网络。组织中的信息和纵向流动集合而成的各种形态，称作沟通网络。图9.5显示了三种常见的网络类型。在链式网络中，沟通信息是按照正式的指挥链流动的，当然也可以是上行的，也可以是下行的。轮式网络则是在明确认定的强有力的领导者与工作小组或团队其他成员之间的沟通，领导者则成为所有沟通信息通过的中心。在全通道式网络中，沟通的信息会在工作团队所有成员中自由地流动。有这样几种沟通的网络，领导者到底该如何选择呢？这主要取决于所想要的结果，比如：沟通的准确性、沟通的速度、沟通的满意度等。

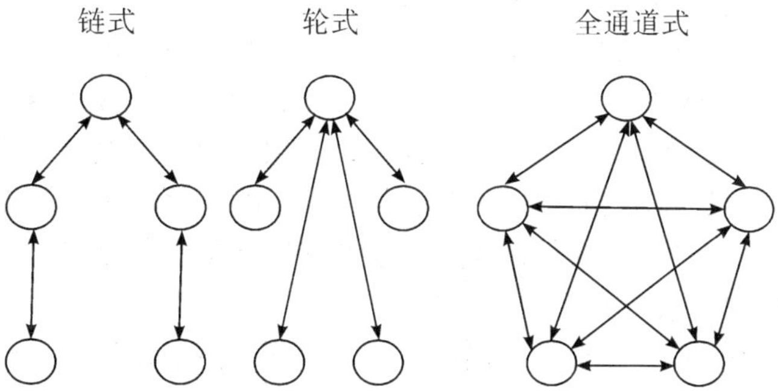

	链式	轮式	全通道式
速度	中	快	快
准确性	高	高	中
领导者的产生	中	高	无
成员的满意度	中	低	高

图9.5　沟通网络示意图

没有一种组织的沟通网络是万能的，要是你关注成员满意度，则全通道最佳；要是认为一个强有力的公认的领导者很重要，那么，轮式网络会更好；要是准确性最为重要，则链式和轮式更好。

二、沟通中的障碍

在沟通全过程中，由于外部或者内部环境的不确定性，往往导致信息的丢失或者传递过程中出现干扰而被人误解，使得信息在沟通中不能正常发挥作用。因此，任何组织中都存在一定程度的沟通障碍。影响组织有效沟通的主要障碍有以下几种因素。

1. 个人因素

个人因素包括两类，一是有选择地接受，另一方面是沟通技巧的差异。所谓选择地接受，指个体拒绝或片面地接受与他们的期望不一致的信息。人们对适合自己口味的东西乐于接受，对自己不喜欢的信息往往是部分接受或者是放弃接受。这也可以称为选择性知觉，即人们根据自己的兴趣、经验和态度而有选择地去解释所看或所听的信息。此外，个人的接受能力、接受技巧的差异也是很不相同的。有些个体擅长接受影像信息，有些擅长接受口头表达或者文字描述。比如，同样的文字或语言对于不同的人常会代表不同的意思，由此产生语意曲解。自卫性的过滤也是这样，下级的报告常常只强调上级爱听的信息，对上级不喜欢的信息会一语带过，甚至略去不提，对自己的过失更是文过饰非，加以掩盖等，所有这些问题都是沟通的障碍。

2. 人际因素

人际因素主要包括沟通双方的相互信任、信息来源的可靠度和发送者与接受者之间的相似程度。沟通是发送者和接受者之间“给”与“受”的过程，信息的传递是双方面的事情，因此，沟通双方的诚意和相互信任至关重要。信息的来源的可靠性由下列因素决定：诚实、能力、热情、客观。有时信息来源的可靠性实际上是由主观决定的，就个人而言，员工对上级是否满意很大程度上取决于他对上级可靠性的评价。就团体而言，可靠性较大的工作单位或部门比较公开、准确并且经常地进行沟通，他们的工作成就也相应的较为出色。如专业化，当工作和知识越来越专业化时，人们往往会用他们的专业领域的专门用语简称，简化他们彼此之间的沟通，这就使得人们和其他群体的人之间的沟通发生困难，一个人长时间地从事相当专业化的工作，他在观察问题时容易产生狭隘的偏执观点，这些观点会阻碍组织沟通。

3. 结构因素

结构因素包括：组织的层次、地位差异、团体规模和空间约束等几个方面。研究结果表明，组织的层次对信息沟通的产生很大的影响，当信息必须逐人转达或传递时最容易受到歪曲，并且经过的中间人越多，被歪曲的机会越多，失真的程度也越大。地位上的悬殊越大，信息趋向于从地位高的流向地位低的，由此得出地位是沟通中的又一个障碍。当一个团队规模较大时，人与人之间的沟通也相应变得较为困难，这是由于沟通渠道的增加大大超过了人数的增加。空间约束指的是组织要求个体在某一特定地点进行操作，这种空间约束不利于个体员工之间的交流，限制了他们的沟通。

4. 技术因素

技术因素主要包括语言、暗示、媒介的有效性和信息过量。大多数沟通的准确性依赖于沟通者赋予字和词的含义。由于语言只是一个符号系统，本身没有任何意思，它仅仅是我们描述和表达个人观点的符号或标签。因此，语言和文字极少对发送者和接受者双方都具有相同的含义，更不用说不同的接受者，语言的不准确性还不仅仅表现在对符号的不同理解，而且能够激发各种各样的感情，这些感情可能又会进一步歪曲信息的含义。领导者比较关心各种不同沟通工具的效率，一般说来，书面和口头沟通各有所长。信息过量使得领导者不仅没有时间去处理，而且也使他们难于向同事提供有效、必要的信息，沟通也随之变得越发困难。领导者也越倾向于筛掉、轻视、忽略或遗忘某些信息，或者干脆放弃进一步努力。

三、沟通障碍的解决

从上述的沟通障碍可以看出，只要采取适当的行为方式将这些障碍有效消除，就能实现管理的有效沟通。因此，在组织内或者组织间的有效沟通取决于对沟通技能的开发和改进。

1. 运用反馈

沟通中出现的很多问题主要是由于误解或理解不准确造成的，但是若领导者在沟通的过程中使用反馈，就会减少这些问题的发生。反馈可以是言语的，也可以是非言语的。管理者有时为了核实其发送的信息是否得到意想的接收和理解，可以询问有关该信息的一系列问题，但最好的办法是让接受者复述这一信息。当然有时反馈不一定要以言语来表达，有时行动更胜于言语。比如，当领导者要求做一个市场的调查时，限制报告的上交时间，则领导者只需要到规定时间检查报告是否上交，以此来得到信息的反馈。

2. 积极倾听

培养“听”的艺术，对管理人员来说其实是件很不容易的事，要较好地“听”，也就是要积极倾听。积极倾听指的是不带先入为主的判断或解释的对信息意义的接受。因此，要做到听者全神贯注，要尽量做到表现出对他人所说的内容感兴趣，该沉默的时候必须沉默，不要争辩，不要打断或者从事与谈话无关的活动，要留适当的时间用于争辩，注意非语言暗示，不要草率地给出结论。这可以使得接受者不会因为过早且不成熟的判断或解释而使听到的信息失真，从而提高自己获得所沟通信息完整意义的能力。

3. 简化用语

由于语言可能成为沟通的障碍，因此，管理者应该选择好的措辞，并注意表达的逻辑，使发送者信息清楚明确，易于接受者理解。同时要考虑到信息所指向的听众，以确保所用的语言能适合该类信息的接受者。要明白，有效的沟通不仅需要信息被接收，而且需要信息被理解，尽量使用与接受者一致的言语方式来发送信息，可以增进理解。

4. 控制情绪

不要认为管理者总能以完全理性化的方式进行沟通，其实情绪会使信息的传递严重受阻或失真。当管理者对某事很失望的时候，很可能对所接受的信息发生误解，并在表述自己信息时不够清晰和准确。此时最明智的管理者所采取的最好的办法是，暂停沟通，直至恢复平静。

四、信息技术对沟通的影响

随着社会的进步，科学技术不断进步，高科技正在改变着人们生活和工作的方式。Email、网上冲浪、视频会议等，员工可以坐在自己的办公桌旁，通过与其桌上电脑相连的电子网络和数据连接线开展工作。管理者既要使他们的组织稳定地运行下去，同时又要持续地改进组织的运营活动，并保证组织在剧烈变化的环境中保持强有力的竞争力，这无疑是一个巨大的挑战。信息技术变化是造成环境不确定性的一大原因，但是技术进步也对管理者协调员工的工作活动有重要的促进作用，并由此带来工作效率的提高和工作效果的改善，同时也对领导沟通产生深刻的影响。

第四节　领导能力

关于领导能力的研究未能取得明显成果，原因在于有些组织的结果不能证实与领导的能力高低存在必然的联系。前面介绍了多种领导理论，但是找不到一种方法能够直接凭借某种特性来选择出领导者，领导者的能力大多是经过后天的培训所取得的。

一、领导能力性质

从开始有记载以来，人们就开始争论领导能力的性质——当然是从荷马及那个时代的人开始。今天，这个话题依然有着很大的魔力，但公司理解它作用的方式已经改变了。这反映在关于这个主题的大量商业书籍和文章上，大部分关于好的管理和怎样达到顶峰的著作都把重点放在了领导能力上，它被认为是个人发展中最重要的领域之一。过去，许多人都尽力想提炼出领导能力的实质。拿破仑说过："领导者是一个经营希望的商人。管理者正确地做事，而领导者做正确的事。"华伦·贝尼斯（Warren Bennis），美国的领导能力专家，又加上了"特征的明晰性"。近代管理学者对领导能力定义为：能够运用自己的知识、经验和能力去向别人施加影响，从而完成组织的目标。

二、领导能力分类

1. 亲和力

亲和力包括两个方面，一方面是沟通的能力，另一方面是包容的能力。沟通也是能力，领导力里面沟通最重要。如果领导者不知道倾听，不知道表达，就会使领导者跟员工、股东、客户等所有的外部环境处于一个壁垒森严的状态，领导者就不知道真实信息，这时候是很危险的。当领导者沟通后，自然会有利的方面，同时也有不利的方面。比如，当有的客户向领导者投诉、抱怨其产品出现问题的时候，如果领导者不及时解决、不沟通，任由事情自由发展，客户很可能把他的这种不满意通过口碑传递给其他的人。有研究表明，当客户向领导者投诉、抱怨的时候，如果能很好地沟通和解决他所遇到的问题，不仅能留住现有的顾客，同时，还能赢得更多的顾客。由此可以看出领导能力中亲和力的重要性。

2. 前瞻力

对领导者来说，不仅要比一般的人看得清、看得透，还要比一般的人看得远。简单地说，前瞻力必须达到看见别人看不见的东西的境界，不论是危机还是机会。正如“宁静而致远”，静就是摒弃心中的杂念，一定要把一些不健康的世界观、价值观抛弃，保留一个正确的价值观，这样才能看得远。要学会跳出去想问题，需要指出的是，跳出去想问题不是异想天开、胡思乱想，特别在在领导艺术中。违背事物发展规律的“别出新招”，只能是哗众取宠，是不会收到持续的效果的。

3. 决策力

当领导者面对各种信息时，他会很自然地感到不知所措，不知如何取舍。为此，领导者要学会面对纷繁复杂的局面，有取有舍，权衡利弊。有时的决策能力是靠长期的经验、学习所获得。但是，当领导者面对突发事件时，勇气、感觉往往成为主导领导者的主要力量。

4. 忍耐力

心理学上有一种叫做“延时效应”或叫“延时满足”的东西，就是说当一个人有了一种需求以后，不要立刻让他得到满足，而要让他先冷静一下，忍耐一下以后再满足他，这样他便会有更大的满足感。一个领导带领一个组织的时候，所面对的困难是非常大的，需要忍受各种不同的困难，只有当一个领导者具有非常强的忍耐力的时候，才能干成别人或自己平时很难干成的事情。

三、领导能力的评估

领导是一种社会活动，领导者的能力与领导活动的结果存在着联系。领导能力是一个综合的概念，领导者通过运用自己的能力来解决问题实现组织的目标。

对于具体的领导者或者管理人员，首先应确定他们领导能力的基本状况，即首先要对管理人员的领导能力进行评估，然后对他们的能力进行适宜的培训。领导能力的评估可以通过价值评估工具进行。具体的办法是由个人完成自我评估，指出最能描述自己管理风格的价值和行为，同时由10名或者12名员工采用同一价值模型对管理人员的管理风格进行评估。他们可以对领导的优点和缺点作出简要的描述，并可提供任何他们认为有益的个人反馈意见。参与评估的同事应包括上级主管、同级人员和下属。评估的结果应该进行统计、总结，以便将同事的总体评估意见交给该管理人员。将个人的自我评估与同事的评估结果进行比较，可以产生一套丰富的资料，可以搞清楚这个人所具备的领导能力素质以及在那些方面需要提高领导能力。领导能力评估工具对建立有凝聚力的管理团队特别重要，团队的每一个成员完成一份自我评估，并为团队的其他成员进行反馈评估，反馈的结果统计出来以后，要与自我评估进行比较。管理团队中的个体成员应该将个人报告的主要结果与团队的其他成员进行沟通，并寻求他们的支持，以帮助和提高自己的领导能力。

四、领导者能力的培养

领导者面临复杂多变的局面，总会碰到各种棘手的问题，各种管理理论所给出的管理方法都只是一种范式，但是领导者每次所面对的实际情况是不一样的。为此，需要培养领导者的学习能力、创新能力、信息能力、沟通能力。

1. 学习能力

学习是工作的最高境界，对于人们从事领导主要依靠的是经验的积累。但是未来的社会是一个不断变化的世界，科学技术不断的进步，一个领导者如果还寄希望于自己依靠经验来领导一个组织，将注定要失败。学习是一个组织的唯一优势，领导者通过不断的学习从而避免思维受到限制。领导者要学会从反馈中学习，从反思中学习，从共享中学习，要将自我学习和组织团队学习结合起来。在自我学习方面，领导者要转变观念，转变思维模式，树立正确的“学习理念”，学会系统地看问题；在组织团队学习方面，领导者要做到能够给组织的成员一个共同的愿景，运用深度的会谈和讨论，尽量满足组织成员提出的合理要求，促使团队学习，整合团队成员的优势，从而使领导者站在更高的高度来统帅一个组织。

2. 创新能力

领导者一个很重要的能力便是具备创新能力，在整个的职业生涯过程中都需要创新。创新能力要求在工作中做到有所发现、有所发明、有所作为。领导者是否具有创新能力表现为：具有创造性，别人没想到的他能想到，别人能想的，他能深想；具有应变性，善谋善断，随机应变；具有敏锐性，在短时间迅速作出反应，及时提出新的谋略。培养领导者创新能力的新途径包括以下几点：

（1）树立强烈的责任意识、危机意识和创新意识。

（2）改变已有的思维定势，突破常规思维，运用创造性思维。

（3）要善于组织和引导组织的成员学习。

2. 信息能力

领导者的信息能力主要指的是领导者对信息的甄别、筛选能力。在信息技术时代，新的思想、新的创意、新的技术层出不穷，通过发达的信息技术又迅速传遍世界。领导者对知识的应用和吸收能力决定了他所在组织的生存能力和竞争能力。领导作出决策的过程实际上就是一个信息输入、处理、输出的过程，不仅决策的制定要以信息为基础和前提，而且在决策的实施过程中也要依靠信息进行控制、协调，借助反馈信息，对原方案部分乃至整个进行修改。领导者只有掌握有关决策的全面、系统、准确的信息才有可能作出正确的决策。为此，领导者要做到：

（1）增强信息观念，善于收集、处理信息，做到兼收并蓄，并为员工提供信息动力，积极发挥员工的巨大潜力。

（2）提高信息的选择性和可比性，对信息进行鉴别、过滤的理性思考，确保信息的真实性。

（3）建立有效的信息反馈机制。

4. 沟通能力

现代的组织是一个开放式的系统组织，组织的形态越来越趋于扁平化，它要求组织具有更强的公关意识和协调平衡技能，提高有效的沟通能力。在培养领导者的沟通能力时，需要做到以下几点：

（1）要使领导者明确沟通的目的，也就是要明白为什么沟通，沟通要达到的效果。

（2）要注意选择合适的时机，在最恰当的时候进行最恰当的沟通。

（3）注重情感沟通，能够调节各种复杂矛盾，促进企业关系的协调发展。

本章小结

管理学中的“领导”是指组织领导者运用权力引导和率领他人实现组织目标的过程。早期的领导理论包括特质理论、行为理论，但都未能找出最好的领导模式。后来的权变理论给出了最好的领导理论模式，而魅力型领导则成为了领导理论的最新范式。

马斯洛的需求层次理论，麦格雷戈的 X、Y 理论，双因素理论属于内容型激励理论；公平理论和期望理论则属于过程型激励理论；强化型激励理论主要强调外部环境给予人行为的塑造和修正作用。

沟通是指理解的信息或思想在两个或两个以上人群中的传递或交换的过程，目的是激励或影响人的行为。要实现有效的沟通，必须采取一定的沟通策略，信息发送者、信息接受者、信息通道是沟通过程的重要因素。正式的沟通网络包括链式、轮式、全通道式。

领导能力包括有亲和力、前瞻力、决策力、忍耐力，领导能力的培养则包括对学习能力、创新能力、信息能力、沟通能力的培养。

复习思考题

1. 怎样理解领导的艺术性？

2. 对早期领导理论和权变领导理论进行比较。

3. 简述 X 理论和 Y 理论的基本观点。

4. 试述领导情景理论。

5. 对于强化理论，能否说明正强化一定比负强化更有利？

6. 通过学习领导与沟通，结合实际，谈谈作为一名员工如何与领导者进行有效的沟通？

案例分析

一条猎狗将兔子赶出了窝，一直追赶他，追了很久仍没有捉到。牧羊看到此种情景，讥笑猎狗说："你们两个之间，小的反而跑得快得多。"猎狗回答说："你不知道我们两个的跑是完全不同的！我仅仅为了一顿饭而跑，他却是为了性命而跑呀！"

这话被猎人听到了，猎人想：猎狗说得对啊，那我要想得到更多的猎物，得想个好法子。于是，猎人又买来几条猎狗，凡是能够在打猎中捉到兔子的，就可以得到几根骨头，捉不到的就没有饭吃。这一招果然有用，猎狗们纷纷去努力追兔子，因为谁都不愿意看着别人有骨头吃，自己没的吃。就这样过了一段时间，问题又出现了。大兔子非常难捉到，小兔子好捉。但捉到大兔子得到的奖赏和捉到小兔子得到的骨头差不多，猎狗们善于观察发现了这个窍门，专门去捉小兔子。慢慢的，大家都发现了这个窍门。猎人对猎狗说："最近你们捉的兔子越来越小了，为什么？"猎狗们说："反正没有什么大的区别，为什么费那么大的劲去捉那些大的呢？"

猎人经过思考后，决定不将分得骨头的数量与是否捉到兔子挂钩，而是采用每过一段时间，就统计一次猎狗捉到兔子的总重量。按照重量来评价猎狗，决定一段时间内的待遇。于是猎狗们捉到兔子的数量和重量都增加了。猎人很开心，但是过了一段时间。猎人发现，猎狗们捉兔子的数量又少了，而且越有经验的猎狗，捉兔子的数量下降的就越厉害。于是猎人又去问猎狗。猎狗说"我们把最好的时间都奉献给了您，主人，但是我们随着时间的推移会老，当我们捉不到兔子的时候，您还会给我们骨头吃吗？"

猎人作了论功行赏的决定。分析与汇总了所有猎狗捉到兔子的数量与重量，规定如果捉到的兔子超过了一定的数量后，即使捉不到兔子，每顿饭也可以得到一定数量的骨头。猎狗们都很高兴，大家都努力去达到猎人规定的数量。一段时间过后，终于有一些猎狗达到了猎人规定的数量。这时，其中有一只猎狗说："我们这么努力，只得到几根骨头，而我们捉的猎物远远超过了这几根骨头。我们为什么不能给自己捉兔子呢？"于是，有些猎狗离开了猎人，自己捉兔子去了，从而骨头与肉兼而有之……

猎人意识到猎狗正在流失，并且那些流失的猎狗像野狗一般和自己的猎狗抢兔子。情况变得越来越糟，猎人不得已引诱了一条野狗，问它到底野狗比猎狗强在那里。野狗说："猎狗吃的是骨头，吐出来的是肉啊！"，接着又道："也不是所有的野狗都顿顿有肉吃，大部分最后骨头都没的舔！不然也不至于被你诱惑。"于是猎人进行了改革，使得每条猎狗除基本骨头外，可获得其所猎兔肉总量的n%，而且随着服务时间加长，贡献变大，该比例还可递增，并有权分享猎人总兔肉的m%。就这样，猎狗们与猎人一起努力，将野狗们逼得叫苦连天，纷纷强烈要求重归猎狗队伍。

故事还在继续……

日子一天一天地过去，冬天到了，兔子越来越少，猎人们的收成也一天不如一天。而那些服务时间长的老猎狗们老得不能捉到兔子，但仍然在无忧无虑地享受着那些他们自以为是应得的大份食物。终于有一天猎人再也不能忍受，把它们扫地出门，因为猎人更需要身强力壮的猎狗……

被扫地出门的老猎狗们得了一笔不菲的赔偿金，于是它们成立了MicroBone公司。它们采用连锁加盟的方式招募野狗，向野狗们传授猎兔的技巧，它们从猎得的兔子中抽取一部分作为管理费。当赔偿金几乎全部用于广告后，它们终于有了足够多的野狗加盟。公司开始赢利，一年后，它们收购了猎人的家当……

MicroBone 公司许诺，加盟的野狗能得到公司 n 的股份。这实在是太有诱惑力了。这些自认为是怀才不遇的野狗们都以为找到了知音：终于做公司的主人了，不用再忍受猎人们呼来唤去的不快，不用再为捉到足够多的兔子而累死累活，也不用眼巴巴地乞求猎人多给两根骨头而装得楚楚可怜。这一切对这些野狗来说，比多吃两根骨头更加受用。于是野狗们拖家带口地加入了 MicroBone，一些在猎人门下的年轻猎狗也开始蠢蠢欲动，甚至很多自以为聪明实际愚蠢的猎人也想加入。好多同类型的公司像雨后春笋般地成立了，一时间，森林里热闹起来了。

【问题】

1. 以上的故事反应了管理活动中的什么问题？
2. 你如何看待猎人、猎狗们的行为？

第十章　控制

·本章学习目标·

·掌握控制的含义、原理和类型

·理解控制的过程

·理解控制方法。重点掌握预算控制，生产作业控制，成本费用控制等控制方法的含义、原则、实施过程和适用范围

控制是管理过程中的不可缺少的重要环节。计划提出了管理者追求的目标，组织提供完成这些目标的结构、人员配备和责任，领导提供了影响、指挥、激励和沟通的环境，而控制则提供了与偏差有关的知识以确保提供与计划相符的纠偏措施，它是保证企业计划与实际作业动态相适应的管理职能。因为组织面对的是迅速变化的环境和授权式的管理结构，控制对于组织目标的完成尤为重要。

第一节　控制的原理

一、控制的含义

什么是控制？法约尔认为：在一个企业中，控制就是核实发生的每一件事是否符合所规定的计划、所发布的指示以及所确定的原则，其目的就是要指出计划实施过程的缺点与错误，以便加以纠正和防止重犯。控制对每件事、每个人、每个行动都起作用。控制贯穿于计划实施的各个阶段和过程，每个管理者都有控制职责。它是对工作情况进行监督、对比并纠正的过程。

二、控制的基本理论

控制理论是基于研究耦合运行系统的控制和调节的理论。所谓耦合，就是系统中基于因果关系而链接在一起的元素的相互关系。为了控制耦合系统的运行，必须确定系统的控制标准，然后通过调节系统来纠正输出与标准值的偏差，从而实现对系统的控制。

三、控制的类型

控制按不同标准可分为以下几种类型：

（1）按照控制的介入时间为标准，分为前馈控制、现场控制和反馈控制。前馈控制的中心问题是防止组织中投入的资源在质和量方面产生偏差，它发生在组织进行业务活动之前。现场控制监督实际正在进行的操作是否正按计划行事。反馈控制的中心问题是最终结果，着眼于今后改进资源的取得过程或具体作业。

（2）按照控制的来源为标准，分为内部控制和外部控制。内部控制指组织及其内部各级、各单位根据本身所要完成的任务来拟定自己的目标，并为了保证这些目标顺利实现而进行的自我控制。外部控制是指为保证组织工作目标制定和顺利实现而采取的控制工作，由另一组织承担。

（3）按控制对象为标准，分为成果控制和过程控制。成果控制着眼于目标执行过程的成果，而过程控制要控制成果形成的工作内容和方法以及组织方针政策和技术规则的履行。成果控制是过程控制的目的和核心，过程控制是成果控制的保证条件，同时是成果控制进一步开展的内容。

（4）按照控制的业务内容为标准，可分为企业控制、库存控制、进度控制、成本控制和财务预算控制。

（5）按照控制的手段划分，可分为直接控制和间接控制。直接控制主要运用行政手段进行控制，而间接控制主要运用非行政手段实施控制。

第二节　控制的过程

控制的过程体现在三个方面：

（1）根据组织目标确定控制标准；

（2）将实际绩效与标准进行比较，衡量成效高低；

（3）分析偏差产生的原因，采取行动纠正偏差或不足。

这三个过程是一体的。控制的发生可以在行动之前、行动之中或行动之后，但这三个方面始终贯穿其中，并以一种循环的方式运转。如图 10.1 所示。

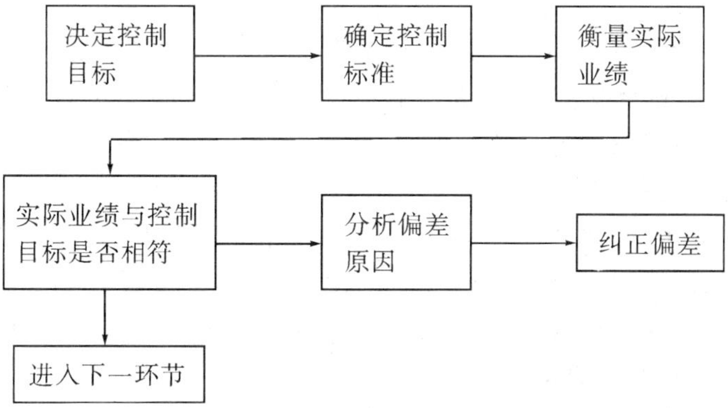

图 10.1　控制的循环过程

一、确定控制标准

标准是人们检查和衡量工作结果（包括阶段结果和最终结果）的规范，制定标准是进行控制的基础。确定控制标准应当明确以下三个问题：

1. 控制的对象

一般而言经营成果是控制的重点对象，另外还有其他的控制对象。

2. 控制的重点

企业无力对所有因素实施控制，因此重点选择是关键。美国通用电器关于关键绩效领域的选择包括以下八个方面：①获利能力；②市场地位；③生产率；④产品领导地位（通用认为产品领导地位取决于产品的技术水平和功能完善程度，它表明企业在工程、制造和市场方面领导一个行业的新产品和改良现有产品的能力）；⑤人员发展；⑥员工态度；⑦社会责任；⑧短期与长期目标的平衡（企业能保证目标的利润不是以牺牲未来的收益和经营的稳定性为代价的）。

3. 制定标准的方法

一般来说，企业可以使用和制定标准的方法有两种：

（1）统计性标准。也称历史性方法，是以反映历史上各个时期数据为基础来为未来活动建立的标准。它可以采用本企业数据和行业内其他企业的历史数据作为标准。统计性标准也包括一些工程标准，如机器的标准产出、劳动时间定额、产品废品率等。

（2）经验标准，在统计资料缺乏的情况下，可以根据管理人员的经验和判断来制定标准，这种方法容易受管理者知识和眼光的限制。

二、衡量实际成效

1. 什么是组织绩效

组织绩效是指组织完成目标的有效性，彼得·德鲁克认为，组织绩效是组织利用可获得资源去实现目标的能力，即把事情做正确的能力。他认为衡量组织绩效至少包括八个方面，即①市场状况；②创新；③生产率；④物质和财力；⑤利润率；⑥管理人员的工作和责任；⑦工人的工作和士气；⑧公共责任。衡量组织效能的标准还有很多，在量度组织在不同方面的表现及效能高低标准的最权威的研究者是坎贝尔，他列举了 30 个被用以衡量企业表现的标准，包括生产率、利润及效率、企业内部信息的管理与沟通以及员工流失率、企业影响力等。

2. 衡量组织效能的方法

（1）目标实现方法。组织效能高低在于经营目标的实现程度。美国商业企业调查报告列出的衡量目标实现的 12 项指标，它们是盈利、成长、市场份额、社会责任、职工福利、产品质量与服务、研究与开发、组织的多样性、效率、财务稳定、资源保护与管理开发。我国企业一般将总体目标分解为以下目标：①贡献目标；②市场目标；③发展目标；④利益目标。

（2）系统资源方法。这种方法认为组织可以被描述为一个获得输入、从事转换过程、产生输出的实体。衡量的标准是组织能否有效获得资源与要素，比较适用于组织目标难以度量或者目标模糊的情况。

（3）内部过程方法。这种方法强调健全而有效率的内部安排与管理的重要性，它包括内部组织健康和效率及经济效益的衡量。威廉·伊万提出量化效能的方法：用财务成本（I）和产出（O）来构成O/I比率以评价组织绩效的各个方面。内部过程方法比较适用于衡量有关效率部门的绩效，不足之处在于无法估计总的产出量和组织与外部环境的关系，且带有一定主观性。

（4）利益相关者方法。组织与不同利益群体发生着利益瓜葛，包括债权人、顾客、政府及雇员等，这称为组织的"利益相关者"。利益相关者方法就是量度不同利益相关者对组织的满意程度的方法。比较具有代表性的方法有卡普兰和诺顿的平衡计分卡绩效评价方法。它使经营者从最关键的四个角度和测评指标来观察企业：①顾客角度；②内部角度；③创新和学习角度；④财务角度。

（5）竞争价值方法。这种方法将组织不同利益群体对于组织的不同主观价值判断作为组织效能的评估标准，代表人物有奎因。他指出对于组织的看法大致可分为两大价值维度：一是着重外部焦点或内部焦点；二是架构上着重控制或者弹性控制。

三、分析并纠正偏差

1. 偏差的产生和处理

当实际的绩效与计划不相等时，必须调查一切可能的原因，发现问题所在，分析并纠正偏差以达成组织目标。若组织的偏差原因比较复杂，一般采取临时性措施使问题暂停或者缓解，再采取纠正性措施予以纠正。若产生的原因比较简单，可直接采取纠正性措施。而对于将要出现的偏差，往往采取预防性措施进行纠正。

2. 纠正偏差的方法

针对产生偏差的主要原因，在纠偏工作中采取的方法主要有：第一，对于由工作失误而造成的问题，控制工作主要是加强管理、监督，确保工作与目标的接近或吻合；第二，计划或目标不切合实际，控制工作主要是按实际情况修改计划或目标；第三，若组织的运行环境发生重大变化，使计划失去客观的依据，控制工作主要是启动备用计划或重新制订新的计划。管理人员可以运用组织职能重新分派任务来纠正偏差，还可以采用增加人员，更好地选拔和培训下属人员，或是最终解雇、重新配备人员等办法来纠正偏差。此外，管理人员还可以对工作作出更全面的说明和采用更为有效的领导方法来纠正偏差。

3. 偏差纠正的要点

（1）纠偏方案双重优化。使纠偏方案双重优化的第一重优化，是指考虑纠偏工作的经济性问题，应使纠偏的成本小于偏差可能带来的损失。第二重优化是在此基础上，通过对各种纠偏方案的比较，找出其中追加投入最少、成本最小、解决偏差效果最好的方案来组织实施。

（2）充分考虑原先计划实施的影响。客观环境的变化会导致对部分原先计划，甚至全部计划的否定，从而要求对企业活动的方向和内容进行重大的调控。这种调整类似于"追踪决策"的性质。

追踪决策是相对于初始决策而言的。初始决策是指所选定的方案尚未付诸实施，没有投入任何资源，客观对象与环境尚未受到决策的影响和干扰，因而是以零为起点的决策。进行重大战略调整的追踪决策则是在原来条件基础上作出的，是“非零起点”。因此，在制定和选择追踪决策的方案时，要充分考虑到伴随着初始决策的实施已经消耗的资源以及这种消耗对客观环境造成的种种影响和人员思想观念的转变。

（3）注意消除组织成员对纠偏措施的疑虑。控制人员要充分考虑到组织成员对纠偏措施的不同态度，特别是要注意消除执行者的疑虑，争取更多的人理解、赞同和支持纠偏措施，以避免在纠偏方案实施过程中可能出现的人为障碍。

第三节　控制的方法

在管理实践中有多种控制方法，按照从简单到复杂的顺序，主要有亲自观察、控制报告、内部审计、盈亏平衡分析和时间—事件—网络分析等，企业为达到预定目标，应结合自身情况，综合采用控制方法。下面主要对几种广泛运用的控制方法进行介绍。

一、预算控制

1. 预算控制的含义

企业所有的活动几乎都可以用预算来描述。所谓预算，是用数字尤其是财务数字来描述企业未来的活动计划，它预估了企业在未来的经营收入和现金流量，同时也为企业各部门各项活动规定了在资金、劳动、材料、能源等方面支出的额度。

预算可以被认为是一种用财务术语表示的计划，但它和计划又不同。首先预算编制的目的是为组织业务活动的控制提供一种标准和手段；其次预算是一种综合性极强的控制手段，组织及其所属的每个单位、每个基层组织都可以编制独立预算；最后预算是以货币为单位，是一种用财务术语表现的计划，它使组织的业务活动的各个部门具有一定的可比性和一致性。

2. 预算控制的过程

预算控制包括以下过程：

（1）编制合适的预算。编制预算的目的是为了有效从预期收入和费用两个方面对企业经营全面控制，因此不仅需要对各个部门和活动编制分预算，而且需要对企业制定全面预算。全面预算是对所有部门和项目分预算全面平衡的基础上编制而成，它进一步明确了企业的目的、任务、制约条件及部门的相互关系。

（2）定期对组织实际情况和预算进行比较。预算是企业根据现在情况为未来发展制定的目标，当环境和组织自身发生变化时，实际情况和预算可能存在较大偏差。因此需要每隔一定时期对实际完成情况和预算进行比较，分析差异的原因。如果需要纠正，应决定采取何种纠正措施来消除偏差。

（3）总结上阶段预算完成情况，规划下阶段预算编制的计划。

3. 预算的种类

(1) 收入和支出预算。收入和支出预算为人们提供一个组织业务活动状况的简要说明，是从财务角度计划和预测了未来活动的成果以及为取得这些成果所需要付出的费用，又称为营运预算。企业收入的主要来源是销售，因此收入和支出预算的主要内容是销售预算。销售预算是在销售预测的基础上编制的。需要分析组织过去的销售情况，未来市场需求及发展趋势，竞争对手的实力等，确定组织未来时期为达到预定(利润) 目标必须达到的销售水平。由于一年中季度和月度销售量不确定，可能需要综合多年度和行业内大量数据才能作出较为客观的销售预测。

(2) 现金预算。现金预算是对企业未来生产与销售过程中现金的流入与流出进行预测，由财务部门编制。现金预算只能包括哪些在现今流程中的项目，赊销所得的应收款在用户实际支付以前不能列作现金收入。现金预算反映的是企业未来活动的实际现金流量和流程，而不需要反映企业的资产负债情况。现金预算有助于企业发现资金的闲置和不足，指导企业及时利用现金和筹措营运短缺资金。

(3) 投资预算

投资预算是指对于企业在一个较长时间内投资获取收益的行动预算。一般包括兴建厂房，购置设备的更新改造资金，为增加现有产品产量或开发新产品所需的基本建设投资以及用于认识发展、研究与开发、广告宣传等方面的专项预算。

编制投资预算有助于组织控制营运成本和现金周转，提高计划与决策的质量，从而保证投资的经济效益。

(4) 资金平衡预算

资金平衡预算是对资产负债表估计来预测企业的资金平衡情况。它将各部门的分预算汇总在一起，有助于管理人员在通过对预算表的分析，发现某些分预算的问题，及时采取调整措施。资金平衡预算可以根据组织的具体需要，按月和按季编制，是进行资金平衡预算控制的主要工具。

资金平衡预算有助于企业对财务情况的变化进行预测和控制。比如，通过对流动资产和流动负债的分析，可以发现企业的财务安全性高低和偿债能力强弱，从而对企业筹资方式和使用计划等作出调整。

4. 预算控制的优缺点

预算控制的优点体现在：

(1) 标准一致。无论组织内业务是否复杂，采用预算控制可以达到衡量标准的统一，即采用货币尺度计量，方便对各种不同业务进行综合比较和评价。

(2) 形式通用。预算控制采用的报表和制度都是使用多年且现在仍在使用的东西，被人们熟知。

(3) 明确责任。预算控制有利于明确组织及内部各单位的责任，有利于调动所有单位和个人的积极性。

作为一种控制方法，预算控制的特点决定了它也有不足，局限性主要体现在：

(1) 管得过细。预算控制要求分门别类地详细列出费用数额，可能束缚管理人员的积极性和主动性。

（2）管得过死。预算本身缺乏弹性，且编制预算有前后延续性。如果估计失误，整个预算的结果都失去准确性。

（3）以偏概全。预算控制可能造成组织将预算目标替代组织目标，管理人员死板地按预算办事，丧失全局观和重点。

二、生产作业控制

1. 生产作业控制的含义

生产作业控制，又称生产进度控制，是指在生产计划实施过程中，对有关产品生产的数量和期限的控制。其主要目的是保证完成生产作业计划所规定的产品产量和交货期限指标。

生产进度控制主要包括投入进度控制、工序进度控制和出产进度控制，其基本过程主要包括：分配作业、测定差距、处理差距、提出报告等。生产进度控制贯穿整个生产过程，从生产技术准备开始到产成品入库为止的全部生产活动都与生产进度有关。习惯上人们将生产进度等同于出产进度，这是因为客户关心的是能否按时得到成品，所以企业也就把注意力放在产成品的完工进度上，即出产进度。企业一般用生产进度控制表来控制生产节奏，如表 10.1 所示。

表 10.1 **生产进度控制表**

<table>
<tr><td colspan="2">制造编号</td><td></td><td colspan="2"></td><td colspan="2">预计日程</td><td colspan="4">至</td></tr>
<tr><td colspan="2">产品名称</td><td></td><td>生产数量</td><td colspan="2"></td><td colspan="2">本计划负责工程师</td><td>开始工日</td><td>完成日期</td><td>验收</td></tr>
<tr><td colspan="2">细步作业名称</td><td>负责部门</td><td>承包厂商</td><td colspan="2">预计日程</td><td colspan="2">进度审核及高速记录</td><td></td><td></td><td></td></tr>
<tr><td>1</td><td></td><td></td><td></td><td></td><td></td><td></td><td></td><td></td><td></td><td></td></tr>
<tr><td>2</td><td></td><td></td><td></td><td></td><td></td><td></td><td></td><td></td><td></td><td></td></tr>
<tr><td>3</td><td></td><td></td><td></td><td></td><td></td><td></td><td></td><td></td><td></td><td></td></tr>
<tr><td>4</td><td></td><td></td><td></td><td></td><td></td><td></td><td></td><td></td><td></td><td></td></tr>
<tr><td>5</td><td></td><td></td><td></td><td></td><td></td><td></td><td></td><td></td><td></td><td></td></tr>
<tr><td>6</td><td></td><td></td><td></td><td></td><td></td><td></td><td></td><td></td><td></td><td></td></tr>
<tr><td>7</td><td></td><td></td><td></td><td></td><td></td><td></td><td></td><td></td><td></td><td></td></tr>
<tr><td>8</td><td></td><td></td><td></td><td></td><td></td><td></td><td></td><td></td><td></td><td></td></tr>
<tr><td>9</td><td></td><td></td><td></td><td></td><td></td><td></td><td></td><td></td><td></td><td></td></tr>
<tr><td>10</td><td></td><td></td><td></td><td></td><td></td><td></td><td></td><td></td><td></td><td></td></tr>
<tr><td>11</td><td></td><td></td><td></td><td></td><td></td><td></td><td></td><td></td><td></td><td></td></tr>
<tr><td>12</td><td></td><td></td><td></td><td></td><td></td><td></td><td></td><td></td><td></td><td></td></tr>
<tr><td>13</td><td></td><td></td><td></td><td></td><td></td><td></td><td></td><td></td><td></td><td></td></tr>
<tr><td>14</td><td></td><td></td><td></td><td></td><td></td><td></td><td></td><td></td><td></td><td></td></tr>
<tr><td>15</td><td></td><td></td><td></td><td></td><td></td><td></td><td></td><td></td><td></td><td></td></tr>
<tr><td>16</td><td></td><td></td><td></td><td></td><td></td><td></td><td></td><td></td><td></td><td></td></tr>
<tr><td>17</td><td></td><td></td><td></td><td></td><td></td><td></td><td></td><td></td><td></td><td></td></tr>
<tr><td>18</td><td></td><td></td><td></td><td></td><td></td><td></td><td></td><td></td><td></td><td></td></tr>
<tr><td>19</td><td></td><td></td><td></td><td></td><td></td><td></td><td></td><td></td><td></td><td></td></tr>
<tr><td>20</td><td></td><td></td><td></td><td></td><td></td><td></td><td></td><td></td><td></td><td></td></tr>
</table>

2. 生产作业控制的类型

在生产企业中，控制活动贯穿于整个过程，管理人员需要对有形的企业资源进行控制，比如对于物力和财力的控制，也需要对企业系统的转换和运营进行控制。

（1）供应商控制

供应商为企业提供基本的原材料和部件。根据波特的五力竞争模型，对供应商的控制在企业控制中起到源头控制的作用，有助于企业防微杜渐。

对于供应商的控制比较常用的方法是全球采购，即在全球范围内选择供应商，这有利于采购方获得高质量低价格的资源，同时打破供应商的垄断行为。全球采购需要企业有较雄厚的资金和人力物力，在大型企业中较常采用。

另一种方法就是与几家供应商保持良好关系。改变“只此一家，别无分号”的做法，在十几家供应商之间选择较优的，与之保持长期稳定的供求关系，并帮助供应商降低成本，提高材料质量。由于存在着利益竞争关系，供应商不会随意抬高价格，自己也获得了利益。从而建立一种互助共赢的新型关系，使得双方都降低风险，提高效益。

另外还可以采取控股、一次性采购、签订长期合同等方式，提高对供应商的控制效率，提高企业的经济效益。

（2）库存控制

为降低各种占用，减少库存，提高经济效益，有必要进行库存控制。库存控制（Inventory Control）又称库存管理，是对制造业或服务业生产、经营全过程的各种物品，产成品以及其他资源进行管理和控制，使其储备保持在经济合理的水平上。

库存管理是整个需求与供应链管理这个大流程的输出，除了包括仓储管理这个环节之外，更重要的部分还包括：预测与订单处理，生产计划与控制，物料计划与采购控制，库存计划与预测本身以及成品、原材料的配送与发货的策略，甚至包括海关管理流程，这个过程中还伴随信息流与资金流的管理。要想达到库存控制的根本目的，就必须控制好各个环节上的库存，而不是仅仅管理好已经到手的实物库存。

库存控制的基本模型是经济订购批量模型，如图 10.2 所示。这个模型考虑三个成本：订购成本、保管成本、总成本（订购成本与保管成本之和）。一定时期的企业，总需求和订购量是一定的，每次订购的量越大，则需订购的次数越少；而每次订购的量越小，所需订购的量越多。对于第一种情况，订购成本较低，但保管成本较高；第二种情况，保管成本较低，但订购成本较高。

准时库存系统（Just in Time，JIT）是一种以实现零库存为目标的库存管理系统。企业不储备材料库存，当需要时立即向供货商提出，由供货商保质保量送到，保持生产进行。JIT 具体做法如下：企业收到供应商送出的装有原材料的集装箱，卸下其中的原材料准备用于生产，并将箱中写有信息的看板交回给供应商，供应商接到看板后立即按要求进行生产，并将原材料再次送出。如果衔接顺利，刚好能实现原材料的接续。这种库存系统对供应商的生产时间、产品数量、质量都提出了较高的要求。

（3）质量控制

产品的质量是产品的生产价值，也是企业生存和发展的灵魂，因此质量控制也是生

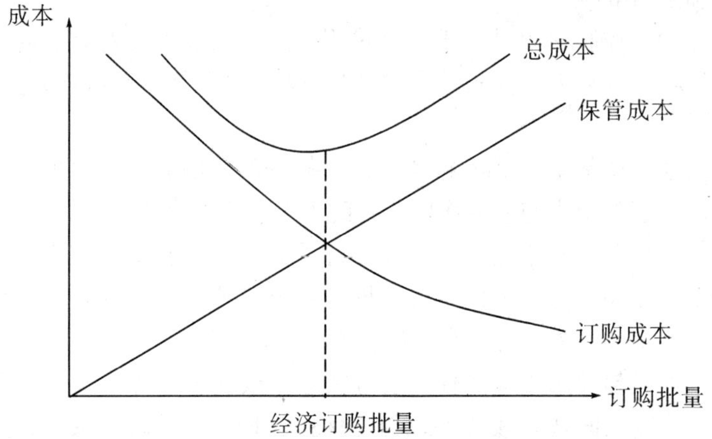

图 10.2　经济订购批量示意图

产控制的关键。它包括产品的性能、寿命、安全性、可靠性和经济性等。质量管理经历了质量检验、统计质量管理和全面质量管理三个阶段。

全面质量管理（Total Quality Management，TQM）就是一个组织以质量为中心，以全员参与为基础，目的在于通过让顾客满意和本组织所有成员及社会受益而达到长期成功的管理途径。它注重顾客需要，强调参与团队工作，并力争形成一种文化，以促进所有的员工设法、持续改进组织所提供产品/服务的质量、工作过程和顾客反应时间等。

根据美国统计学院戴明的研究，全面质量管理需要经历四个阶段，即“计划（Plan）、执行（Do）、检查（Check）、处理（Act）”的循环方式，简称 PDCA 循环，又称“戴明循环”。如图 10.3 所示。

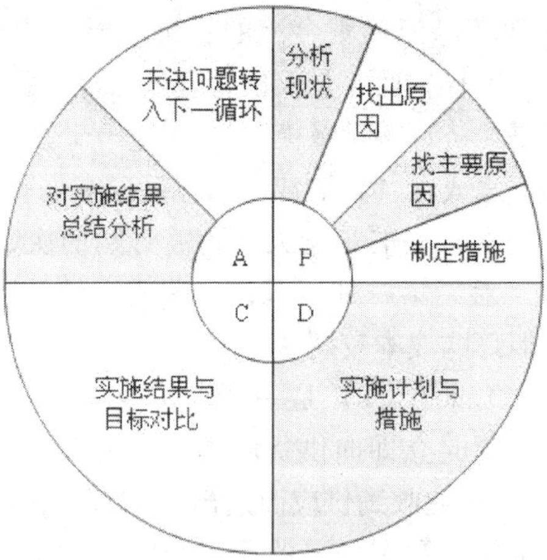

图 10.3　PDCA 循环图

PDCA 循环工作程序的四个阶段，顺序进行，组成一个大圈；每个部门、小组都有自己的 PDCA 循环，并都成为企业大循环中的小循环；每个阶段都是阶梯式上升，循环前进。PDCA 循环有助于提高产品质量，提高服务水平。只有这四个方面全部齐备，才会带来全面质量管理这场变革。全面质量管理强调的是用户第一，注重定量分析，采用预防的观点，重点放在工作质量上，因为产品的质量和服务水平均取决于工作质量。

三、成本费用控制

1. 成本控制的含义和原则

（1）成本控制的含义

所谓成本控制，就是对企业在生产经营活动中所发生的各项耗费以及影响成本的各种因素加以管理，发现其与目标成本的差距，及时采取相应的措施加以调节和干预，以保证成本目标的实现。由于成本控制自始至终都是以降低成本为目的，因此，加强成本管理是改善企业经营管理，提高企业经济效益的首要任务。

成本控制有广义和狭义之分。广义的成本控制包括成本的事前控制、事中控制和事后控制。成本的事前控制也称前馈控制，它是在产品投产之前，进行产品成本的规划。通过成本决策选择最佳成本方案，规划未来期的目标成本，编制成本预算，以利成本控制。成本的事中控制也称过程控制，就是在费用发生过程中进行的成本控制。它要求实际成本支出尽量按照目标成本的要求来进行。但实际发生时，往往发生超支或节约，这种超支或节约称为差异。差异是一种重要的信息，将超支或节约的差异及时反馈给有关部门，有助于及时纠正偏差或巩固成绩。成本的事后控制也称后馈控制，就是将所揭示的差异进行汇总、分配，计算产品的实际成本。狭义的成本控制又被称为“日常成本控制”或“事中成本控制”，只指成本的过程控制，不包括前馈控制和后馈控制。本书所指的是广义的成本控制，既包括目标成本的制定、预算的下达、差异的计算，也包括事后的汇总、成本的计算和分析。

（2）成本控制的原则

第一，成本控制要遵循全面成本管理原则。全面成本管理要执行成本管理中的“三全性”，即全部、全员、全过程。“全部”是强调对产品生产的全部费用要加以控制，这里定义的“全部费用”就不仅包括对变动费用的控制，还包括要对固定费用也进行控制。“全员”是说实施成本控制时要发动企业全部职工参与，包括领导干部、管理人员、工程技术人员和广大职工，大家都要建立成本意识，参与成本的控制。“全过程控制”是要求对产品的设计、制造、销售整个业务过程进行控制，并将控制的成果在有关报表上加以反映，借以发现现有成本控制的不足。全面成本管理使产品的生产管理组织流程每一环节、每一部门、每一人员，都能参与到成本管理的循环中来；同时，强调成本管理的科学性和发挥全员参与改善的主动性相结合，来达到各级组织目标的一致性。

第二，例外管理原则。主要指进行成本控制时特别要注意某些超乎常情的情况。因为实际成本虽然往往与预算成本有出入，可是一般差异不会很大，可能也就不需要一一查明其原因了，但是如果有非正常的例外事项发生，就需要引起高度注意，并进行信息反馈。实行例外管理的原则能抓住显著突出的问题，解决引起生产中发生差异的关键，从而使目标成本的实现有了可靠的保证。

认定例外性有三条标准，即成本差异的重要性、一贯性和特殊性。“重要性”指成本差异的严重程度。例如，若以10%及2000元作为重要性标准，那么当成本差异占原预算的10%以上，或成本差异的绝对金额大于2000元，即可被视为例外。重要性标准应根据企业的具体情况和差异的性质，采用经验估计或数理统计的方法来设定。“一贯性”指成本差异虽未超越重要性标准，却持续时间较长（如两周或一个月）。“特殊性”是指对于企业长期获利能力有重大影响的特殊成本项目，不论差异是否超越设定的重要性标准，均应视为例外，提出措施修正。

第三，成本—效益原则。企业追求的终极目标是经济效益，企业加强成本控制就是为了降低成本，提高经济效益。所以，企业成本控制活动应以成本—效益原则作为指导思想，从投入与产出的对比分析来看待投入的必要性和合理性，即努力以尽可能少的成本付出，创造尽可能多的价值，从而获得更多的经济效益。但是，提高经济效益不单是依靠降低成本的绝对数，更重要的是在实现相对节约的同时，取得最佳的经济效益。例如，在进行成本预算时确定了标准成本，但是如果实际生产时因为产量、质量有所提高，那么也可增加相对的限额。

2. 成本控制的类型

（1）按成本形成过程划分为产品投产前的控制，制造过程中的控制，流通过程中的控制。

产品投产前的控制对成本的影响最大，这项控制工作属于事前控制方式，在控制活动实施时真实的成本还没有发生，但它决定了成本将会怎样发生，它基本上决定了产品的成本水平。这部分控制内容主要包括：产品设计成本、加工工艺成本、物资采购成本、生产组织方式、材料定额与劳动定额水平等。

制造过程中的控制包括原材料、人工、能源动力、各种辅料的消耗、工序间物料运输费用、车间以及其他管理部门的费用支出。投产前控制的种种方案设想、控制措施能否在制造过程中贯彻实施，大部分的控制目标能否实现和这阶段的控制活动紧密相关，它主要属于始终控制方式。

流通过程中的控制包括产品包装、厂外运输、广告促销、销售机构开支和售后服务等费用。在目前强调加强企业市场管理职能的时候，很容易不顾成本地采取种种促销手段，反而抵消了利润增量，所以也要作定量分析。

（2）按成本费用的构成划分为原材料成本控制、工资费用控制、制造费用控制、企业管理费控制等。

原材料成本控制在制造业中原材料费用占了总成本的很大比重，一般在60%以上，高的可达90%，是成本控制的主要对象。影响原材料成本的因素有采购、库存费用、生产消耗、回收利用等，所以控制活动可从采购、库存管理和消耗三个环节着手。

工资费用控制。工资在成本中占有一定的比重，增加工资又被认为是不可逆转的。控制工资与效益同步增长，减少单位产品中工资的比重，对于降低成本有重要意义。控制工资成本的关键在于提高劳动生产率，它与劳动定额、工时消耗、工时利用率、工作效率、工人出勤率等因素有关。

制造费用控制。制造费用开支项目很多，主要包括折旧费、修理费、辅助生产费用、车间管理人员工资等，虽然它在成本中所占比重不大，但因不引人注意，浪费现象十分普遍，是不可忽视的一项内容。

企业管理费控制。企业管理费指为管理和组织生产过程中所发生的各项费用，开支项目非常多，也是成本控制中不可忽视的内容。上述这些都是绝对量的控制，即在产量固定的假设条件下使各种成本开支得到控制。在现实系统中还要达到控制单位成品成本的目标。

3. 成本控制的程序

成本控制的程序就是企业对成本形成的各种因素分析，制定成本标准，监督和纠正成本偏差的过程。

（1）标准成本的制定

标准成本是为达到组织目标预计耗用的资源的成本。在实际工作中有两种含义，一种是单位产品的标准成本，又称为成本标准。它取决于两个因素，每单位产出需要投入多少资源和所投入每一种资源的单位成本。另一种是实际产量的标准成本。它是根据实际产品的产量和单位产品的成本标准计算出来的。标准成本是一种预计成本，主要用于衡量产品制造过程中的工作效率和控制成本，也可用于存货和销货成本定价。

可供选择的标准成本可以分为基本的标准成本、理想的标准成本和正常的标准成本。通常说的标准成本制定指的是标准生产成本制定，可以进一步分为直接材料标准成本制定，直接人工标准成本制定，制造费用标准成本制定等。这三大项目标准成本的制定都可以用产品的价格乘以用量的积来反映。

（2）成本差异的分析

在企业的日常经营活动中实际发生的成本与标准成本不可能完全吻合，两者之间的差额称为成本差异。揭示成本差异，是成本控制的中心环节，因为成本差异对企业管理当局来说，是一项非常重要的管理信息。它不仅可反映有关责任中心的工作质量和效果，还可据以发现问题、纠正偏差、巩固成绩、改进工作。所以，它既是日常成本控制的主要信息来源，又是评价和考核各成本责任单位实绩的重要依据。

成本差异分析就是分析差异的性质及其具体构成，以便进一步弄清每种差异产生的原因以及每种原因所造成的影响。在进行分析时，首先应遵循例外管理原则，即排除那些无关紧要的差异；其次应清醒地认识到，脱离标准的总差异是不足以表明各项成本控制的业绩的。因为一个总差异可能是几个有利因素综合作用的结果，也可能是几个不利因素的总和，而大多数情况是几个有利因素和几个不利因素相抵后的结果。因此，不仅要将实际总成本与标准总成本进行比较，更重要的是揭示成本差异的构成，从而可以针对各种具体情况采取相应的措施，及时纠正偏差。

对于成本差异的分析可以用连锁分析法分析，计算公式如下：

$$
\begin{aligned}
\text{成本差异} &= \text{实际成本} - \text{标准成本} \\
&= \text{实际数量} \times \text{实际价格} - \text{标准数量} \times \text{标准价格} \\
&= \text{实际数量} \times \text{实际价格} - \text{实际数量} \times \text{标准价格} + \text{实际数量} \times \text{标准价格} \\
&\quad - \text{标准数量} \times \text{标准价格}
\end{aligned}
$$

$$
\begin{aligned}
&= \text{实际数量} \times (\text{实际价格} - \text{标准价格}) \\
&\quad + (\text{实际数量} - \text{标准数量}) \times \text{标准价格} \\
&= \text{价格差异} + \text{数量差异} \qquad (10.1)
\end{aligned}
$$

四、其他控制方法

1. 比率分析

比率分析就是就企业资产负债表和收益表的相关项目进行对比，形成一个比率，从中分析和评价企业的经营成果和财务状况。

（1）流动比率。流动比率为流动资产与流动负债之比，它反映了企业偿还需要付现的流动债务的能力。流动比率与企业的偿债能力成正比，一般而言，企业的流动比率越强，偿债能力就越强；反之，偿债能力就越弱。企业缺乏短期偿债能力和信誉会影响企业的长期发展，而现金过多则表示企业的资金利用率太低，财务资源闲置。因此流动比率应保持恰当的水平，使得企业可持续健康发展。

（2）速动比率

速动比率为流动资产与存货的差额和流动负债之比。速动比率与流动比率一样，是衡量企业流动性水平的一个指标。与流动比率的区别在于，当企业内部有大量存货时，速动比率可以排除存货的影响，更精确地反映企业流动性水平。

（3）资产负债率

资产负债率为企业总负债和企业总资产之比，它反映了企业在多大程度上依赖于外部债权人提供的资金，只要企业的利润率高于借入资金的利息，而外部资金不会从根本上威胁企业所有权的行使，企业就可以充分地向外部债权人借入资金以获取额外利润。企业保持多高的资产负债率是与企业的发展周期相适应的。当企业在初创期和成长期时，由于经营风险较高，企业应当尽量降低负债率，提高权益资本利用率；而当企业发展至成熟期和衰落期后，应该尽量提高资产负债率，充分利用外部债权人的资金来维持经营效益。但是同时也应避免财务风险，因为过高的资产负债比率对于企业发展不利。

（4）销售毛利率

毛利率为销售毛利和销售收入之比，销售毛利率反映了企业从一定时期的产品销售中的获利水平。由于企业最终的利润还需扣除管理费用、财务费用、所得税等各种费用税金及附加，因此这里的利润率只是毛利率。将不同产品，不同销售单位和不同时期的毛利率进行比较分析，能为经营控制提供更多信息。

（5）资本报酬率（ROCE）

资本报酬率是企业某个经营时期的净利润与该期占用的全部资金之比，它是衡量资金利用效果的一个重要指标，反映了企业是否从资本的利用中实现了足够的净利润。企业应保持在最低资本利用率水平之上，这个水平可能是当期购买短期或长期债券的报酬率或者其他具有代表性的利率，才能保证足够的净利润率。

（6）存货周转率

存货周转率是存货在一个经营周期周转的次数，反映了销售收入相比库存数量是否合理，表明了投入库存的流动资金的使用情况。

（7）固定资产周转率

固定资产周转率为固定资产在一个经营周期周转的次数，它反映了单位固定资产能提供的销售收入，固定资产周转率过低表明企业资产未得到充分利用。

（9）现金流量比率

现金流量比率是经营现金净流量与负债之比，现金流量比率是企业净现金的使用率，它是反映企业资金流动性和财务安全的指标之一。

使用比率分析法进行分析控制有简洁明晰、易于理解的特点，由于比率提供了总结企业经营结果的途径，可以在类似的企业之间和企业不同时期进行比较，发现变化和问题，还可以进行项目比较，有助于企业计量绩效。但其局限性在于可能掩盖一些问题，因为比率都是有时间限制的，有可能孤立企业管理者过于注重短期结果而忽略全局和企业战略目标，且这种方法无法控制无预算责任的员工。

2. 盈亏平衡分析

盈亏平衡分析是通过盈亏平衡点（BEP）分析项目成本与收益的平衡关系的一种方法。影响方案结果的各种因素是不确定的，这些不确定因素（如投资、成本、销售量、产品价格、项目寿命期等）的变化会影响投资方案的经济效果，当这些因素的变化达到某一临界值时，就会影响方案的取舍。盈亏平衡分析的目的就是找出这种临界值，即盈亏平衡点（BEP），判断投资方案对不确定因素变化的承受能力，为决策提供依据。

现行盈亏平衡分析的公式如下：

销售量 = 固定成本/（单位售价 - 单位变动成本）

$$= A/(P-B) \quad (10.2)$$

在 BEP 的左边，总成本大于销售收入，项目亏损；在 BEP 的右边，销售收入大于总成本，项目盈利；在 BEP 点上，项目不亏不盈。盈亏平衡点的意义即在于此。盈亏平衡点越低，说明项目盈利的可能性越大，亏损的可能性越小，因而项目有较大的抗经营风险能力。因为盈亏平衡分析是分析产量（销量）、成本与利润的关系，所以称量本利分析。

盈亏平衡可以用实物产量、单位产品售价、单位产品可变成本以及年固定成本总量表示，也可以用生产能力利用率（盈亏平衡点率）等相对量表示。其中产量与生产能力利用率，是进行项目不确定性分析中应用较广的。根据生产成本、销售收入与产量（销售量）之间是否呈线性关系，盈亏平衡分析可分为：线性盈亏平衡分析和非线性盈亏平衡分析。

3. 内部审计与控制

内部审计是组织内部的审计人员对组织的会计。财务和其他业务活动所作的定期和独立的评价。内部审计需要对会计账目进行复核，也需要对组织的各项目标、战略、决策和程序的制定和执行，人员的工作效率，管理方法的效果等问题机型评价。它既对内部控制的健全和有效进行评价，以确保揭露组织潜在的风险和运行的经济达到组织的目标。

根据财政司2006年内部审计具体准则第5号《内部控制审计》中第十六条的规定：内部审计人员应实施适当的审查程序，评价组织获取及处理信息的能力。其审查重点为以下内容：

（1）获取财务信息、非财务信息的能力；

（2）信息处理的及时性和适当性；

（3）信息传递渠道的便捷与畅通；

（4）管理信息系统的安全可靠性。

现代企业内部审计工作主要涵盖以下内容：

（1）财务收支审计。这主要是评价和监督企业是否做到资产完整，财务信息真实及经济活动收支的合规性、合理性及合法性，对会计记录和报表分析提供资料真实性和公允性证明。

（2）经济责任审计。这是评价企业内部机构、人员在一定时期内从事的经济活动，以确定其经营业绩、明确经济责任，包括领导干部任期经济责任审计和年度经济责任审计。

（3）经济效益审计。审计重点是在保证社会效益的前提下，以实现经济效益的程序和途径为内容，对企业的经营效果、投资效果、资金使用效果作出判断和评价，其中基建工程预决算审计应为重中之重。

（4）内部控制制度评审。主要是对企业内部控制系统的完整性、适用性及有效性进行评价。

（5）开展明晰产权的审计。审计明晰其产权归属，避免造成国有资产、集体资产流失或其他有损企业利益的行为。

（6）其他审计。结合企业自身行业特点，开展对经营、管理等方面的审计工作。

内部控制是企业有效组织经营，进行管理及各项经济业务有序开展的必要保证。内部审计通过对内部控制进行测试，可以评价企业内部控制制度的健全性、遵循性和有效性，能针对内部控制中的薄弱环节及时提出相应改进建议，促使企业以合理的成本促进有效控制，达到改善企业内部经营状况的目的。

五、战略控制

战略控制是对战略计划、组织活动、后果等为未来活动提供信息的全面评估。控制的循环包括战略计划、衡量产出活动以确定是否符合目标，通过纠正或改变所需的活动确保控制。战略控制还包括对生产活动的投入及其产出的衡量。战略控制和传统控制最大的差别在于：反馈控制是一种时候控制，是一种“单循环”的控制，无法对控制规划作出及时调整，是一种相对静态的控制方法，战略控制弥补了传统控制的局限性，在某些方面具有不可替代性。篇幅所限这里不再赘述。

本章小结

控制就是核实发生的每一件事是否符合所规定的计划、所发布的指示以及所确定的原则，其目的就是要指出计划实施过程的缺点与错误，以便加以纠正和防止重犯。

控制的过程体现在三个方面：①根据组织目标确定控制标准；②将实际绩效与标准进行比较，衡量成效高低；③分析偏差产生的原因，采取行动纠正偏差或不足。控制的发生可以在行动之前、行动之中或行动之后，但这三个方面始终贯穿其中，并以一种循环的方式运转。

在管理实践中有多种控制方法，如预算控制方法、生产作业控制方法、成本费用方法、指标控制法等，企业为达到预定目标，应结合自身情况，综合采用控制方法。

复习思考题

1. 什么是控制？它的主要原理是什么？
2. 按不同的标准，控制可分为哪几种类型？
3. 简述控制的三个过程。
4. 衡量绩效的方法有哪些？
5. 纠正偏差的两种思路是什么？
6. 简述预算控制的含义、内容及优缺点。
7. 简述生产作业控制的含义及内容。
8. 简述成本费用控制的含义及内容。
9. 除文中提到的控制方法外，你还能列举哪些控制方法？思考它们的适用范围。

案例分析

拉夫是一位独立的建筑承包商，他已完成了造价为每幢 3 万美元的 25 幢房屋建造计划中的第 5 幢房屋。最近他阅读了一篇有关将关键路线法应用于建筑作业的文章，因此对于把这种办法应用到他自己的经营方面很感兴趣。他目前雇用了 4 个木工和 2 个普通工人。他的很多工作，诸如掘土、铺设管道、平整土地、灌水泥、砌砖、电气工作等，是由转包工来完成的。这些转包工是按每项工作所需要的材料和人力小时来一并计算费用的。拉夫希望，关键路线法在他的经营上的应用将会减少建筑每一幢房屋所需要的总日数以及能更好地使用他现有的劳动力。作为把关键路线法应用在他的建筑工作上的第一个步骤，拉夫测定了建筑前 5 幢房屋的每一幢所需要的平均时间。这些数值连同每一建筑作业的顺序，体现在表 10.2 中。

表 10.2　各项工作及紧接的工序与所需的时间

工作编号及说明	紧接的前道工序	正常的时间（日）
A、开工		0
B、掘土打基	A	4
C、灌水泥地基	B	2
D、架设木结构及粗制的屋顶	C	4
E、砌砖	D	6
F、安置地下室下水道及管道	C	1
G、浇灌地下室地面	F	2
H、安置概略的管通	F	3
I、架设粗略的电线	D	2
J、安装暖气及通风设备	D、G	4
K、装置石膏板及抹灰（包括染色）	I、J、H	10
L、铺设精饰地板	K	3
M、安置厨房设备	L	1
N、安置终饰后管道	L	2
O、完成木工精饰活	L	3
P、修饰屋顶与防雨板	E	2
Q、加固站槽及流水管	P	1
R、铺设雨水大水通	C	1
S、磨地板和上清漆	O、T	2
T、油漆	M、N	3
U、完成电气工作	T	1
V、完成平整土地	Q、R	2
W、铺人行道和完成庭院园艺	V	5
X、竣工	S、U、W	0

【问题】

1. 应用上表所列出的信息，拟出一个网络图，并确定出关键路线。
2. 你能提出什么建议来帮助拉夫缩短关键路线上的时间？

第十一章　创新

·本章学习目标·

·理解管理创新的内容与重要性

·理解管理创新的模式和方法

·理解管理创新的过程

·了解现代管理创新存在的误区和解决途径

在全球竞争的态势下，企业要成功开展竞争，就必须创造新的产品或服务，采用先进的技术——“当今商界的制胜之道是创新”。

创新是企业经济利润的重要源泉之一。作为社会经济运行的基本单位，企业应该成为创新的真正主体，在生产、经营、组织和管理活动中应用新思想、新方法，建立新的生产函数或实现资源的新配置方式的经济行为。

创新是企业生命力的源泉。对于企业来说，创新是适应企业内外环境条件的变化，打破系统原有平衡，创造系统新的目标、机构和功能状态，以实现新的系统平衡的重要因素。

创新也是企业获取持续竞争优势的重要保证。适应以信息技术为核心的技术革命及全球化竞争对生产经营活动的新要求，企业唯有“变”才能保持自身地位，因此，追求知识价值的不断更新就成为现代企业经营的主要理念。

第一节　管理创新的内容与重要性

一、管理创新及其特征

1. 创新的含义与类型

通常而言，创造（creativity）是指以独特的方式综合各种思想或在各种思想之间建立起独特联系的一种能力。根据罗宾斯定义的创新（innovation），创新就是富有创新力的组织能够不断地将创造性思想转变为某种有用的结果。当管理者说到要将组织变革得更富有创造性的时候，他们通常指的就是要激发和培育创新。

创新的类型较多，主要可以从以下几个角度去考察：

（1）从创新发生的时期来看，可将其分为系统初建期的创新和运行中的创新。组织新建时需要开拓市场、开发新产品。在系统组建完毕开始运转以后，系统的管理者要不断地寻找、发现和利用新的创业机会，更新系统的活动内容，调整系统的结构，扩展系统的规模。

（2）从创新的规模以及创新对系统的影响程度来考察，可将其分为局部创新和整体创新。局部创新是指在系统性质和目标不变的前提下，系统活动的某些内容、某些要素的性质或相互组合的方式，系统的社会贡献的形式或方式等发生变动；整体创新则往往改变系统的目标和使命，涉及系统的目标和运行方式，影响系统的社会贡献的性质。

（3）从创新与环境的关系来分析，可将其分为消极防御型创新与积极攻击型创新。防御型创新是指由于外部环境的变化对系统的存在和运行造成了某种程度的威胁，为了避免威胁或由此造成的系统损失扩大，系统在内部展开的局部或全局性调整；攻击型创新是在观察外部世界运动的过程中，敏锐地预测到未来环境可能提供的某种有利机会，从而主动地调整战略和技术，积极地开发和利用这种机会，谋求系统的发展。

（4）从创新的组织程度上看，分为自发创新与有组织的创新。自发创新是系统内部与外部直接联系的各子系统接受到环境变化的信号以后，为应付变化或适应变化的要求，在其工作内容、工作方式、工作目标等方面进行的积极或消极的调整。与自发创新相对应的，是有组织的创新。它既包括系统的管理人员根据创新的客观要求和创新活动本身的客观规律、制度化地检查外部环境状况和内部工作，寻求和利用创新机会，计划和组织创新活动，也指系统的管理人员积极引导和利用各要素的自发创新，使之相互协调并与系统有计划的创新活动相配合，使整个系统内的创新活动有计划有组织地展开。只有有组织的创新，才能给系统带来预期的比较确定的积极结果。

2. 创新的特征

有效的创新工作需要管理者能够为下属的创新提供条件、创造环境，有效地组织系统内部的创新活动。管理创新活动是企业发展之根本，正确认识管理创新的特点将有助于管理者进行创新。管理创新的特征有以下五个方面：

（1）不确定性。任何创新都具有不确定性，管理创新也一样。管理创新的实现与扩散过程就是其不确定性逐步消除的过程。

（2）受排斥性。管理创新意味着变革，通常会受到来自各方面的压力、排斥和抵制。管理创新是创造一种新的更有效的资源整合模式，组织中已经适应原有生活、工作和思维方式的人往往不欢迎变革。

（3）价值性。管理创新是利用新思维、新技术、新方法，创造一种新的更有效的资源整合模式，以促进企业管理系统综合效益的不断提高，给消费者创造更高的价值与满足感，从而也给整个社会创造更多的价值，作出更多的贡献。

（4）动态性。管理创新是一种动态性的活动。由于企业处于动态开放的信息系统之中，现代企业组织活动的内、外环境具有很多不确定因素和不完全信息，因此管理创新活动就应该是根据内外环境的变化不断超越的创造性过程，具有动态性。

（5）复杂性。企业的管理活动本身就是一种复杂活动，而管理创新是在创造下一种新的管理范式，涉及企业的全过程、全方位、全面效益等，范围很广，具有复杂性，不可能一蹴而就。

二、管理创新的因素和内容

1. 创新的因素

（1）结构因素。有关结构因素对创新影响的研究表明了如下五点：第一，有机式结构对创新有正面的影响。因为这类组织的正规化、集权化和专业化程度都较低，因此，采用有机式结构可以提高灵活性、应变力和跨职能工作能力，这些都是创新必备的。第二，拥有富足的资源能为创新提供另一重要的基石。组织资源充裕，就使管理当局有能力购买创新成果，敢于投下巨资推行创新并承受失败的损失。第三，单位间密切的沟通有利于克服创新的潜在障碍。像跨职能团队、任务小组及其他这类组织设计都可促进部门之间的相互交流，从而得到创新型组织的广泛采用。第四，任务的紧迫性降低了创新的可能。尽管时间压力可能促使员工更努力地工作，使他们感觉自己更具有创造性，但研究表明，它实际上降低了员工的创造力。

（2）文化因素。富有创新力的组织，通常具有某种共同的文化。如鼓励试验，不论成功还是失败都给予奖励，并赞赏失败。充满创新精神的组织通常有如下特征：

①接受模棱两可。过于强调目的性和专一性会限制人的创造性。

②容忍不切实际。组织不抑制员工对“如果……就……”这样的问题作出不切实际甚至是愚蠢的回答。乍看起来似乎是不可行的，但往往可能带来问题的创新性解决。

③外部控制少。组织将规则、条例、政策这类控制减少到最低限度。

④接受风险。组织鼓励员工大胆试验，不用担心可能失败的后果。错误被看做学习的机会。管理者亚历克斯认为，在事情出差错的时候学到的东西最多，所以他也不希望他的员工停止犯错误。

⑤容忍冲突。组织鼓励不同的意见，个人或单位之间的一致和认同并不意味着能实现很高的经营绩效。

⑥结果导向性。提出明确的目标以后，个人被鼓励积极探索实现目标的各种可行途径。注重结果意味着，对于任一给定的问题，可能存在若干种正确的解决办法。

⑦迅速反应。管理当局时刻监控环境的变化并随时作出快速的反应。例如，在星巴克，产品开发来自“实地考察顾客和趋势所激发的灵感”。公司负责类别管理的高级副总裁米歇尔·加斯（Michelle Gass）带领她的团队到巴黎杜塞尔多夫和伦敦参观当地的星巴克和其他餐馆，以更好地理解当地的文化、行为和时尚。她说：“你满载着不同的想法和思考问题的方式而归，这是你阅读杂志或电子邮件所不能获得的。”

⑧正面反馈。管理者应当提供正面反馈、鼓励和支持，这样员工就感觉他们的创造性想法得到了关注和认可。例如，在无线通信方案生产商 Research in Motion 中，总裁兼 CEO 迈克（Mike Lazaridis）说：“我认为我们的文化是创新的，工程师可以随时与我见面，而我也正努力推动着创新。”

（3）人力资源因素

在人力资源这一类因素中，我们发现有创造力的组织积极地对其员工进行培训和发展，以使其保持知识的更新。同时，它们还给员工提供高工作保障，以减少他们担心因犯错误而遭解雇的顾虑。组织也鼓励员工成为创新带头人。一旦产生新思想，创新带头人会主动而热情地将创意予以细化，并提供支持，克服阻力，确保创新得到推行。最近有项研究表明，创新带头人有一种共同的个性特征：高度自信、有持久力、精力旺盛、敢于冒风险。创新带头人也显示出与动态型领导相似的特征，如他们会以其对创新成功的潜在可能的认识以及他们个人对其使命的坚信不疑精神激励和鞭策他人，并善于从他人处争取支持的力量。另外，创新带头人一般所担任的职位会有相当大的决策自主权，这使得他们能在组织中引入并推行所提倡的创新。

2. 创新的内容

（1）目标创新。企业是在一定的经济环境中从事经营活动的，特定的环境要求企业按照特定的方式提供特定的产品。一旦环境发生变化，要求企业的生产方向经营目标以及企业在生产过程中与其他社会经济组织的关系进行相应的调整。随着我国市场经济的发展，企业的目标也在随之变化。

（2）技术创新。技术创新是企业创新的主要内容，企业中出现的大量创新活动是有关技术方面的，因为任何企业都是利用一定的产品来表现市场存在、进行市场竞争的，任何产品都是一定的人借助一定的生产手段加工和组合一定种类的原材料生产出来的。不论是产品本身，还是生产这些产品的人和物资设备，或是被加工的原材料以及加工这些原材料的工艺，都以一定的技术水平为基础，拟或以相应的技术水平为标志。因此，技术创新的进行、技术水平的提高是企业增强自己在市场上竞争力的重要途径。

（3）要素创新。从生产的物质条件这个角度来考察，要素创新主要包括材料创新和手段创新。材料既是产品和物质生产手段的基础，也是生产工艺和加工方法作用的对象。因此，在技术创新的各种类型中，材料创新可能是影响最为重要、意义最为深远的。材料创新或迟或早会引致整个技术水平的提高：由于迄今为止作为工业生产基础的材料主要是由大自然提供，因此，材料创新的主要内容是寻找和发现现有材料，特别是自然提供的原材料的新用途，使人类从大自然的恩赐中得到更多的实惠。随着科学的发展，人们对材料的认识渐趋充分，利用新知识和新技术制造的合成材料不断出现，材料创新的内容也正在逐渐地向合成材料的创造这个方向转移。

（4）手段创新。这主要是指生产的物质手段的改造和更新。任何产品的制造都需要借助一定的机器设备等物质生产条件才能完成。生产手段的技术状况是企业生产力水平具有决定性意义的标志。生产手段的创新主要包括两方面的内容：一是将先进的科学技术成果用于改造和革新原有的设备，以延长其技术寿命或提高其效能，比如用单板机改装成自动控制的机床，用计算机把老式的织布机改装成计算机控制的织布机等。二是用更先进、更经济的生产手段取代陈旧、落后、过时的机器设备，使企业生产建立在更加先进的物质基础之上，比如用电视卫星传播系统取代原有的电视地面传播系统等。

（5）产品创新。产品是企业的象征，任何企业都是通过向市场上提供不可替代的产品来表现并实现其社会存在的，产品在国内和国际市场上的受欢迎程度是企业市场竞争成败的主要标志。产品创新包括新产品的开发和老产品的改造。这种改造和开发是指对产品的结构、性能、材质、技术特征等一方面或几方面进行改进、提高或独创。

它既可以是利用新原理、新技术、新结构开发出一种全新型产品，也可以是在原有产品的基础上，部分采用新技术而制造出来适合新用途、满足新需要的换代型产品，还可以是对原有产品的性能、规格、款式、品种进行完善，但在原理、技术水平和结构上并无突破性的改变。产品在企业经营中的作用决定了产品创新是技术创新的核心和主要内容，其他创新都是围绕着产品的创新进行的，而且其成果也最终要在产品创新上得到体现。

（6）工艺创新。工艺创新包括生产工艺的改革和操作方法的改进。生产工艺是企业制造产品的总体流程和方法，包括工艺过程、工艺参数和工艺配方等；操作方法是劳动者利用生产设备在具体生产环节对原材料、零部件或半成品的加工方法。生产工艺和操作方法的创新既要求在设备创新的基础上，改变产品制造的工艺、过程和具体方法，也要求在不改变现有物质生产条件的同时，不断研究和改进具体的操作技术，调整工艺程序和工艺配方，使生产过程更加合理，现有设备得到充分的利用，现有材料得到更充分的加工。

上述几个方面的创新，既相互区别，又相互联系、相互促进。材料创新不仅会带来产品制造基础的革命，而且会导致产品物质结构的调整；产品的创新不仅是产品功能的增加、完整或更趋完善，而且必然要求产品制造工艺的改革；工艺的创新不仅导致生产方法的更加成熟，而且必然要求生产过程中利用这些新的工艺方法的各种物质生产手段的改进。反过来，机器设备的创新也会带来加工方法的调整或促进产品功能的更加完善；工艺或产品的创新也会对材料的种类、性能或质地提出更高的要求。各类创新虽然侧重点不同，但任何一种创新的组织都必然会促进整个生产过程的技术改进，从而带来企业整体技术水平的提高。

（7）制度创新

要素组合的创新主要是从技术角度分析了人、机、料各种结合方式的改进和更新，而制度创新则需要从社会经济角度来分析企业各成员间的正式关系的调整和变革，制度是组织运行方式的原则规定。产权制度是决定企业其他制度的根本性制度，它规定着企业最重要的生产要素的所有者对企业的权利、利益和责任。不同的时期，企业各种生产要素的相对重要性是不一样的。在主流经济学的分析中，生产资料是企业生产的首要因素，因此，产权制度主要指企业生产资料的所有制。

经营制度是有关经营权的归属及其行使条件、范围、限制等方面的原则规定。它表明企业的经营方式，确定谁是经营者，确定企业的生产方向、生产内容、生产形式，谁来保证企业生产资料的完整性及其增值，谁来向企业生产资料的所有者负责以及负何种责任。经营制度的创新应是不断寻求企业生产资料最有效利用的方式。

管理制度是行使经营权、组织企业日常经营的各种具体规则的总称，包括对材料、设备、人员及资金等各种要素的取得和使用的规定。在管理制度的众多内容中，分配制度是极重要的内容之一。分配制度涉及如何正确地衡量成员对组织的贡献，并在此基础上如何提供足以维持这种贡献的报酬。由于劳动者是企业诸要素的利用效率的决定性因素，因此，提供合理的报酬以激发劳动者的工作热情对企业的经营就有着非常重要的意义。分配制度的创新在于不断地追求和实现报酬与贡献的更高层次上的平衡。

产权制度、经营制度、管理制度这三者之间的关系是错综复杂的（实践中相邻的两种制度之间的划分甚至很难界定）。一般来说，一定的产权制度决定相应的经营制度。但是，在产权制度不变的情况下，企业具体的经营方式可以不断进行调整；同样，在经营制度不变时，具体的管理规则和方法也可以不断改进。而管理制度的改进一旦发展到一定程度，则会要求经营制度作相应的调整；经营制度的不断调整，则必然会引起产权制度的革命。因此，反过来，管理制度的变化会反作用于经营制度，经营制度的变化会反作用于产权制度。

（8）组织和结构创新

组织创新是企业管理创新的关键。现代企业组织创新就是为了实现管理目的，将企业资源进行重组与重置，采用新的管理方式和方法，新的组织结构和比例关系，使企业发挥更大效益的创新活动。

组织创新的主要内容就是要全面系统地解决企业组织结构与运行以及企业间组织联系方面所存在的问题，使之适应企业发展的需要，具体内容包括企业组织的职能结构、管理体制、机构设置、横向协调、运行机制和跨企业组织联系等方面的变革与创新。

第二节　管理创新的原则和方法

一、管理创新模式

1. 战略先导型组织创新模式

从创新的动力源看，战略先导型组织创新的动力主要来自于企业战略导向的变化。在企业高层管理者对内外环境变化的预见或快速反应的驱动下，企业首先将企业家的智力和时间资源以及相应的物质和组织资源集中投入到企业战略的变革上，分析外部环境和内部条件、确立组织视野、明确目标规划、调整产品结构，实现战略创新。在此基础上，一方面转变观念、形成新规范、调整人际关系，进行文化创新；另一方面，则着眼于重新配置企业责权结构，使结构创新适应战略创新和文化创新的需要。

战略先导型组织创新的本质在于，由企业战略创新启动，文化创新、结构创新同步进行，从而实现企业战略创新、文化创新和结构创新的动态匹配。正是这三类创新的协同匹配，使战略先导型组织创新表现出带有企业内源性根本组织创新的特点。战略先导型组织创新模式的实现除了要求企业家具有战略眼光和超前决策能力外，还要求企业必须在快速发展的产业环境中，具有充分的成长空间，并能够有效利用各种信息源，尤其善于创造性学习、借鉴外部组织创新的经验，以减少创新成本。

2. 技术诱导型组织创新模式

从创新的动力源看，技术诱导型组织创新的动力主要来自于企业新技术的发展，尤其是企业带有根本性的产品创新导致的产品结构的变化。由于产品结构的变化，企业的部门设置、资源配置及责权结构都要有相应的调整，从而引发结构创新。在结构创新的基础上，企业价值观念和行为规范会发生潜移默化的转变，完成渐进的文化创新。结构和文化的逐渐变化又会进一步诱致企业战略创新。因而，技术诱导型组织创新总是表现为由结构创新到文化创新，再到战略创新的逻辑顺序。

技术诱导型组织创新的最大特点源自企业内部产品结构的变化，并由此引起的结构和文化调整也是逐渐进行的，一般不至于导致企业组织在短期内的整体变化，因而，技术诱导型组织创新属于企业内源性的渐进组织创新。技术诱导型组织创新是企业中常见的组织创新类型，尤其是对于那些正由单一品种生产向多元经营转化的企业来说，适应新产品生产经营的需要，就要进行相应的组织创新。应该注意的是，这种类型的创新应该首先从开发、生产和销售的技术条件和管理条件的角度，考察新产品与企业原有产品之间的关系，以避免机构重叠和资源浪费；其次，结构创新和文化创新应该保持连贯性和循序渐进性，以避免打破企业原有的平衡；最后，一旦结构创新和文化创新得以实现，应适时进行战略调整，使企业战略真正转换到多品种生产经营上来。

3. 市场压力型组织创新模式

从创新的动力源看，市场压力型组织创新的动力主要来自于市场竞争压力。市场竞争压力迫使企业求生存、谋发展，努力通过战略创新、文化创新和结构创新来保持和提高企业核心能力，靠持续的技术创新赢得竞争优势。对于我国大多数企业来说，市场压力型组织创新更多地表现为由文化创新启动，进而诱发大规模战略创新，最终以反复的结构创新来实现企业组织创新的逻辑顺序。

市场压力型组织创新属于企业外源性创新，但它既可能是渐进的，又可能是根本性的，这要视企业具体的内部和外部环境而定。由于我国大多数企业的战略、结构和文化都急需重组，因而，对于国有企业来说，市场压力型组织创新多表现为从文化创新开始的企业根本性创新。而这种转轨或过渡一旦完成，市场压力型组织创新将主要表现为渐进性创新，而且将成为企业日常占主导地位的创新类型。

一般来说，表现为企业根本性创新的市场压力型组织创新，要求企业首先要有转变观念的内在需要，最高管理层和基层员工都要意识到竞争的压力；其次，要有进行根本性战略创新的勇气，适应市场的需要重新配置企业资源；最后，要熟悉市场变化、明确竞争来源、及时准确地把握各种内外部创新源的变化，尤其要善于学习外部组织成功创新的经验，以尽量降低创新成本。

二、管理创新原则

管理创新的原则是管理创新的基准和出发点，其主要内容有以下七个方面：

（1）有效性原则。一方面是指管理创新必须富有效率，无效率的资源整合达不到提高企业综合效能的目的，就称不上是管理创新；另一方面是指管理创新不是停留在设想或空想阶段，必须加以实践。

（2）开放性原则。管理创新不是一个封闭的管理过程，企业要与外部进行互动，管理者要善于运用先进的科学管理理论和方法指导自己的管理实践并结合具体情况适时进行管理理论和方法的推广和创新，以促进企业的振兴与发展。

（3）创造性原则。管理创新的魅力在于创造性，同时管理创新没有完全有章可循的模式可以参考，没有创造性，管理也就只能是一种重复性的工作，管理创新也就无从谈起。

（4）重点性原则。管理创新是一种系统性的活动，涉及企业的全过程，如果一开始就全面铺开，期望立即取得很多新成果，则会导致管理创新活动没有重点，造成精力分散，达不到预期效果。管理创新范围的广泛性，决定了只有抓住重点进行创新活动才能取得事半功倍的效果。

（5）分析综合性原则。创新的过程是一个系统的分析综合、探索事物的运动规律性的过程。因此，必须在调查研究的基础上对创新的每一个机会和来源进行有目的的、系统的分析，从中发现事物之间的内在联系和相互关系。

（6）系统性原则。一方面，管理创新是系统工程对外部环境多变、内部因素众多、相互关系复杂的管理进行创新，没有系统的观点，不采用系统思考的方法是绝对行不通的；另一方面，系统是指管理创新的原则自成一个系统。

（7）可行性的原则。管理创新必须考虑到企业的主客观条件可行性，即指为完成某项创新，企业必须具备诸如设备、仪器、工具等各种物质手段，必要的资金、人才和信息等客观条件，以及从事管理创新的人员为完成某个特定目标所必须具备的科学知识和研究能力。

第三节　管理创新的过程

一、管理创新的误区

为了保持竞争力，组织必须具有创新性。然而许多急需创新性的组织却未能成功地开发新产品或服务，或者总是跟在别人的后面。组织管理创新失败可能有三种原因。

（1）缺乏资源。创新需要大量的金钱、时间和精力，如果企业没有足够的钱来支持创新项目或找不到适当的人员，它就会在创新中落后。即使是高度创新性的组织也不可能参与到其员工所设想到的每一个新产品或服务中去。例如，惠普公司里大量的创意妨碍了它投资于乔布斯和沃兹尼亚克关于个人电脑的创意。在金钱、时间和技术与管理方面一概不缺的惠普公司本来是完全可以在早期进入市场的。但是，由于企业在这方面缺乏灵活性，它不得不在众多的创新中作出选择投资对象的困难决定。

（2）错过机会。由于企业不可能尝试所有的创新，它们必须具备仔细评估创新的能力并选择其中最具潜力的。为了获得竞争优势，组织往往不得不在创新成熟之前作出投资的决定。然而，投资越早，风险越大。如果组织不能有效地发现和评估机会，它们可能会因为过于谨慎而错过成功的创新。

（3）抗拒变革。我们在前面讨论过，许多组织试图抗拒变革。变革意味着放弃过去的产品和过去的做事方式。管理者和组织内的其他成员可能觉得难以接受这样的变革，抗拒变革可能延缓创新过程。

二、管理创新的实施

1. 创新的阶段

（1）创新的开发。创新开发包括创新理念的评估、调整和提炼。创新开发可以为本来潜力不大的产品或服务开创出巨大的市场潜力。例如，著名的游戏软件制作公司 Parker Brodkers 公司在创新开发过程中决定不将室内排球游戏上市，而是单卖为这款游戏所设计的吸引人的小泡沫球。这家公司永远也不会知道室内排球游戏会不会好卖，但碰碰球和许多相关产品为公司带来了数百万美元的收入。

（2）创新应用。创新应用是组织采用一个开发的创新理念，进行新产品、服务或流程设计、制造和交付的过程。在这一阶段，创新从实验室中走出来转变为有形的商品或服务。创新应用的例子之一是宝丽来的电波对焦即时成像系统。用电波发现移动物体的位置、速度和方向是第二次世界大战期间首先由盟国军队大规模使用的。随着雷达技术的发展，电子元件越来越小，结构越来越合理。宝丽来的研究人员将这一开发成熟的技术用于新的方向。

（3）应用上市。应用上市是组织向市场引入新产品或服务的过程。问题不是“创新可行吗”，而是“顾客愿意购买创新产品或服务吗”。历史上充满了未能在顾客中间赢得足够兴趣的创新理念。重大的创新失败包括索尼的坐垫加热器、Edsel 轿车和宝丽来 SX－70 即时成像相机（开发费用花了 30 亿美元，一年的销售不足 10 万台）。也就是说，即使经过了开发和应用阶段，新产品和服务在上市阶段仍然会遇到失败。

（4）应用成长。一旦创新进入到成功上市的阶段，下一个阶段将是应用成长。这是组织实现高经济绩效的阶段，因为产品或服务的需求通常大于供应。没能预期到这一阶段到来的组织会在无意间限制自己的成长，苹果公司当初就未能预期到 iMac 计算机的巨大需求。与此同时，高估需求同样是有害的，销售不掉的产品可能在仓库里待上几年。

（5）创新成熟。经过一段时间的成长，创新的产品或服务往往会进入成熟的阶段。创新的成熟阶段是产业中绝大多数组织接受创新并且以几乎相同的方式进行应用。在这一阶段，创新的技术应用可能变得极为复杂。由于绝大多数企业已经应用了创新，要么它们自行开发了创新，要么模仿了其他组织的创新，相互之间几乎没有竞争优势可言。创新开发和创新成熟所需要的时间随着产品和服务的不同而千差万别。如果创新中包含了复杂的技术（例如复杂的制造过程或高度复杂的团队协作），那么从成长阶段到成熟阶段将需要更长的时间。此外，如果实施这些创新所需要的技能是稀缺的和难以模仿的，则战略模仿将被推迟，组织可以保持较长时间的竞争优势。

（6）创新衰退。任何成熟的创新中都包含着衰退的种子。组织无法从进入成熟期的创新中获得竞争优势，它必须鼓励自己的创意科学家、工程师和经理开始寻找新的创新。对竞争优势的不断追求驱动新产品和服务从创新阶段进入创新成熟，直至进入创新衰退。创新衰退是创新需求下降和新一代创新开发与应用的阶段。

2. 推动创新的奖励方式

在组织中推动创新的三种具体的方式是奖励系统、组织文化和内部创业。

（1）奖励系统。组织通过奖励系统鼓励和惩罚员工的某些行为。奖励系统主要包括工资、奖金和补贴。通过奖励系统推动变革是一种相当机械但却有效的管理技术，它是指对提出创新理念的个人和小组进行财务或非财务的奖励。当组织内成员理解这种行为将获得奖励之后，他们可能会在工作中表现出更多的创造性。这在一些高科技企业中体现的较为明显，通常一项技术发明会为提供者带来丰厚收益。

奖励创新行为固然重要，但更为重要的是不要惩罚未能获得成功的创新。管理者必须很小心地对待创新失败。创造性和创新的本质决定了许多新产品的理念将在市场上遭遇失败。事实上，有些组织甚至认为，如果其所有的创新都获得了成功，那么这表明它们在研发方面还不够大胆。如果创新失败的原因是能力不够、系统性失误或管理草率，组织应当作出适当的反应，例如推迟晋升或减少提升的机会。出于善意而进行创新的人们不应当因为失败而受到惩罚。如果惩罚他们，他们将会变得缺少创造性。惩罚性的奖励系统将阻止人们承担风险，从而降低组织获得竞争优势的能力。

（2）组织文化。组织文化是一组有助于指导行为的价值观、信念和符号。强烈的、适宜的和专注的组织文化能够支持组织的创新活动。良好的文化可以传递一种感受，即创新是有价值的并且能够获得回报的，在试验新思想的过程中，偶然的失败不仅是可以接军的，而且本来就是创新的一部分。像3M、康宁公司、孟山都公司、宝洁公司、德州仪器、强生公司和默克公司都以强烈的创新文化而知名，它们对于个人的创造性、风险承受力和独创性给予高度重视。

（3）大型组织中的内部创业。近年来，越来越多的企业认识到，随着自己从小型的成长型企业转化为大型企业之后，推动它们成长的企业家精神却变得迟钝了。为了复兴这种精神，某些企业鼓励“内部创业”。内部创业类似于创业，只不过是在大型组织内部进行。大型组织内部创业的实施主要依靠三种力量：发明者、产品大师和赞助者。

发明者是发挥创造性、实际负责构思和开发新理念、新产品或新服务的人。由于发明者往往缺乏将产品和服务从理念转化为可上市成品所需要的动力或专业技能，此时就需要另一个角色出场。产品大师通常是一位了解项目并且决心致力于这一项目的中层经理。他可以帮助发明者克服组织中的抗拒并说服其他人认真地看待创新。产品大师对发明的技术方面未必精通，但是他知道组织的运营方式，知道应当向谁寻求支持来推进项目以及如何获得项目进展所需要的各种资源。赞助者是批准和支持某一项目的高层经理。他努力争取开发创意所需要的预算，平息围绕项目的争论，利用组织政治保证项目的进行。拥有赞助者意味着发明者有更大的成功机会。

不少组织用内部创业的方法鼓励创新和创造。高露洁成立了一个独立的分公司——高露洁风险公司，其员工都是开发新产品的内部创业人员。强生公司设立了25万美元的基金以支持新的理念。在德州仪器公司，创新项目在获得批准前必须配齐发明者、产品大师和赞助者。

本章小结

根据罗宾斯的定义，创新就是富有创新力的组织能够不断地将创造性思想转变为某种有用的结果。

一般而言，企业的创新都属于外源性创新即市场压力性创新。而对于战略先导性创新和技术诱导性创新应用较少，在不同的发展阶段企业可能表现出不同的创新模式。

由于缺乏资源、错过机会或者企业本身拒绝变革，企业可能忽略创新或者陷入创新的误区，这需要在实施过程中把握自身特点，应用恰当的方法将创新这把双刃剑应用得当。

复习思考题

1. 按不同的角度，创新可分为哪几类？
2. 简述管理创新的五个特征。
3. 创新的领导者有哪些共同特征？
4. 创新的内容有哪些？
5. 简述几种创新模式的特征。
6. 管理创新的原则有哪些？
7. 管理创新存在哪些误区？应该如何解决这些问题？

参考文献

［1］加雷恩·琼斯，珍妮弗·乔治．当代管理学［M］．3版．郑风田，等，译．北京：人民邮电出版社，2005：5－21，36.

［2］斯蒂芬·P. 罗宾斯，玛丽·库尔特．管理学［M］．7版．北京：中国人民大学出版社，2004：1－40.

［3］郭咸纲．西方管理思想史［M］．3版．北京：经济管理出版社，2004：35－396.

［4］芮明杰．管理学——现代观点［M］．上海：上海人民出版社，1999：1－37.

［5］芮明杰．管理学［M］．2版．北京：高等教育出版社，2005：22－27，39－56.

［6］臧有良，暴丽艳．管理学原理［M］．北京：清华大学出版社，2007：33－51.

［7］莫寰．新编管理学［M］．北京：清华大学出版社，2005：34－47.

［8］王凤彬，李东．管理学［M］．北京：中国人民大学出版社，2000：1－50.

［9］顾锋．管理学［M］．上海：上海人民出版社，2004：26－48.

［10］罗珉．管理学［M］．北京：机械工业出版社，2006：5－8，23－28，61－64.

［11］周三多，陈传明，等．管理学原理［M］．南京：南京大学出版社，2006：29－68.

［12］王建民．企业管理创新理论与实务［M］．北京：中国人民大学出版社，2003：60－90.

［13］刘伟忠．政策有效执行的组织内部环境之维［J］．贵州社会科学，2007（7）：60－63.

［14］石伟．组织文化［M］．上海：复旦大学出版社，2004.

［15］斯蒂芬·P. 罗宾斯，蒂莫西·A. 贾奇．组织行为学［M］．李原，孙健敏，译．北京：中国人民大学出版社，2008.

［16］李垣．管理学［M］．北京：高等教育出版社，2007.

［17］许庆瑞．管理学［M］．北京：高等教育出版社，2005.

［18］李东．管理学——理论·方法·工具［M］．北京：科学出版社，2008.

［19］王德中．管理学［M］．成都：西南财经大学出版社，2006.

［20］周智东．企业外部组织结构演变与企业外部环境变化的战略均衡——对锦程

国际物流集团的思考［J］．科技与经济，2006（8）：91－93.

［21］叶龙，史振磊．组织行为学［M］．北京：清华大学出版社；北京交通大学出版社，2006.

［22］关培兰．组织行为学．北京：中国人民大学出版社，2006.

［23］崔佳颖．组织的管理沟通［M］．北京：中国发展出版，2007.

［24］李明芹．管理学基础［M］．东营：石油大学出版社，2005.07.

［25］胡建波．管理学［M］．成都：西南财经大学出版社，2007.11.

［26］肖余春．管理学［M］．杭州：浙江大学出版社，2006.12.

［27］李品媛．管理学原理［M］．大连：东北财经大学出版社，2007.8.

［28］曾旗，何继新．管理学［M］．北京：中国农业大学出版社；北京大学出版社，2008.7.

［29］史璞．管理学哲理：系统、愿景、人本和权变的管理［M］．北京：机械工业出版社，2006.1.

［30］弗雷德 R. 戴维．战略管理［M］．李克宁，译．北京：经济科学出版社，2001.

［31］谭琨智．组织文化管理［M］．北京：北京大学出版社，2008.

［32］Joanne Martin. Culture in Organizations：Three Perspective［M］．New York：Oxford，1992.

［33］李萍．企业伦理：理论与实践［M］．北京：首都经贸大学，2008.

［34］苏勇．管理伦理［M］．上海：复旦大学出版社，2001.

［35］德鲁克．管理学：任务、责任和实践［M］．北京：华夏出版社，2008.

［36］吴照云．管理学原理［M］．3 版．北京：经济管理出版社，2001.

［37］胥悦红．管理学［M］．北京：经济管理出版社，2007.

［38］胡昌平．管理学基础［M］．武汉：武汉大学出版社，2002.

［39］聂锐，芈凌云，吕涛．管理学［M］．北京：机械工业出版社，2008.

［40］李垣，管理学［M］．北京：高等教育出版社，2007.

［41］焦强，基础管理学［M］．成都：四川大学出版社，2007.

［42］李健，李浇．现代管理学基础［M］．大连：东北财经大学出版，2009.

［43］冯国珍，王云玺．管理学［M］．上海：复旦大学出版社，2006.

［44］项保华．战略管理［M］．北京：华夏出版社，2001.

［45］C. K. Prahalad，G. Hamel. The core competence of the corporation［J］．Academy of Management Executive，1995（9）：4.

［46］王惠芬，黎文，葛星．企业资源计划——ERP［M］，北京：经济科学出版社．2007.

［47］陈琳．管理原理与实践［M］．北京：国防工业出版社，2007.

［48］蒋永忠，张颖，管理学基础［M］．北京：清华大学出版社，2007.

［49］李维刚，白瑷峥．管理学原理［M］．北京：清华大学出版社，2007.

［50］徐燕．物流信息管理［M］．北京：对外经济贸易大学，2004.

[51] 刘鹏. 管理信息系统 [M]. 上海：上海财经大学出版社，2003.

[52] 郑称德. 运作管理 [M]. 南京：南京大学出版社，2003.

[53] 朱秀文. 管理学教程 [M]. 天津：天津大学出版社，2004：103－114.

[54] 戴淑芬. 管理学教程 [M]. 北京：北京大学出版社，2000：157－198

[55] 许庆瑞. 管理学 [M]. 北京：高等教育出版社，2002.

[56] 孙宗仰，方松华. 现代管理学教程 [M]. 上海：上海外语教育出版社，1992.

[57] 李星宇，李俊德，余仲权. 现代管理学原理 [M]. 成都：西南财经大学出版社，1991.

[58] 周健临. 管理学教程 [M]. 上海：上海财经大学出版社，2001.

[59] 林志扬. 管理学原理 [M]. 厦门：厦门大学出版社，2000.

[60] 郭跃进. 管理学 [M]. 北京：经济管理出版社. 1999.

[61] 蒋志青. 企业组织结构设计与管理 [M]. 北京：电子工业出版社，2004.

[62] 胡雄飞. 企业组织结构研究. 上海：立信会计出版社，1996.

[63] 傅祖浩. 基于学习型企业领导能力的培养 [J]. 现代企业，2005 (2)：4－6.

[64] 车桂芬. 管理者必备的四种领导能力和应避免的六种行为 [J]. 管理纵横，2005 (6)：26.

[65] 公茂虹. 领导能力的培养和评估 [J]. 中外企业文化，2003 (1)：34－37.

[66] 王利平. 管理学原理 [M]. 北京：中国人民大学出版社，2006：278－280.

[67] 杨孝海. 管理学 [M]. 成都：西南财经大学出版社，2008.

[68] 安世民. 管理学 [M]. 北京：北京交通大学出版社，2008.

图书在版编目(CIP)数据

管理学/何杰主编.—成都:西南财经大学出版社,2010.3(2020.9重印)
ISBN 978-7-81138-690-5

Ⅰ.①管… Ⅱ.①何… Ⅲ.①管理学—高等学校—教材
Ⅳ.①C93

中国版本图书馆 CIP 数据核字(2010)第035251号

管理学
主 编:何 杰

责任编辑:邹 蕊
封面设计:杨红鹰
责任印制:朱曼丽

出版发行	西南财经大学出版社(四川省成都市光华村街55号)
网 址	http://www.bookcj.com
电子邮件	bookcj@foxmail.com
邮政编码	610074
电 话	028-87353785
照 排	四川胜翔数码印务设计有限公司
印 刷	郫县犀浦印刷厂
成品尺寸	185mm×260mm
印 张	15.25
字 数	345千字
版 次	2010年3月第1版
印 次	2020年9月第12次印刷
印 数	41001—42000册
书 号	ISBN 978-7-81138-690-5
定 价	29.80元